# SWEDENBORG ÜBER DAS LEBEN NACH DEM TODE

# EMANUEL SWEDENBORG

# ÜBER DAS LEBEN NACH DEM TODE

*eine christliche Jenseitsschau
Visionen und Auditionen*

Titel des Originalwerkes:
„Himmel und Hölle nach Gehörtem und Gesehenem"

SWEDENBORG-VERLAG ZÜRICH
APOLLOSTRASSE 2, CH 8032 ZÜRICH

Auflage 1994
© by Swedenborg-Verlag Zürich 1988
Übersetzung und Redaktion: Dr. F. Horn
Gesamtherstellung: Swedenborg-Verlag


ISBN 3-85927-240-3 (Leinen)
ISBN 3-85927-062-1 (Paperback)

# INHALTSVERZEICHNIS

Wichtige Hinweise des Herausgebers und Übersetzers......................7

## DER HIMMEL UND SEINE WUNDER

Vorbemerkungen des Verfassers......................................................11
Der Herr ist der Gott des Himmels.................................................12
Das Göttliche des Herrn bildet den Himmel..................................14
Dieses Göttliche ist die Liebe zu ihm und zum Nächsten ...............16
Der Himmel besteht aus zwei Reichen ..........................................20
Es gibt drei Himmel .......................................................................22
Die Himmel bestehen aus unzähligen Gesellschaften ...................26
Jede derselben und jeder Einzelne ist ein kleinerer Himmel .........29
Der Himmel im ganzen stellt einen einzigen Menschen dar .........32
Jede einzelne Gesellschaft stellt einen Menschen dar ...................35
Jeder Engel hat daher vollkommene menschliche Gestalt............36
All dies beruht auf dem Göttlich-Menschlichen des Herrn...........39
Die Entsprechung des Himmels mit dem Menschen .....................42
Die Entsprechung des Himmels mit den irdischen Dingen...........48
Die Sonne des Himmels..................................................................54
Licht und Wärme im Himmel .........................................................57
Die vier Hauptrichtungen im Himmel ...........................................63
Zustandsveränderungen bei den Engeln im Himmel ....................67
Die Zeit im Himmel ........................................................................70
Die Vorbildungen und Erscheinungen im Himmel .......................73
Die Gewänder der Engel ................................................................75
Wohnungen und Heimstätten der Engel ......................................77
Der Raum im Himmel ....................................................................80
Die Wirkung der Form des Himmels..............................................82
Die Regierungen im Himmel .........................................................86
Vom Gottesdienst im Himmel .......................................................88
Die Macht der Engel .......................................................................90
Die Sprache der Engel ....................................................................92
Wie die Engel mit den Menschen reden .......................................97
Himmlische Schriften ...................................................................102
Die Weisheit der Engel.................................................................105
Der Zustand der Unschuld bei den Engeln .................................111
Der Zustand des Friedens im Himmel .........................................115
Die Verbindung des Himmels mit der Menschheit.....................118

Verbindung von Himmel und Mensch durch das Wort ..............124
Himmel und Hölle sind aus der Menschheit ........................129
Heiden und andere Nichtchristen im Himmel ......................134
Die Kinder im Himmel ...................................................139
Weise und Einfältige im Himmel ......................................145
Reiche und Arme im Himmel ...........................................153
Die Ehen im Himmel .....................................................158
Die Tätigkeiten der Engel im Himmel ................................167
Die himmlische Freude und Glückseligkeit .........................170
Die Unermeßlichkeit des Himmels ...................................179

## DIE GEISTERWELT, DAS NACHTODLICHE LEBEN

Was ist die Geisterwelt? ................................................185
Jeder Mensch ist seinem Inneren nach ein Geist ..................189
Auferweckung von den Toten und Eintritt ins ewige Leben .....193
Vollkommene Menschengestalt nach dem Tode ..................196
Alle Sinne, Gedächtnis, Denken und Neigungen bleiben .........201
Sein Leben entspricht dem, was er auf Erden führte ..............209
Verwandlung der Freuden in ihre Entsprechungen ................217
Erster Zustand des Menschen nach dem Tode .....................222
Zweiter Zustand des Menschen nach dem Tode ...................226
Dritter Zustand des Menschen nach dem Tode ....................232
Kein Himmel aus unmittelbarer Barmherzigkeit ...................237
Das zum Himmel führende Leben ist nicht so schwer .............241

## DIE HÖLLE

Der Herr regiert die Höllen .............................................249
Der Geist selbst wirft sich in die Hölle ..............................252
Alle Höllenbewohner sind im Bösen und Falschen ................255
Das höllische Feuer und Zähneknirschen ..........................263
Die Bosheit und Arglist der höllischen Geister ....................268
Äußere Erscheinung, Lage und Vielfalt der Höllen ................272
Das Gleichgewicht zwischen Himmel und Hölle ...................276
Das Gleichgewicht erhält den Menschen in der Freiheit ..........280

Ewige Verdammnis? Nachwort des Herausgebers .................285

# WICHTIGE HINWEISE DES ÜBERSETZERS UND HERAUSGEBERS

Swedenborg hat es nie leicht gehabt, Leser zu finden. Das hat verschiedene Gründe. Einer davon ist der ungewöhnliche Inhalt seiner Bücher, für den er sich auf Visionen und Auditionen beruft, ein anderer seine Schreibweise, vor allem seine ungemeine Gründlichkeit. Um Mißverständnisse zu vermeiden, wiederholt er seine Grundprinzipien in jedem neuen Zusammenhang. Streng genommen handelt es sich dabei aber nicht um eigentliche Wiederholungen, sondern um die – besonders für eilige Leser gar nicht selbstverständliche – Verknüpfung jedes einzelnen Gedankens mit dem Ganzen, aus dem heraus er allein lebt. So entsteht oft der Eindruck der Weitschweifigkeit, der bei der heutigen Informationsflut viele abschreckt.

Schon 1976, als ich „Himmel und Hölle" neu übertrug, entstand daher der Wunsch nach einer gestrafften Ausgabe. Das Jubiläum von Swedenborgs 300. Geburtstag hat die erforderliche Anstrengung beflügelt und die Verwirklichung ermöglicht. Die vorliegende Ausgabe enthält alles Wesentliche, vermeidet aber Wiederholungen, die nicht unerläßlich sind. Abgesehen davon sind nur leichte redaktionelle Eingriffe vorgenommen worden, meist zur Überbrückung von Auslassungen. Nirgends ist der Inhalt des Originals angetastet, sodaß der Leser die Gewißheit haben kann, er liest tatsächlich Swedenborg, nicht einen zurechtgestutzten Text.

Was den ungewöhnlichen Inhalt angeht, so ist es ratsam, den Offenbarungsanspruch des Autors zwar zur Kenntnis zu nehmen, aber zunächst einmal auf sich beruhen zu lassen. Da er selbst immer wieder an die Vernunft seiner Leser appelliert, nehme man ihn beim Wort und prüfe, was er vorbringt, nach den üblichen Kriterien. Dann erst entscheide man, wie man sich zu seinem Offenbarungsanspruch stellen will.

Einer der meistgehörten Einwände gegen die Echtheit seiner Beschreibung der jenseitigen Welt beruht auf der Beobachtung, daß dort soviel über dogmatische Fragen diskutiert wird. Man meint, das habe doch recht wenig mit dem wirklichen Leben zu tun. Würde man aber berücksichtigen, daß Swedenborg selber brennend an diesen Fragen interessiert war und jeder Beobachter – ob nun hier oder in der jenseitigen Welt – vor allem das ihn Interessierende sieht und schildert, so läge eigentlich die Antwort auf der Hand. Abgesehen davon zeigt Swedenborg oft genug, daß das jenseitige Leben alles umfaßt, was zum Leben gehört.

Ein weiterer Einwand, der meist von kirchlicher oder fundamentalistischer Seite erhoben wird, ist grundsätzlicher Art: Unter Mißachtung klarer Worte Jesu über die Auferstehung unmittelbar nach dem Tode (z.B. Luk. 20, 37ff.; 16, 19ff.; Joh. 11, 25f.) wird behauptet, Swedenborgs Beschreibung des Lebens nach dem Tode beruhe schon deshalb auf bloßen Einbildungen, weil die Toten erst bei Christi Wiederkunft „aus dem Grabe zu neuem Leben auferweckt" würden. Die sogenannte „Ganz-Tod-Theologie", lange Zeit von vielen Kanzeln gepredigt, befindet sich heute offensichtlich auf dem Rückzug. Aber selbst wer ihr den Rücken kehrt, glaubt meist nur, daß nach dem Tode lediglich die leiblose Seele „irgendwie" weiterlebe. Stimmte das, so wäre freilich Swedenborgs Jenseitsschau der Boden entzogen. Aber Swedenborg behauptet ja, wie schon Paulus (1. Kor. 15, 40ff.), der Mensch werde in einem geistigen *Leib* auferweckt. Man lasse sich also durch derartige Einwände nicht beirren und lese – wie so viele unserer großen Dichter, Denker und Künstler – ohne Vor-Urteil, was dieser bedeutende Mann über ein so wichtiges Thema zu sagen hat!

# I. TEIL

# DER HIMMEL
## UND SEINE WUNDER

# VORBEMERKUNGEN DES VERFASSERS

As der Herr zu den Jüngern von der „Vollendung des Zeitlaufs", der letzten Zeit der Kirche, sprach, führte er am Ende der Vorhersagen über ihre aufeinanderfolgenden Zustände im Hinblick auf Liebe und Glaube aus:

> „Bald nach der Trübsal jener Tage wird die Sonne sich verfinstern und der Mond seinen Schein nicht geben. Die Sterne werden vom Himmel fallen und die Kräfte des Himmels erschüttert werden. Dann wird erscheinen das Zeichen des Menschensohnes am Himmel. Und es werden heulen alle Geschlechter auf Erden und werden Ihn kommen sehen in den Wolken des Himmels in großer Kraft und Herrlichkeit. Und er wird senden seine Engel mit hellen Posaunen, und sie werden sammeln seine Auserwählten von den vier Winden, von einem Ende des Himmels bis zum anderen." (Mat 24, 29-31)

Wer diese Worte nur buchstäblich versteht, muß annehmen, in der Endzeit, beim letzten Gericht, werde all dies buchstäblich geschehen. Sonne und Mond würden sich verfinstern und die Sterne vom Himmel fallen. Das Zeichen des Herrn werde am Himmel erscheinen. Ihn aber werde man zugleich mit den Engeln auf den Wolken des Himmels sehen. Zugleich werde – anderen Bibelstellen zufolge – die ganze sichtbare Welt vergehen und schließlich ein neuer Himmel samt einer neuen Erde entstehen. Das ist heutzutage (d.h. 1758) die vorherrschende Meinung innerhalb der Kirche.

Aber wer dies glaubt, weiß nichts von den verborgenen Geheimnissen im Einzelnen des Wortes; denn jede Einzelheit hat einen inneren Sinn, in dem es nicht um natürliche und weltliche Dinge geht, wie im Buchstabensinn, sondern um geistige und himmlische. Das Göttliche Wort ist nämlich in lauter Entsprechungen verfaßt worden, damit alles einen inneren Sinn enthalte. (Mehr darüber in den „Himmlischen Geheimnissen")

Das gilt auch von der angeführten Stelle über die Ankunft des Herrn. Durch die *Sonne*, welche verfinstert werden soll, wird der Herr hinsichtlich der Liebe bezeichnet; durch den *Mond* der Herr hinsichtlich des Glaubens; durch die *Sterne* die Erkenntnisse des Guten und Wahren oder der Liebe und des Glaubens; durch das *Zeichen des Menschensohnes am Himmel* die Erscheinung des Göttlich-Wahren; durch die *Geschlechter der Erde,* welche heulen werden, alle Dinge des Wahren und Guten oder des Glaubens und der Liebe; durch die *Ankunft des Herrn in den Wolken des Himmels mit großer Kraft und Herrlichkeit* seine Gegenwart im Wort und die Offenbarung. Die *Wolke* bezeichnet den buchstäblichen und die *Herrlichkeit* den inneren Sinn des Wortes; die *Engel mit der hellen Posaune* den Himmel, aus dem das Göttlich-Wahre herniedersteigt.

Das alles sollte deutlich machen, was unter den angeführten Worten des Herrn zu verstehen ist: Am Ende der Kirche, wenn keine Liebe und darum auch kein Glaube mehr vorhanden ist, wird der Herr das Wort nach seinem inneren Sinn aufschließen und die Geheimnisse des Himmels offenbaren.

Der Mensch der Kirche weiß heutzutage kaum etwas über Himmel und Hölle, sowie über sein Leben nach dem Tode, obwohl sich alles im Worte Gottes beschrieben findet. Viele Angehörige der Kirche leugnen sogar diese Dinge, indem sie bei sich sprechen: „Wer ist von dort zurückgekommen und hat davon berichten können?" Damit nun ein solches Leugnen, wie es besonders bei Gebildeten herrscht, nicht auch jene anstecke und verderbe, die einfältigen Herzens und Glaubens sind, wurde mir verliehen, mit den Engeln zusammen zu sein und mit ihnen zu reden, wie ein Mensch mit dem andern. Ebenso durfte ich auch (nun schon während über 13 Jahren) Dinge sehen, die sich in den Himmeln und Höllen finden, und nach dem Gesehenen und Gehörten beschreiben – in der Hoffnung, daß so die Unkenntnis aufgeklärt und der Unglaube zerstreut werde. Eine solche unmittelbare Offenbarung findet heutzutage statt; unter ihr ist die Ankunft des Herrn zu verstehen.

# DER HERR IST DER GOTT DES HIMMELS

Zuerst muß man wissen, wer der Gott des Himmels ist, weil davon alles übrige abhängt. Im ganzen Himmel wird außer dem Herrn niemand als Gott des Himmels anerkannt. Man sagt dort, wie er selbst gelehrt hat, daß er einer sei mit dem Vater, und daß wer ihn sieht, den Vater sehe, daß der Vater in ihm und er im Vater sei; daß alles Heilige aus ihm hervorgehe (Joh. 10, 30. 38; 14, 10f; 16, 13-15). Ich sprach hierüber öfters mit den Engeln, und sie sagten beharrlich, man könne im Himmel das Göttliche nicht in drei (Personen) unterscheiden, weil man dort weiß und wahrnimmt, daß das Göttliche eines ist, und zwar im Herrn. Im Himmel findet eine Kommunikation aller Gedanken statt. Würde deshalb jemand dorthin kommen, der drei denkt und einen ausspricht, würde man ihn sogleich erkennen und ausstoßen. Man muß jedoch wissen, daß alle, die nicht das Wahre vom Guten oder den Glauben von der Liebe getrennt hatten, im anderen Leben nach einer entsprechenden Belehrung die himmlische Idee vom Herrn als dem Gott des Alls annehmen. Anders verhält es sich bei denen, die den Glauben vom Leben getrennt, d.h. die nicht nach den Vorschriften wahren Glaubens gelebt hatten. (2)

Alle Kinder, aus denen ein Drittel des Himmels besteht, werden zuerst in die Anerkennung und in den Glauben eingeführt, daß der Herr ihr Vater ist, und nachher, daß er der Herr über alle, folglich der Gott des Himmels und der Erde ist. Im Folgenden wird man sehen, wie die Kinder in den Himmeln heranwachsen und durch Erkenntnisse bis zur Einsicht und Weisheit der Engel vervollkommnet werden. (4)

Die Angehörigen der Kirche können nicht bezweifeln, daß der Herr der Gott des Himmels ist, lehrt er doch selbst, daß *alles, was der Vater habe, sein sei.* (Matth. 11, 27; Joh. 16, 15; 17, 2), und daß *Er alle Gewalt im Himmel und auf Erden habe* (Matth. 28, 18). *Im Himmel und auf Erden*, sagt er, weil, wer den Himmel regiert, auch die Erde regiert, denn das eine hängt vom andern ab.

Himmel und Erde regieren heißt, daß diese von ihm alles empfangen, das Gute, das zur Liebe, und das Wahre, das zum Glauben gehört, mithin alle Einsicht und Weisheit und so auch alle Seligkeit, mit einem Wort: das ewige Leben. Dies lehrte auch der Herr, als er sagte:

> „Wer an den Sohn glaubt, hat das ewige Leben. Wer aber dem Sohn nicht glaubt, wird das Leben nicht sehen"  (Joh. 3, 36).

Und an anderer Stelle:

> „Ich bin die Auferstehung und das Leben. Wer an mich glaubt, wird leben, wenn er auch stirbt, und jeder, der da lebt und an mich glaubt, wird in Ewigkeit nicht sterben"  (Joh. 11, 25f).

Und an einer weiteren Stelle:

> „Ich bin der Weg, die Wahrheit und das Leben"  (Joh. 14, 6).

## DAS GÖTTLICHE DES HERRN BILDET DEN HIMMEL

Die Engel in ihrer Ganzheit heißen der Himmel, weil sie ihn bilden. In Wirklichkeit aber ist das aus dem Herrn hervorgehende Göttliche, das bei den Engeln einfließt und von ihnen aufgenommen wird, der Himmel im allgemeinen wie im besonderen. Das vom Herrn ausgehende Göttliche ist das Gute der Liebe und das Wahre des Glaubens. In dem Maße also, wie sie das Gute und Wahre vom Herrn aufnehmen, sind sie Engel und sind sie der Himmel. (7)

In den Himmeln weiß und glaubt, ja fühlt (percipit) ein jeder, daß er nichts Gutes will und tut und nichts Wahres denkt und glaubt aus sich selbst, sondern aus dem Göttlichen, also aus dem Herrn, und daß das Gute und Wahre, das seinem Eigenen entstammt, nichts Gutes und Wahres ist, weil das Leben aus dem Göttlichen nicht darin ist. Die Engel des innersten Himmels nehmen den Einfluß auch deutlich wahr und empfinden ihn, und in dem Maße, wie sie ihn aufnehmen, haben sie auch das Bewußtsein, im Himmel zu sein (videntur sibi in caelo esse), denn in dem Maße sind sie in der Liebe und im Glauben und ebenso auch im Licht der Einsicht und Weisheit und der daher rührenden himmlischen Freude. Weil all dies aus dem Göttlichen des Herrn hervorgeht und darin für die Engel der Himmel liegt, ist offensichtlich, daß das Göttliche des Herrn den Himmel bildet und nicht die Engel mit irgendetwas von ihrem Eigenen. Daher heißt im Worte Gottes der Himmel die „Wohnung des Herrn" und „Sein Thron" und sagt man von denen, die darin sind, sie seien im Herrn. (8)

Die Engel gehen aufgrund ihrer Weisheit noch weiter: sie sagen nicht nur, daß alles Gute und Wahre vom Herrn stamme, sondern auch alles, was zum Leben gehört. Sie begründen dies damit, daß nichts aus sich selbst entstehen kann, sondern nur aus einem ihm Vorausgehenden, und daß somit alles aus einem Ersten entsteht, welches sie das eigentliche Sein allen Lebens nennen, und daß auf dieselbe Weise alles bestehe, weil das Bestehen ein ständiges Entstehen ist. Was nicht fortwährend durch Mittelglieder im Zusammenhang mit dem ersten gehalten wird, fällt augenblicklich zusammen und vergeht völlig. Die Engel sagen überdies, daß es nur eine einzige Quelle des Lebens gebe und das Leben des Menschen nur ein Bächlein aus ihr sei, das sogleich versiegen müßte, wenn es nicht fortwährend von ihr her gespeist würde. Ferner sagen sie, daß aus jener einzigen Quelle des Lebens, welche der Herr ist, nichts als Göttlich-Gutes und -Wahres hervorgehe, einen jeden nach seiner Aufnahmebereitschaft anregend. In denen aber, welche diese im Glauben und im Leben aufnehmen, sei der Himmel. Jene aber, welche das Göttlich-Gute und -Wahre zurückstoßen oder ersticken, verkehren es in eine Hölle. Denn sie verwandeln das Gute in Böses und das Wahre in Falsches, somit das Leben in den Tod. Da nun alles Gute und Wahre von oben kommt, folgt hieraus, daß auch alles dem Leben Angehörende von daher kommt. Aus diesem Glauben heraus lehnen die Engel auch jeden Dank ab für das Gute, das sie tun, ja sie werden unwillig und treten zurück, wenn ihnen jemand etwas Gutes zuschreibt. Sie wundern sich, daß jemand glauben kann, er sei weise aus sich und tue Gutes aus sich selbst. Gutes tun um seiner selbst willen nennen sie nicht Gutes, weil man es aus sich tut; aber Gutes tun um des Guten willen, nennen sie Gutes aus dem Göttlichen, und dieses Gute allein bilde den Himmel, weil dieses Gute der Herr ist. (9)

Auch der Herr lehrt, daß jene, die im Himmel und in der Kirche sind, in Ihm seien und Er in ihnen, wenn er sagt:

> „Bleibet in mir und ich in euch; wie eine Rebe nicht Frucht bringen kann aus sich selbst, sie bleibe denn am Weinstock, so auch ihr nicht, ihr bleibet denn in mir. Ich bin der Weinstock, ihr seid die Reben. Wer in mir bleibt und ich in ihm, der bringt viele Frucht; denn ohne mich könnt ihr nichts tun" (Joh 15, 4-7).

Hieraus geht klar hervor, daß der Herr in dem wohnt, was bei den Engeln des Himmels Ihm gehört und er das Ein und Alles des Himmels ist.

## DAS GÖTTLICHE DES HERRN IM HIMMEL IST DIE LIEBE ZU IHM UND ZUM NÄCHSTEN

Das vom Herrn ausgehende Göttliche wird im Himmel das Göttlich-Wahre genannt. Es fließt vom Herrn her aus seiner göttlichen Liebe in den Himmel ein. Die göttliche Liebe und das aus ihr hervorgehende göttliche Wahre verhalten sich vergleichsweise wie in der Welt das Feuer und das Licht der Sonne. Die Liebe wie das Feuer, das aus der Liebe entspringende Wahre wie das Licht aus der Sonne. Aufgrund der Entsprechung bezeichnet auch das Feuer die Liebe und das Licht das aus ihr entspringende Wahre. (13)

Das Göttliche, das den Himmel bildet, ist die Liebe, weil die Liebe eine geistige Verbindung ist. Die Liebe verbindet die Engel mit dem Herrn und verbindet sie zugleich untereinander;

ja sie verbindet sie derart, daß sie vor dem Auge des Herrn alle wie eins sind. Darüber hinaus ist die Liebe das eigentliche Sein des Lebens bei einem jeden. Aus ihr haben deshalb Engel wie Menschen das Leben. Jeder, der darüber nachdenkt, kann wissen, daß die innerste Lebenskraft des Menschen aus der Liebe stammt. Man muß aber wissen, daß das Leben eines jeden Menschen so beschaffen ist, wie seine Liebe. (14)

Im Himmel unterscheidet man zwei Arten von Liebe: die zum Herrn und die zum Nächsten. Im innersten oder dritten Himmel herrscht die Liebe zum Herrn, im zweiten oder mittleren die Liebe zum Nächsten. Beide gehen vom Herrn aus, und beide bilden den Himmel. In welcher Weise sich diese beiden Arten der Liebe unterscheiden und wie sie sich verbinden, zeigt sich im Himmel in hellem Licht, in der Welt dagegen nur dunkel. Im Himmel versteht man unter „den Herrn lieben" nicht, ihn als Person lieben, sondern das Gute, das aus ihm stammt. Das Gute lieben heißt aber, das Gute aus Liebe wollen und tun. Und unter „den Nächsten lieben" versteht man im Himmel nicht, den Gefährten als Person lieben, sondern das Wahre, wie es aus dem Wort hervorgeht. Das Wahre lieben heißt aber, es wollen und tun. Damit ist klar, daß jene beiden Arten der Liebe sich unterscheiden wie das Gute und das Wahre, und daß sie sich verbinden wie das Gute mit dem Wahren. Aber dies kann sich der Mensch schwer vorstellen, weil er nicht weiß, was Liebe, was Gutes und was der Nächste ist. (15)

Ich sprach hierüber mehrmals mit den Engeln, die sich verwundert darüber äußerten, daß die Menschen der Kirche nicht wissen, was es heißt, den Herrn und den Nächsten lieben, nämlich das Gute und Wahre lieben und aus Neigung tun, wo sie doch wissen könnten, daß ein jeder seine Liebe durch das Wollen und Tun dessen bezeugt, was der andere will. Erst dadurch wird er ja auch seinerseits wiedergeliebt und mit dem anderen verbunden, nicht aber dadurch, daß er ihn liebt, seinen Willen aber dennoch nicht tut, was an sich soviel wie Nichtlieben ist. Auch könnten die Menschen wissen, daß das vom Herrn ausgehende Gute sein Ebenbild ist, weil er in ihm ist, und daß jene als seine Ebenbilder mit ihm verbunden werden, die das Gute und Wahre zum Inhalt ihres Lebens machen, indem sie es wollen und tun. Wollen ist gleichbedeutend mit Lieben. So lehrt auch der Herr im Wort, wenn er sagt:

> „Wer meine Gebote hat und sie tut, der ist es, der mich liebt, und ich werde ihn lieben und Wohnung bei ihm nehmen."
> (Joh 14, 21. 23)

und an anderer Stelle:

> „Wenn ihr meine Gebote haltet, so werdet ihr in meiner Liebe bleiben."
> (Joh 15, 10. 12)

Alle Erfahrung im Himmel bezeugt, daß das vom Herrn ausgehende Göttliche, das die Engel belebt und den Himmel ausmacht, Liebe ist. Denn alle im Himmel sind Formen der Liebe und Nächstenliebe. Die Engel sind von unaussprechlicher Schönheit, und Liebe leuchtet aus ihrem Antlitz, aus ihrer Rede und allen Lebensäußerungen. Überdies gehen aus jedem Engel und Geist geistige Lebenssphären hervor und umgeben sie, an denen man ihre Beschaffenheit anhand der Neigungen ihrer Liebe bisweilen schon aus großer Entfernung erkennen kann. Diese Sphären fließen ja aus dem Leben der Neigung und dem daraus entspringenden Denken hervor bzw. aus dem Leben der Liebe und dem daraus resultierenden Glauben bei einem jeden. Die von den Engeln ausgehenden Sphären sind so voller Liebe, daß sie das Innerste des Lebens der Anwesenden berühren. Ich habe sie mehr als einmal empfunden und wurde in der genannten Weise berührt. (16)

Das Göttliche des Herrn im Himmel ist Liebe, weil die Liebe das Aufnahmegefäß alles dessen ist, was zum Himmel gehört, wie Friede, Einsicht, Weisheit und Seligkeit. Denn die Liebe nimmt samt und sonders in sich auf, was mit ihr übereinstimmt; sie sehnt sich danach, sucht es und zieht es wie von selbst zu sich heran; denn immer trachtet sie danach, auf diese Weise bereichert und vervollkommnet zu werden. Dies weiß auch der Mensch, denn seine Liebe wählt und entnimmt aus dem Gedächtnis alles, was zu ihr paßt, sammelt es und ordnet es in sich und unter sich (in sich, damit es ihr eigen sei, und unter sich, damit es ihr diene). Das übrige aber, das nicht zu ihr paßt, verwirft sie und entfernt es. Die Fähigkeit der Liebe, die mit ihr übereinstimmenden Wahrheiten in sich aufzunehmen, sowie das Verlangen, sie mit sich zu verbinden, war auch deutlich an gewissen Geistern zu sehen, welche in den Himmel erhoben wurden. Obwohl sie in der Welt einfältig gewesen waren, gelangten sie doch, sobald sie unter die Engel kamen, in deren Weisheit und in himmlische Wonnen, einfach weil sie das Gute und Wahre um des Guten und Wahren willen geliebt und ihrem Leben eingepflanzt hatten. Dadurch waren sie fähig geworden, den Himmel mit all seinen unaussprechlichen Vollkommenheiten in sich aufzunehmen. Die anderen hingegen, die der Liebe zu sich und zur Welt verfallen sind, haben nicht die Fähigkeit, diese himmlischen Dinge aufzunehmen. Sie haben eine Abneigung dagegen und stoßen sie zurück, um sich den Bewohnern der Hölle anzuschließen, die einer ähnlichen Art von Liebe ergeben sind. (18)

Die Liebe zum Herrn und die Liebe zum Nächsten umfaßt alle göttlichen Wahrheiten. Der Herr selbst sagte das ganz deutlich, als er über die genannten beiden Arten der Liebe sprach:

> „Du sollst deinen Gott lieben von deinem ganzen Herzen und von deiner ganzen Seele. Dies ist das erste und größte Gebot. Das zweite aber ist ihm gleich: Du sollst deinen Nächsten lieben wie dich selbst. An diesen beiden Geboten hängt das ganze Gesetz und die Propheten" (Mat 22, 37-40).

Das Gesetz und die Propheten sind aber das ganze Wort, damit alles göttliche Wahre.

# DER HIMMEL BESTEHT AUS ZWEI REICHEN

Weil im Himmel eine unendliche Mannigfaltigkeit herrscht und nicht eine Gesellschaft der anderen, ja nicht einmal ein Engel dem anderen völlig gleicht, wird er im allgemeinen, im besonderen und im einzelnen unterschieden. Im allgemeinen in zwei Reiche, im besonderen in drei Himmel und im einzelnen in unzählige Gesellschaften. Über jede dieser verschiedenen Einteilungen wird im nun Folgenden die Rede sein. Vom „Reich" wird gesprochen, weil der Himmel das Reich Gottes heißt. (20)

Manche Engel nehmen das vom Herrn ausgehende Göttliche innerlicher, andere weniger innerlich auf. Erstere heißen himmlische, letztere geistige Engel. Daher unterscheidet man im Himmel zwei Reiche, von denen das eine das himmlische, das andere das geistige Reich genannt wird. (21)

Die Engel, die das himmlische Reich bilden, werden, da sie das Göttliche des Herrn auf eine innerlichere Weise aufnehmen, innerlichere oder auch höhere Engel genannt, und infolgedessen werden auch die aus ihnen bestehenden Himmel als innerliche oder höhere bezeichnet. (22)

Die Liebe der Angehörigen des himmlischen Reiches wird als himmlische Liebe, die der Angehörigen des geistigen Reiches als geistige Liebe bezeichnet. Erstere ist die Liebe zum Herrn, letztere die Liebe zum Nächsten. Und weil alles Gute der Liebe angehört (denn was jemand liebt, das ist für ihn gut), darum heißt auch das Gute des einen Reiches himmlisch und das des anderen geistig. Damit ist klar, wie sich jene beiden Reiche unterscheiden, nämlich in derselben Weise wie das Gute der Liebe zum Herrn und das Gute der Liebe zum Nächsten. (23)

Die Engel im himmlischen Reich des Herrn übertreffen an Weisheit und Herrlichkeit weit die Engel im geistigen Reich, weil sie das Göttliche des Herrn innerlicher aufnehmen. Sie stehen ja in der Liebe zu ihm und sind ihm daher näher und enger verbunden. Sie gehören zu denen, die bei Jeremia (31, 33) beschrieben werden:

> „Ich werde mein Gesetz in ihr Herz geben und in ihren Sinn schreiben. ... und nicht mehr wird jemand seinen Freund, noch jemand seinen Bruder lehren, indem er spricht: »Erkennet den Jehovah!« Sie werden mich erkennen vom kleinsten bis zum größten derselben." (25)

Diese Engel haben mehr Weisheit und Herrlichkeit als die übrigen, weil sie die göttlichen Wahrheiten sogleich ins Leben aufnehmen, ohne sie zuerst im Gedächtnis zu behalten und dann darüber nachzusinnen, ob sie auch wirklich wahr seien. Der Herr fließt nämlich unmittelbar in das Wollen und mittelbar durch das Wollen in das Denken des Menschen ein, oder – was auf dasselbe hinausläuft – er fließt unmittelbar ein in das Gute und mittelbar durch das Gute in das Wahre. Denn Gutes wird genannt, was dem Willen angehört und aus diesem zur Tat wird, Wahres hingegen, was dem Gedächtnis angehört und aus diesem zum Denken wird. Auch wird alles Wahre in Gutes verwandelt und der Liebe eingepflanzt, sobald es in den Willen eingeht. Solange aber das Wahre nur im Gedächtnis und von da aus im Denken ist, wird es weder zum Guten noch lebt es oder wird dem Menschen angeeignet. Denn der Mensch ist Mensch aufgrund seines Willens und des ihm entspringenden Verstandes, nicht aber aufgrund des vom Willen getrennten Verstandes. (26)

Weil ein solcher Unterschied zwischen den Engeln des himmlischen und denen des geistigen Reiches besteht, sind sie nicht beieinander und haben auch keinen Umgang miteinander. Die Verbindung wird nur durch die zwischen ihnen stehenden sogenannten geistig-himmlischen Engelschaften bewirkt. Durch diese fließt das himmlische Reich in das geistige ein. Daher kommt es, daß der Himmel, obgleich in zwei Reiche unterteilt, dennoch ein einziger ist. (27)

## ES GIBT DREI HIMMEL

Es gibt drei Himmel, und diese sind untereinander ganz verschieden: Der innerste oder dritte, der mittlere oder zweite und der unterste oder erste. Sie folgen aufeinander und verhalten sich untereinander wie das Haupt, der Leib und die Füße des Menschen; ebenso auch wie der obere, mittlere und untere Teil eines Hauses. In solcher Ordnung ist auch das Göttliche, das vom Herrn ausgeht und herabsteigt. Der Himmel ist daher infolge einer notwendigen Ordnung in drei Teile geteilt. (29)

Die innerlicheren Bereiche des Menschen, Geist und Seele, sind in einer ähnlichen Ordnung wie die Himmel: Auch der Mensch hat nämlich ein Innerstes, ein Mittleres und ein Letztes, sind in ihn doch bei seiner Erschaffung alle Stufen der göttlichen Ordnung hineingelegt worden, so daß er zu einer Form der göttlichen Ordnung und zu einem Himmel in kleinster Gestalt wurde. Aus diesem Grunde steht auch der Mensch mit seinen innerlicheren Bereichen in Gemeinschaft mit den Himmeln und gelangt auch nach seinem Tode unter die Engel, unter die des innersten, des mittleren oder des letzten Himmels, je wie er das Göttlich-Gute und -Wahre vom Herrn in seinem irdischen Leben aufgenommen hat. (30)

Das Göttliche, das im dritten oder innersten Himmel aufgenommen wird, heißt das Himmlische, und infolgedessen werden die hier weilenden Engel als die himmlischen bezeichnet. Das im zweiten oder mittleren Himmel aufgenommene Göttliche heißt das Geistige, die hier weilenden Engel werden daher geistige Engel genannt. Das Göttliche aber, das im untersten oder ersten Himmel aufgenommen wird, heißt das Natürliche. Weil jedoch das Natürliche dieses Himmels nicht zu verwechseln ist mit dem Natürlichen der Welt, sondern Geistiges und Himmlisches in sich hat, so heißt dieser Himmel der natürlich-geistige und natürlich-himmlische. Die Engel dieses Himmels werden darum die natürlich-geistigen und natürlich-himmlischen genannt. (31)

In jedem Himmel gibt es ein Inneres und ein Äußeres. Die zum Inneren Gehörenden heißen dort innerliche, die anderen äußerliche Engel. Das Äußere und das Innere in den Himmeln bzw. in jedem einzelnen Himmel verhält sich zueinander wie das Willensmäßige zum Verstandesmäßigen beim Menschen – das Innere wie sein Willensmäßiges, das Äußere wie sein Verstandesmäßiges. Alles Willensmäßige hat sein Verstandesmäßiges, das eine ohne das andere gibt es nicht. Das Willensmäßige verhält sich vergleichsweise wie die Flamme, das dazugehörige Verstandesmäßige wie das Licht aus der Flamme. (32)

Bemerkenswert ist, daß das Innere der Engel darüber entscheidet, ob sie sich in dem einen oder anderen Himmel befinden. Denn sie sind in einem umso innerlicheren Himmel, je mehr ihre inneren Regionen gegenüber dem Herrn aufgeschlossen sind. Bei einem jeden finden sich drei solche Bereiche, beim Engel ebenso wie beim Geist und auch beim Menschen. Diejenigen, bei denen der dritte Grad aufgeschlossen ist, befinden sich im innersten Himmel; jene, bei denen es der zweite oder nur der erste ist, im mittleren oder äußersten Himmel. Aufgeschlossen aber werden diese innerlichen Bereiche durch die Aufnahme des göttlichen Guten und dazu des göttlichen Wahren. Hieraus ist klar, daß der Zustand dieser innerlicheren Regionen den Himmel bildet, und daß der Himmel innerhalb und nicht außerhalb eines jeden ist. So lehrt auch der Herr mit seinen Worten, Luk 17, 20 f.:

„Das Reich Gottes ist inwendig in euch". (33)

Alle Vollkommenheit nimmt auch nach innen hin zu und nach außen hin ab, weil die innerlichen Bereiche dem Göttlichen näher und in sich reiner, die äußerlichen entfernter vom Göttlichen und an sich gröber sind. Die Vollkommenheit der Engel besteht in der Einsicht, in der Weisheit, in der Liebe sowie auch in allem Guten und in der daraus entstehenden Glückseligkeit. Es gibt aber keine Glückseligkeit ohne all dies, denn eine solche Glückseligkeit wäre äußerlich und nicht innerlich. Weil bei den Engeln des innersten Himmels die innerlicheren Bereiche im dritten Grade aufgeschlossen sind, übertrifft ihre Vollkommenheit unermeßlich die der Engel des mittleren Himmels, bei denen dieselben nur im zweiten Grade aufgeschlossen sind. In gleicher Weise übertrifft die Vollkommenheit der Engel des mittleren Himmels die der Engel des letzten Himmels. (34)

Infolge dieses Unterschiedes kann kein Engel des einen Himmels zu den Engeln des anderen Himmels gelangen, bzw. kann keiner aus einem niedrigeren Himmel hinaufsteigen oder aus einem höheren Himmel herabsteigen. Wer aus einem niedrigeren Himmel in einen höheren hinaufsteigt, wird von einer Bangigkeit ergriffen, die bis zum Schmerz geht, und kann die dortigen Engel nicht sehen, geschweige denn mit ihnen reden. Wer aber aus einem höheren Himmel herabsteigt, wird seiner Weisheit beraubt, stottert beim Reden und gerät in Verzweiflung. (35)

Allein obgleich die Himmel so geschieden sind, daß die Engel des einen Himmels keinen Verkehr mit denen eines anderen haben können, verbindet doch der Herr alle Himmel durch einen unmittelbaren und einen mittelbaren Einfluß. Ein unmittelbarer Einfluß geht aus Ihm in alle Himmel, und ein mittelbarer von einem Himmel in den anderen. So bewirkt Er, daß die drei Himmel eins sind und alle, vom ersten bis zum letzten, miteinander verbunden sind. (37)

Wer nicht weiß, wie es sich mit der göttlichen Ordnung inbezug auf diese Abstufungen verhält, kann auch nicht verstehen, in welcher Weise die Himmel voneinander geschieden sind, ja nicht einmal, daß es einen inneren und einen äußeren Menschen gibt. Die meisten in der Welt haben vom Inneren und Äußeren oder vom Höheren und Niederen nur die Vorstellung eines Kontinuums, wie von etwas stetig Zusammenhängendem, das vom Reineren bis zum Gröberen reicht. Die innerlicheren und äußerlicheren Dinge sind aber etwas Gesondertes und hängen nicht stetig zusammen. Es gibt zweierlei Arten von Graden – stetig fortlaufende und nicht stetig fortlaufende. Die stetig fortlaufenden Grade verhalten sich wie die Abstufungen des abnehmenden Lichts von der Helle der Flamme bis zum Dunkel. Die jeweiligen Abstände bestimmen die Grade. Dagegen sind die nicht stetig zusammenhängenden, die gesonderten Grade, voneinander getrennt wie das Frühere und das Spätere, die Ursache und die Wirkung, wie das Erzeugende und das Erzeugte. Wer sich keinen Begriff von diesen Graden verschafft hat, vermag auch die Verschiedenheit der Himmel nicht zu erkennen, ebensowenig den Unterschied zwischen den inneren und äußeren Fähigkeiten des Menschen, noch die Verschiedenheit der geistigen und der natürlichen Welt oder den Unterschied zwischen dem Geist des Menschen und seinem Körper. Er vermag dann auch nicht einzusehen, wieso es Entsprechungen und Vorbildungen gibt, noch wie der Einfluß beschaffen ist. Die sinnlichen Menschen begreifen diese Unterschiede nicht und können sich das Geistige nicht anders denken als ein reineres Natürliches, weshalb sie auch davon ausgeschlossen bleiben. (38)

Zuletzt darf noch ein gewisses Geheimnis über die Engel der drei Himmel bekanntgegeben werden, das früher niemandem in den Sinn kam, weil man nichts von diesen Abstufungen wußte. Bei jedem Engel, wie auch bei jedem Menschen, gibt es nämlich ein Innerstes oder Höchstes, in welches das Göttliche des Herrn zuerst oder zunächst einfließt und von dem aus die übrigen Teile der innerlichen Bereiche ausgerichtet werden, die sich nach den Abstufungen der Ordnung bei ihm anfügen. Dieses Innerste oder Höchste kann als Eingang des Herrn beim Engel und Menschen und als seine eigentliche Wohnung bei ihnen bezeichnet werden. Durch dieses Innerste oder Höchste ist der Mensch überhaupt Mensch und unterscheidet sich von den unvernünftigen Tieren, die es nicht haben. Nur daher kann der Mensch, anders als die Tiere, mit seinem ganzen Inneren, das heißt seinem Gemüt und seiner Gesinnung, vom Herrn zu sich erhoben werden, so daß er an Ihn glauben, von Liebe zu Ihm angeregt werden und so Ihn zu schauen vermag. Daraufberuht es, daß er Einsicht und Weisheit in sich aufnehmen und mit Vernunft reden kann, auch daß er ewiges Leben hat. Was in jenem Innersten in Ordnung gebracht und vorgesehen wird, fließt nicht deutlich ins Bewußtsein eines Engels ein, denn es steht über seinem Denken und übersteigt seine Weisheit. (39)

## DIE HIMMEL BESTEHEN AUS UNZÄHLIGEN GESELLSCHAFTEN

Die Engel eines jeden Himmels sind nicht an einem „Ort" beisammen, sondern in größere und kleinere Gesellschaften eingeteilt, je nach den Unterschieden des Guten ihrer Liebe und ihres Glaubens. Alle, die im gleichen Guten sind, bilden eine Gesellschaft. Das Gute in den Himmeln ist von unendlicher Mannigfaltigkeit, und jeder Engel ist so wie sein Gutes. (41)

Auch die Entfernungen zwischen den Engelgesellschaften in den Himmeln werden bestimmt nach der Verschiedenheit ihres Guten im allgemeinen und im besonderen. In großer Entfernung voneinander befinden sich die sehr verschiedenartigen, in geringer Entfernung von einander die weniger verschiedenen Engel. Die Ähnlichkeit bewirkt Beisammensein. (42)

Alle Mitglieder einer Gesellschaft unterscheiden sich in gleicher Weise voneinander: Die vollkommeneren, das heißt die im Guten, also in der Liebe, Weisheit und Einsicht hervorragenden, befinden sich in der Mitte. Die weniger vollkommenen bilden den Umkreis. Ihre Entfernung wächst in dem Maße, in dem ihre Vollkommenheit geringer wird. Es verhält sich damit ähnlich wie mit dem Licht, das von der Mitte aus gegen die Peripherie hin abnimmt. (43)

Einander Ähnliche werden wie von selbst zu Ähnlichen geführt, da sie bei ihnen wie unter sich und wie zu Hause, bei anderen aber wie unter Fremden sind. Bei den ihnen Ähnlichen fühlen sie sich auch in ihrer Freiheit und damit in allem Angenehmen des Lebens. (44)

Hieraus geht klar hervor, daß es das Gute ist, das alle in den Himmeln zusammengesellt, und daß die Engel sich je nach dessen Beschaffenheit voneinander unterscheiden. Und doch sind es nicht die Engel selbst, die sich in dieser Weise zusammenfinden, sondern der Herr ist es, von dem das Gute kommt. Er führt sie, verbindet sie, scheidet sie voneinander und erhält sie in Freiheit, insoweit sie im Guten sind. Er erhält somit jeden einzelnen im Leben seiner Liebe, seines Glaubens, seiner Einsicht und Weisheit und darum im Zustand der Seligkeit. (45)

Es kennen sich auch alle, die in einem ähnlichen Guten sind – ganz wie die Menschen in der Welt ihre Verwandten, die ihnen Verschwägerten und ihre Freunde –, obgleich sie sich nie zuvor gesehen haben. Der Grund liegt darin, daß es im anderen Leben nur noch geistige Verwandtschaften, Schwägerschaften und Freundschaften gibt, also solche der Liebe und des Glaubens. (46)

Alle, die die gleiche Engelgesellschaft bilden, haben ein ähnliches Gesicht, unterscheiden sich aber im besonderen. Denn das Antlitz ist dort die äußere und vorbildliche Ausprägung der inneren Regungen. Ein anderes Antlitz zu haben als das seiner Neigung, ist im Himmel unmöglich. Denn die Gesichter der Engel sind, wie gesagt, Ausprägungen ihres Inwendigen, also der Neigungen, die mit ihrer Liebe und ihrem Glauben zusammenhängen.

So kommt es auch, daß ein Engel, der durch seine Weisheit hervorragt, am Antlitz eines anderen sogleich dessen Art erkennt. Niemand kann dort durch seinen Gesichtsausdruck das Inwendige verbergen, simulieren, auf irgendeine Weise lügen oder durch List und Heuchelei täuschen. Zuweilen geschieht es zwar, daß sich in die Gesellschaften Heuchler einschleichen. Sie haben gelernt, ihr Inneres zu verbergen und ihr Äußeres so zu verstellen, daß es in der Gestalt des Guten erscheint, in dem sich die Mitglieder der betreffenden Gesellschaft befinden, sich so fälschlich als Engel des Lichts präsentierend. Allein sie können dort nicht lange bleiben, denn bald fangen sie an, innerlich beängstigt und gequält zu werden. Totenblässe überzieht ihr Gesicht, und sie erscheinen wie entseelt. Darum stürzen sie sich schnell in die Hölle zu den ihnen Ähnlichen hinab und versuchen nicht mehr, heraufzusteigen. Sie werden unter jenem Manne verstanden, der unter den zu Tische Liegenden und Geladenen entdeckt und in die äußerste Finsternis hinausgeworfen wurde, weil er kein hochzeitliches Kleid trug, Mat 22, 11ff. (48)

Alle Gesellschaften des Himmels stehen in Verbindung miteinander, allerdings nicht durch offenen Verkehr, denn wenige verlassen ihre Gesellschaft und begeben sich in eine andere, weil das soviel bedeutet wie aus sich selbst herauszugehen und aus seinem eigenen Leben in ein anderes, nicht so zusagendes, hinüberzuwechseln. Sie stehen jedoch alle durch die aus dem Leben eines jeden hervorgehenden, sich ringsum verbreitenden Sphären in Verbindung miteinander. Die Lebens-Sphäre ist die Sphäre der Neigungen, die der Liebe und dem Glauben angehören. Diese verbreitet sich in die Gesellschaften rings umher in die Länge und Breite, und zwar um so weiter und breiter, je innerlicher und vollkommener die Neigungen sind. Je nach dem Maße dieser Ausdehnung haben die Engel Einsicht und Weisheit. Diejenigen, die sich im innersten Himmel, und zwar in dessen Zentrum befinden, verbreiten ihre Sphäre im ganzen Himmel. Daher findet eine Mitteilung aller im Himmel an jeden einzelnen und wieder jedes einzelnen an alle statt. (49)

Die größeren Gesellschaften im Himmel bestehen aus Zehntausenden, die kleineren aus einigen Tausend Engeln, die kleinsten aus einigen Hundert. Es gibt auch Engel, die abgesondert wohnen, Haus für Haus, Familie für Familie. Diese sind jedoch, obgleich sie so vereinzelt leben, auf ähnliche Weise geordnet wie jene in den Gesellschaften. Die weiseren von ihnen leben nämlich in der Mitte und die einfältigeren an den Grenzen. Sie stehen unmittelbar unter der göttlichen Obhut des Herrn und sind unter den Engeln die besten. (50)

## JEDE EINZELNE GESELLSCHAFT IST EIN HIMMEL IN KLEINERER GESTALT, JEDER EINZELNE ENGEL IN DER KLEINSTEN

Jede einzelne Gesellschaft ist ein Himmel in kleinerer Gestalt, und jeder einzelne Engel in der kleinsten, weil das Gute der Liebe und des Glaubens den Himmel bilden. Dieses Gute findet sich in jeder Gesellschaft des Himmels und in jedem einzelnen Engel einer Gesellschaft. Es spielt keine Rolle, daß dieses Gute überall anders und verschieden ist, es ist dennoch das Gute des Himmels. Der Unterschied ist nur der, daß der Himmel einmal so, dann wieder anders ist. Darum sagt man, wenn jemand in eine Gesellschaft des Himmels erhoben wird, er komme in den Himmel, und von denen, die dort sind, heißt es, sie seien im Himmel und jeder in dem seinigen. Dies macht deutlich, was unter den Worten des Herrn zu verstehen ist: *„In meines Vaters Hause sind viele Wohnungen"*, (Joh 14, 2) und was durch die „Wohnungen des Himmels" und die „Himmel der Himmel" bei den Propheten bezeichnet wird. (51)

Darum ist jede einzelne Gesellschaft ein Himmel in kleiner Gestalt, weil in jeder Gesellschaft eine ähnliche himmlische Form herrscht, wie im ganzen Himmel. Auch daraus kann man entnehmen, daß jede einzelne Gesellschaft ein Himmel in kleiner Gestalt ist, daß der Herr im ganzen Himmel alle so führt, als wären sie ein einziger Engel, und in gleicher Weise auch jene, die zu einer einzelnen Gesellschaft gehören. Infolgedessen erscheint zuweilen auch eine ganze Engelgesellschaft als Einheit in Engelgestalt, was mir auch vom Herrn zu sehen gegeben wurde. Auch wenn der Herr inmitten der Engel erscheint, so erscheint er nicht umgeben von einer großen Menge, sondern in der Gestalt eines einzigen Engels. Daher kommt es, daß der Herr im Wort auch ein „Engel" heißt, oder auch ganze Gesellschaften so genannt werden. Michael, Gabriel und Raffael sind nichts anderes als Engelgesellschaften, die wegen ihrer Funktionen so genannt werden. (52)

Wie eine ganze Gesellschaft der Himmel in kleinerer Gestalt ist, so auch jeder Engel ein Himmel in der kleinsten. Denn der Himmel ist nicht außerhalb, sondern innerhalb des Engels; denn jeder Engel nimmt den Himmel außerhalb seiner selbst gemäß dem Himmel in sich auf. Hieraus wird klar, wie sehr man sich täuscht, wenn man meint, in den Himmel kommen heiße bloß, unter die Engel erhoben zu werden, wie immer man auch seinem inneren Leben nach beschaffen sein möge. Mit anderen Worten, der Himmel werde einem jeden unmittelbar aus Barmherzigkeit geschenkt. Tatsache ist aber, daß nichts vom Himmel, der den Menschen umgibt, in ihn einfließt und aufgenommen wird, wenn er nicht selbst den Himmel in sich trägt. Wer ein böses Leben führt und in den Himmel gerät, muß dort mit dem Atem ringen und sich abquälen, ähnlich wie Fische auf dem Trockenen oder wie Tiere in einem luftleeren Raum. (54-55)

Weil alle den sie umgebenden Himmel je nach der Art ihres inwendigen Himmels aufnehmen, so in gleicher Weise auch den Herrn, weil ja dessen Göttliches den Himmel ausmacht. So kommt es, daß der Herr, wenn er sich in einer Gesellschaft gegenwärtig darstellt, selbst in der Art des Guten erscheint, in dem sich die Gesellschaft befindet – also nicht jeder Gesellschaft in der gleichen Weise. Die Bösen außerhalb des Himmels leiden bei Seiner Gegenwart sogar Pein. Wenn der Herr in einer Gesellschaft erscheint, so als Engel. Er unterscheidet sich aber von anderen Engeln durch das Göttliche, das durch die angenommene Gestalt hindurchscheint. (55)

Der Himmel ist auch überall da, wo man den Herrn anerkennt, an ihn glaubt und ihn liebt. Die Vielfalt der ihm entgegengebrachten Verehrung entspringt der Mannigfaltigkeit des Guten in der einen und anderen Gesellschaft und bedeutet keinen Nachteil, sondern im Gegenteil einen Vorteil, beruht doch gerade hierauf die Vollkommenheit des Himmels. Jede Einheit setzt sich aus verschiedenen Teilen zusammen und wäre ohne diese nichts, hätte keine Form, mithin auch keine Qualität. Entsteht hingegen eine Einheit aus mannigfaltigen Teilen und sind diese in vollkommener Form, in welcher sich ein Teil dem anderen in harmonischer Übereinstimmung der Reihe nach anschließt, dann hat sie vollkommene Qualität. Auch der Himmel ist eine Einheit, zusammengesetzt aus mannigfaltigen, in vollkommenste Form gebrachten Teilen. Denn die himmlische ist die vollkommenste aller Formen. Aus ihr stammt alle Vollkommenheit, wie sich an jeder Schönheit, Lieblichkeit und Anmut zeigt, welche Sinne und Gemüt anregen, entstehen sie doch aus nichts anderem, als dem Zusammenklang und der Harmonie vieler übereinstimmender und miteinander harmonierender Dinge, mögen diese nun gleichzeitig zusammenstimmen oder geordnet aufeinander folgen, und keineswegs aus einem einzigen allein. (56)

Von der Kirche läßt sich ähnliches sagen wie vom Himmel, ist sie doch der Himmel des Herrn auf Erden: Obgleich es viele gibt, heißt doch jede einzelne eine Kirche und ist es auch, sofern in ihr das Gute der Liebe und des Glaubens herrscht. Der Herr macht auch hier aus Mannigfaltigem eins, d. h. aus vielen Kirchen eine einzige. Und wie von der Kirche im allgemeinen läßt sich auch vom Menschen der Kirche im besonderen das gleiche sagen, daß nämlich die Kirche innerhalb und nicht außerhalb von ihm ist und jeder Mensch, bei dem der Herr im Guten der Liebe und des Glaubens gegenwärtig ist, eine Kirche darstellt. Was vom Engel gesagt wurde, in dem der Himmel ist, kann entsprechend vom Menschen gesagt werden, in dem die Kirche ist: Wie jener einen Himmel, so bildet er eine Kirche in kleinster Gestalt. Ja man kann weiter sagen, daß der Mensch, in dem die Kirche ist, ebenso einen Himmel darstellt wie der Engel. Der Mensch ist ja dazu geschaffen, daß er in den Himmel komme und ein Engel werde. Deshalb ist jeder, der Gutes vom Herrn hat, ein Engelmensch.

Es darf hier auch erwähnt werden, was der Mensch mit dem Engel gemein hat und was er ihm voraus hat. Ebenso wie beim Engel sind auch seine inneren Regionen nach dem Bilde des Himmels gestaltet und wird er zu einem Ebenbilde des Himmels, soweit er Gutes der Liebe und des Glaubens verkörpert.

Vor den Engeln voraus aber hat der Mensch, daß sein Äußeres dem Bild der Welt nachgebildet ist und bei ihm die Welt dem Himmel untergeordnet wird und dient, soweit er im Guten ist. Dann ist der Herr bei ihm in beiden Bereichen – dem inneren wie dem äußeren – wie in seinem Himmel gegenwärtig. Denn der Herr ist überall in Seiner göttlichen Ordnung, weil er ja die Ordnung selbst ist. (57)

Schließlich ist noch zu bemerken: Wer den Himmel in sich trägt, hat damit nicht nur den Himmel im größten oder allgemeinen, sondern auch im kleinsten oder einzelnen, und die kleinsten Dinge in ihm sind ein Abbild der größten. Dies kommt daher, weil ein jeder eins ist mit seiner Liebe und von derselben Art, wie seine herrschende Liebe. Was aber herrscht, fließt ins einzelne ein, ordnet es und drückt allem sein Bild auf. (58)

## DER HIMMEL IM GANZEN STELLT EINEN EINZIGEN MENSCHEN DAR

Ein in der Welt noch unbekanntes Geheimnis besteht darin, daß der Himmel in seinem Gesamtumfang einen einzigen Menschen darstellt. In den Himmeln ist das freilich eine ganz bekannte Tatsache. Dies Geheimnis zu erkennen, und zwar in seinen Besonder- und Einzelheiten, ist eine Hauptaufgabe für die Einsicht der betreffenden Engel. Es hängt auch vieles davon ab, was ohne diesen seinen gemeinsamen Grund nicht deutlich und klar in ihre Vorstellung eingehen würde. Weil sie wissen, daß alle Himmel mit ihren Gesellschaften einen einzigen Menschen darstellen, so nennen sie den Himmel auch den „größten" oder „göttlichen Menschen" – den göttlichen darum, weil das Göttliche des Herrn den Himmel ausmacht. (59)

Wer keine richtige Vorstellung von den geistigen und himmlischen Dingen hat, vermag nicht zu begreifen, daß die himmlischen und geistigen Dinge in die Form und das Bild eines Menschen zusammengeordnet und verbunden sind. Er denkt dann, die irdischen und materiellen Dinge, die das Äußerste des Menschen formen, bildeten diesen, und ohne sie sei der Mensch nicht Mensch. Allein man sollte wissen, daß der Mensch nicht durch sein Äußeres Mensch ist, sondern weil er das Wahre einsehen und das Gute wollen kann; dies ist das Geistige und Himmlische, das den Menschen ausmacht. Außerdem ist wohlbekannt, daß jeder Mensch durch die Beschaffenheit seines Verstandes und Willens bestimmt wird und sein irdischer Leib dazu gebildet ist, dem Willen und Verstand in der Welt zu dienen und in der untersten Sphäre der Natur Nutzen zu schaffen, in Harmonie mit ihnen. Damit ist klar: was den Menschen ausmacht, gehört seinem Verstand und Willen an, und diese haben auch gleiche Gestalt wie der Mensch, weil sie in die einzelnsten Teile seines Körpers einwirken wie das Innere in das Äußere. Von da aus betrachtet, heißt der Mensch ein innerer bzw. ein geistiger Mensch. Der Himmel aber ist ein solcher Mensch in größter und vollkommenster Gestalt. (60)

Die Engel sehen zwar den Himmel nicht als Ganzes in der Gestalt eines Menschen, denn der ganze Himmel fällt nicht in den Gesichtskreis irgendeines Engels. Wohl aber erblicken sie zuweilen entlegene Gesellschaften, die aus vielen Tausenden von Engeln bestehen, als eine Einheit in solcher Gestalt. Und aus der Gesellschaft als einem Teil schließen sie auch auf das Ganze, welches der Himmel ist. Denn in der vollkommensten Form ist das Ganze wie die Teile, und die Teile sind wie das Ganze. Daher sagen die Engel, daß der ganze Himmel vor dem Auge des Herrn als menschliche Gestalt erscheine, weil das Göttliche aus dem Innersten und Obersten heraus alles sieht.

Weil der Himmel diese Form hat, wird er auch wie ein Mensch regiert, also als Einheit. Es ist ja bekannt, daß der Mensch, obwohl er aus einer unzähligen Mannigfaltigkeit besteht, sowohl im Ganzen wie in jedem Teil – im Ganzen aus Gliedmaßen, Organen und Eingeweiden, im Teil aus Bündeln von Fibern, Nerven und Blutgefäßen, also aus Gliedern inner-

halb der Glieder und Teilen innerhalb der Teile – dennoch als
e i n e r handelt. Von ebensolcher Beschaffenheit ist auch der
Himmel unter der Obhut und Leitung des Herrn. (63)

So viele verschiedene Dinge wirken aber deshalb im Menschen als Einheit zusammen, weil in ihm auch das Geringste noch etwas zum gemeinsamen Wesen beiträgt und Nutzen stiftet. Das Ganze nützt seinen Teilen, und die Teile dienen dem Ganzen. Denn das Ganze besteht aus den Teilen, und die Teile bilden das Ganze. Deshalb sorgen sie füreinander, respektieren einander und werden in solcher Form miteinander verbunden, daß alles und jedes sich auf das Ganze und dessen Wohl bezieht. Daher kommt es denn auch, daß sie als Einheit zusammenwirken. Von ähnlicher Art sind die Gesellschaftsbildungen in den Himmeln. Je nach ihren Nutzleistungen werden sie dort in ähnlicher Form verbunden. Nutzen schaffen heißt: Anderen um des allgemeinen Besten willen wohl wollen. So kommt es, daß die Himmlischen als ein Ganzes zusammenwirken, freilich nicht aus sich, sondern aus dem Herrn; denn auf Ihn blicken sie als ihren einzigen Urgrund, und auf sein Reich als das Ganze, für das man sorgen soll. So sind auch die Worte des Herrn zu verstehen:

> „Trachtet zuerst nach dem Reiche Gottes und seiner Gerechtigkeit, und alles (andere) wird Euch hinzugefügt werden"     (Mat 6, 33).

Seine Gerechtigkeit suchen heißt, sein Gutes suchen. Wer in der Welt das Beste des Vaterlandes mehr als sein Eigenes und das Beste des Nächsten wie sein Eigenes liebt, sucht und liebt im anderen Leben das Reich des Herrn. Denn dort nimmt dies die Stelle des Vaterlandes ein. (64)

Weil der ganze Himmel einen einzigen Menschen darstellt und er zugleich der Göttlich-Geistige Mensch in größter Gestalt und auch im Abbild ist, darum wird der Himmel ebenso in Glieder und Teile unterschieden wie der Mensch und werden diese auch ebenso benannt. Die Engel wissen auch, zu welchem Glied die eine oder andere Gesellschaft gehört. So sagen sie etwa, diese Gesellschaft befinde sich in einem Teil oder in einer Gegend des Kopfes, jene in einem Glied oder in der Gegend der Brust, eine andere wieder in der Gegend der Lenden, und so fort. Im allgemeinen bildet der oberste oder dritte Himmel das Haupt bis zum Hals; der mittlere oder zweite Himmel die Brust bis zu den Lenden und Knien. Der unterste oder erste Himmel bildet die Beine bis zu den Fußsohlen wie auch die Arme bis zu den Fingern. (65)

Ohne diese vorangestellten Erkenntnisse über den Himmel als größtem Menschen kann man die weiteren Ausführungen über den Himmel durchaus nicht verstehen. Auch kann man sich ohne dieselben keine deutlichen Vorstellungen machen von der Gestalt des Himmels, von der Verbindung des Herrn mit dem Himmel, von der Verbindung des Himmels mit dem Menschen, oder auch vom Einfluß der geistigen Welt in die natürliche. Und ganz und gar nicht verstehen könnte man die Entsprechungen, von denen nun im folgenden der Reihe nach gehandelt werden soll. (67)

## JEDE EINZELNE GESELLSCHAFT IN DEN HIMMELN STELLT EINEN MENSCHEN DAR

Mehrmals durfte ich sehen, daß auch jede einzelne Gesellschaft des Himmels einen Menschen darstellt und auch die Gestalt eines Menschen hat. In eine solche Gesellschaft hatten sich mehrere eingeschlichen, die sich in Engel des Lichts zu verstellen wußten. Sie waren Heuchler. Als sie von den Engeln ausgeschieden wurden, erschien mir die ganze Gesellschaft zuerst wie eine dunkle Masse, dann allmählich in menschlicher Gestalt, jedoch noch undeutlich, und schließlich in klarem Licht wie ein Mensch. Alle jene, die zu diesem Menschen gehörten und ihn bildeten, befanden sich im Guten der betreffenden Gesellschaft. Die übrigen, die nicht zu diesem Menschen gehörten und ihn nicht ausmachten, waren die Heuchler. Diese wurden ausgestoßen, jene blieben. (68)

Folgendes muß man wissen: Obgleich alle, die zu einer Gesellschaft des Himmels gehören, gelegentlich als Einheit in Menschengestalt erscheinen, so ist doch keine Gesellschaft ein gleicher Mensch wie eine andere. Vielmehr unterscheiden sie sich voneinander wie die Gesichter verschiedener Familienmitglieder, je nach den Verschiedenheiten des Guten, in dem sie sind und das sie ausmacht. In der vollkommensten und schönsten menschlichen Gestalt erscheinen die Gesellschaften, die sich im innersten oder obersten Himmel und dort in der Mitte befinden. (70)

Bemerkenswert ist, daß die menschliche Gestalt einer himmlischen Gesellschaft umso vollkommener ist, je mehr ihr angehören und harmonisch zusammenwirken. Denn die in himmlischer Form zusammengefügte Mannigfaltigkeit bildet die Vollkommenheit (vgl. Nr. 56). Mannigfaltigkeit aber ist das Ergebnis der Vielheit. Jede himmlische Gesellschaft nimmt auch von Tag zu Tag an Zahl zu und wird im selben Maße vollkommener. So wird nicht nur die betreffende Gesellschaft vervollkommnet, sondern auch der Himmel im allgemeinen; denn die Gesellschaften bilden ja den Himmel. Da nun der Himmel durch die zunehmende Fülle vollkommener wird, so ist offensichtlich, wie sehr jene irren, welche meinen, der Himmel werde geschlossen, wenn er voll sei. Das Gegenteil ist wahr, er wird niemals geschlossen werden, einfach weil die immer größer werdende Fülle ihn vollkommener macht. Der Engel größte Sehnsucht ist es darum, neue Engelsgäste bei sich zu empfangen. (71)

## JEDER ENGEL HAT DAHER EINE VOLLKOMMENE MENSCHLICHE GESTALT

Wie nun der Himmel Mensch ist in größter Form und jede Gesellschaft des Himmels in kleinerer, so der Engel in der kleinsten. Denn in der vollkommensten, also in der himmlischen Form, liegt ein Ebenbild des Ganzen im Teil und des Teiles im Ganzen. Dem ist aber deshalb so, weil der Himmel eine

Gemeinschaft ist, die alles, was sie hat, mit jedem ihrer Mitglieder teilt, während umgekehrt jedes Mitglied alles aus dieser Gemeinschaft empfängt, was es hat. Ein Engel ist ein Himmel in kleinster Gestalt, weil er ein Empfänger aller himmlischen Dinge ist, wie dies im entsprechenden Abschnitt gezeigt wurde. In dem Maße, wie der Mensch den Himmel in sich aufnimmt, ist er ebenfalls ein solcher Empfänger, ein Himmel und ein Engel. (73)

Doch nun zur Erfahrung! Ich habe tausendmal gesehen, daß die Engel menschliche Gestalten oder Menschen sind, habe ich doch als Mensch zu Mensch mit ihnen gesprochen, bald mit einem einzelnen, bald mit vielen in Gesellschaft. Ich konnte auch durchaus nichts an ihnen entdecken, was an ihnen hinsichtlich ihrer Gestalt besonders gewesen wäre. Zuweilen habe ich mich darüber gewundert; und damit man nicht sagen möge, es sei eine Täuschung oder ein Fantasiegebilde, durfte ich die Engel im Zustand vollen Wachens bzw. im Vollgefühl meines Körpers und bei klarem Bewußtsein sehen. Ich erzählte ihnen auch öfters, daß sich die Menschen in der Christenheit bezüglich der Engel und Geister in so tiefer Unwissenheit befänden, daß sie sie für Geistwesen ohne Form und für bloße Ideen hielten, von denen sie sich keine andere Vorstellung machten als von etwas Ätherischem, dem Lebenskraft innewohne. Hierauf entgegneten die Engel, sie wüßten wohl, daß in der Welt viele diesen Glauben teilten und daß er vor allem bei den Gelehrten verbreitet sei, aber auch – und darüber wunderten sie sich – bei den Geistlichen. Sie sahen die Ursache darin, daß die Gelehrten aus dem Sinnlichen des äußeren Menschen über diese Dinge denken, sie daher die Urheber dieser Vorstellung von Engeln und Geistern seien und sie zuerst ausgebrütet hätten. Wer aber aus einem solchen Denken und nicht aus innerer Erleuchtung und aus jener Ahnung, die einem jeden eingepflanzt ist, urteilt, muß notwendigerweise auf solche Fiktionen verfallen, weil das Sinnliche des äußeren Menschen nichts anderes erfaßt als Natürliches, folglich nichts von der geistigen Welt. Von ihnen als den Urhebern ging diese falsche

Engel-Vorstellung auf andere über, die sich keine eigenen Gedanken machten. Weiter erklärten die Engel, daß Menschen einfältigen Herzens und Glaubens nicht in solchen Vorstellungen von den Engeln befangen seien. Sie hätten ihren aus dem Himmel eingepflanzten Ahnungen nicht durch falsche Gelehrsamkeit geschadet und sich auch nichts Gestaltloses vorstellen können. Daher werden auch die Engel in den Kirchen von Bildhauern und Malern immer als Menschen dargestellt. (74)

Nach all meiner Erfahrung kann ich sagen und versichern, daß die Engel in jeder Hinsicht Menschen sind, Gesicht, Augen, Ohren, Brust, Arme, Hände und Füße haben, sich gegenseitig sehen, hören, miteinander reden – mit einem Wort: daß ihnen gar nichts fehlt, was zum Menschen gehört, außer daß sie nicht mit einem materiellen Leib überkleidet sind. Ich habe sie in ihrem Licht beobachtet, welches das hellste Tageslicht in der Welt um viele Grade übertrifft, und in diesem Licht waren all ihre Gesichtszüge bestimmter und deutlicher zu sehen als die Gesichter der Menschen auf Erden. Es wurde mir auch erlaubt, einen Engel des innersten Himmels zu sehen. Sein Antlitz war noch schöner und glänzender als das der Engel der unteren Himmel. Ich betrachtete ihn genau, und er hatte eine menschliche Gestalt in aller Vollkommenheit. (75)

Man muß jedoch wissen, daß der Mensch die Engel nicht mit den Augen seines Körpers, sondern nur mit den Augen seines Geistes sehen kann, weil dieser in der geistigen Welt ist, alles zum Körper Gehörige dagegen in der natürlichen Welt. Gleiches sieht Gleiches, weil es Gleichem entstammt. Der Mensch kann diese Dinge sehen, wenn er dem Auge des Körpers entrückt und ihm das Gesicht seines Geistes geöffnet wird. Dies geschieht auch augenblicklich, wenn es dem Herrn gefällt. Der Mensch meint dann nur, daß er sie mit den Augen seines Körpers erblicke. Auf diese Weise wurden die Engel von Abraham, Lot, Manoach und den Propheten gesehen, ebenso auch der Herr nach der Auferstehung von den Jüngern. In gleicher

Weise habe auch ich die Engel gesehen. Weil die Propheten auf diese Weise sahen, nannte man sie Seher oder Männer, denen die Augen geöffnet sind, wie 1. Sam. 9, 9 und 4. Mose 24, 3. Sie so sehen zu machen, hieß „die Augen öffnen", wie dies dem Gehilfen Elischas geschah, von dem man liest:

> „Elischa betete und sprach: Jehovah, öffne doch seine Augen, daß er sehe! Und als Jehovah die Augen seines Gehilfen öffnete, da sah er, und siehe, der Berg war voller feuriger Rosse und Wagen rings um Elischa her" (2. Kön 6, 17). (76)

Einige gute Geister bedauerten von Herzen, daß in der Kirche eine derartige Unwissenheit hinsichtlich des Zustandes der Himmel und inbezug auf Geister und Engel herrsche. Unwillig darüber sagten sie, ich solle doch auf alle nur mögliche Art und Weise berichten, daß sie nicht gestaltlose Geistwesen oder Luftgebilde seien, sondern Menschen in voller Gestalt, die ebenso sehen, hören und empfinden wie die Menschen in der Welt. (77)

## DAS GÖTTLICH-MENSCHLICHE DES HERRN BEWIRKT, DASS DER HIMMEL IM GANZEN WIE IM EINZELNEN EINEN MENSCHEN DARSTELLT

Im Göttlich-Menschlichen des Herrn liegt die Ursache dafür, daß der Himmel im Ganzen wie in seinen einzelnen Teilen einen Menschen darstellt. Dies ergibt sich als Folge aus all dem, was in den vorhergehenden Abschnitten gesagt und gezeigt wurde. Aufgrund vielfältiger Erfahrung bin ich sicher, daß dem so ist. Alle Engel erkennen das Göttliche einzig und allein in menschlicher Gestalt, und – was wunderbar ist – die Engel in den oberen Himmeln können sich das Göttliche überhaupt nicht anders denken. Sie werden in diese Denknotwendigkeit durch das einfließende Göttliche selbst eingeführt, ebenso durch die Form des Himmels, in die sich ihre Gedanken rings umher verbreiten. Dies ist mir nicht nur von den Engeln gesagt, sondern auch selbst zu erkennen gegeben worden, als ich in die inwendige Sphäre des Himmels erhoben wurde. Hieraus wird klar, daß die Engel, je weiser sie sind, dies umso deutlicher erkennen. So kommt es auch, daß ihnen der Herr erscheint. Denn der Herr erscheint denen in göttlicher Engelsgestalt, das heißt im Menschlichen, die einem schaubaren Göttlichen huldigen, weil sie sein Göttliches zu schauen vermögen. Den anderen erscheint er nicht. (78-79)

Weil die Engel ein schaubares Göttliches in menschlicher Gestalt anerkennen, darum pflegen sie zu sagen, der Herr allein sei Mensch, und sie seien nur Menschen aus Ihm. Jeder sei daher gerade nur so weit Mensch, als er den Herrn in sich aufnimmt. Darunter verstehen sie die Aufnahme des Guten und Wahren von Ihm, denn diesen wohnt der Herr inne. (80)

Weil der Himmel aufgrund des Göttlich-Menschlichen des Herrn im Ganzen wie in seinen Teilen einen einzigen Menschen darstellt, sagen die Engel, sie seien im Herrn, und einige auch, sie seien in seinem Leib, womit sie das Bleiben im Guten seiner Liebe meinen, wie auch der Herr selbst lehrt, wenn er sagt:

> „Bleibet in mir, und ich in euch. Gleich wie die Rebe keine Frucht bringen kann von ihr selber, sie bleibe denn am Weinstock, so auch ihr nicht, ihr bleibet denn in mir... denn ohne mich könnt ihr nichts tun... bleibet in meiner Liebe! Wenn ihr meine Gebote haltet, so werdet ihr in meiner Liebe bleiben" (Joh 15, 4-10). (81)

Weil nun ein solcher Begriff vom Göttlichen im Himmel herrscht, so ist es auch jedem Menschen, der etwas von dem Einfluß in den Himmel in sich empfängt, eingepflanzt, sich Gott unter menschlicher Gestalt vorzustellen. Die Einfältigen sehen Ihn in Gedanken als alten Mann im hellen Glanz des Lichts. Aber jene, die den Einfluß aus dem Himmel durch ihren eigenen Intellekt oder durch ein böses Leben unterdrücken, haben diese Vorstellung bei sich ausgelöscht. Sie wollen entweder einen unschaubaren Gott oder, wenn sie den Einfluß des Himmels durch ein böses Leben verwirkt haben, überhaupt keinen Gott. Die einen wie die anderen wissen gar nicht, daß es eine solche eingepflanzte Vorstellung gibt, weil sie bei ihnen selbst nicht mehr besteht. Dabei ist es das himmlische Göttliche selbst, das zuerst aus dem Himmel beim Menschen einfließt, weil der Mensch zum Himmel geboren ist. Ohne Vorstellung des Göttlichen kommt niemand in den Himmel. (82)

Wer daher keine Vorstellung vom Himmel, das heißt vom Göttlichen hat, aus dem der Himmel besteht, kann nicht einmal bis zu dessen erster Schwelle erhoben werden. Sobald er nur in die Nähe kommt, empfindet er einen Widerstand und starken Gegendruck. Der Grund liegt darin, daß die innerlicheren Bereiche in ihm, die den Himmel aufnehmen sollen, nicht in der Form des Himmels und folglich verschlossen sind, ja sich umso fester verschließen, je näher er dem Himmel kommt. (83)

Der sinnliche Mensch kann über das Göttliche nur aus der Sicht der Welt und der weltlichen Dinge heraus denken, sich also den göttlichen und geistigen Menschen nur körperlich und natürlich vorstellen. Somit folgert er: Wäre Gott Mensch, müßte er so groß sein wie das Weltall, und würde er Himmel und Erde regieren, so müßte es in der Weise irdischer Könige durch viele Beamte geschehen. Entgegnet man ihm, daß es im Himmel keine räumliche Ausdehnung gibt, wie in der Welt, kann er es nicht fassen. Denn wer nur aus der Natur und deren Licht denkt, vermag ganz offensichtlich nur in räumlichen Vorstellungen zu denken. Es ist aber eine große Täuschung, sich den Himmel so vorzustellen. Das Ausgedehnte gleicht dort nicht dem Räumlichen der Welt. In der Welt ist es begrenzt und läßt sich messen, im Himmel unbegrenzt und unermeßlich. Überdies weiß jeder, wie weit sich die Sehkraft des Auges erstreckt, nämlich bis zur Sonne und zu den Sternen, die doch unermeßlich weit entfernt sind. Wer tiefer denkt, weiß auch, daß das innere Sehen – das des Denkens – darüber hinaus geht und es daher von einer noch innerlicheren Schau übertroffen wird. Um wieviel mehr also noch vom göttlichen Sehen, welches das allerinnerste und höchste ist?! Da nun die Gedanken einer solchen Ausdehnung fähig sind, so werden auch alle himmlischen Angelegenheiten einem jeden seiner Bewohner mitgeteilt, folglich alles, was zum Göttlichen gehört, das den Himmel bildet und ihn erfüllt. (85)

Die Himmlischen wunderten sich, daß sich Menschen für intelligent halten, die sich unter Gott ein unschaubares, unter keiner Gestalt faßbares Wesen vorstellen und Andersdenkende für beschränkt, ja einfältig erklären, obgleich doch das Gegenteil zutrifft. Sie meinen, jene, die sich deshalb für intelligent halten, sollten sich lieber prüfen, ob sie nicht anstelle Gottes bloß die Natur sehen. Manche von ihnen erblicken die vor Augen liegende, andere die unsichtbare Natur, und es fragt sich, ob ihre Blindheit nicht so weit geht, daß sie überhaupt nicht wissen, was Gott, ein Engel, ein Geist, was ihre nach dem Tode fortlebende Seele, das Leben des Himmels beim Menschen und anderes mehr ist. Das alles gehört zur Einsicht, und die von ihnen als einfältig Bezeichneten wissen es alles auf ihre Weise. Daher heißen sie bei den Engeln intelligent und für den Himmel geeignet, jene aber im Gegenteil beschränkt. (86)

## DIE ENTSPRECHUNG ALLER TEILE DES HIMMELS MIT ALLEN TEILEN DES MENSCHEN

Es ist heutzutage aus verschiedenen Ursachen unbekannt, was Entsprechung ist. Der wichtigste Grund liegt darin, daß der Mensch infolge seiner Selbst- und Weltliebe sich vom Himmel entfernt hat. Denn wer sich und die Welt über alles liebt, trachtet nur nach weltlichen Dingen, weil diese den äußeren Sinnen schmeicheln und die Genußsucht befriedigen, nicht aber nach geistigen Dingen, die die inneren Sinne ansprechen und das Gemüt erfreuen. Diese weist man zurück und sagt, sie stünden zu hoch, um als Denkobjekte in Frage zu kommen. Anders verhielten sich die Alten. Ihnen galt die Wissenschaft der Entsprechungen als vornehmste aller Wissenschaften. Durch sie gelangten sie auch zu Einsicht und Weisheit und hatten Gemeinschaft mit dem Himmel; denn die Wissenschaft der Entsprechungen ist eine Engelwissenschaft. Die Urmenschen, welche himmlische Menschen waren, dachten wie die Engel aus der Entsprechung selbst. Darum redeten sie auch mit den Engeln und erschien ihnen des öfteren der Herr und belehrte sie. Heutzutage aber ist diese Wissenschaft so gänzlich verloren gegangen, daß man nicht einmal mehr weiß, was Entsprechung überhaupt ist. (87)

Dies muß nun zuerst gesagt werden: Die ganze natürliche Welt entspricht der geistigen, und zwar nicht nur im allgemeinen, sondern auch im einzelnen. Deshalb heißt alles, was in der natürlichen Welt aus der geistigen heraus entsteht, Entsprechendes. Man muß wissen, daß die natürliche Welt aus der geistigen entsteht und besteht, ganz wie die Wirkung aus ihrer Wirkursache. Zur natürlichen Welt gehört alles räumlich Ausgedehnte, das unter der Sonne ist und von ihr Wärme und Licht empfängt. Die geistige Welt aber ist der Himmel, und zu ihr gehört alles in den Himmeln. (89)

Weil der Mensch ebenso ein Himmel wie eine Welt in kleinster Gestalt ist (vgl. Nr. 57), darum findet sich bei ihm sowohl die geistige als auch die natürliche Welt: die innerlicheren Bereiche, die zu seinem Gemüt gehören und sich auf Verstand und Wille beziehen, bilden seine geistige Welt, die äußerlichen aber, die seinem Körper angehören und sich auf dessen Sinne und Handlungen beziehen, stellen seine natürliche Welt dar. Als Entsprechendes wird daher alles bezeichnet, was in seiner natürlichen Welt, also in seinem Körper und dessen Sinnen und Handlungen, aus seiner geistigen Welt, also aus seinem Gemüt und dessen Verstand und Willen heraus entsteht. (90)

Das Wesen der Entsprechung kann man beim Menschen an seinem Angesicht erkennen. In einem Gesicht, das nicht gelernt hat, sich zu verstellen, zeigen sich alle Gemütsbewegungen in natürlicher Form wie in einem Abdruck. So wird dem Menschen seine geistige Welt sichtbar in seiner natürlichen; daher heißt auch das Antlitz der „Spiegel der Seele". Ebenso drücken sich die Überlegungen des Verstandes in der Rede und die Regungen des Willens in den Bewegungen des Körpers aus. Was immer also im Körper vorgeht, sei es im Gesicht, sei es in der Rede, sei es in den Gebärden, heißt Entsprechendes. (91)

Hieraus ist auch ersichtlich, was der innere und was der äußere Mensch ist; denn der innere wird der geistige Mensch genannt und der äußere der natürliche. Ferner erkennt man daraus, daß der eine vom anderen so verschieden ist, wie der Himmel von der Welt, und daß alles, was im äußeren und natürlichen Menschen geschieht und entsteht, vom inneren oder geistigen Menschen ausgeht und zur Wirkung gebracht wird. (92)

Es wurde gezeigt, daß die Engelgesellschaften, aus denen der Himmel besteht, geordnet sind wie die Gliedmaßen, Organe und inneren Teile im Menschen. Infolgedessen befinden sich einige im Haupt, einige in der Brust, andere in den Armen oder in deren einzelnen Teilen (vgl. Nr. 59-72). Die Gesellschaften nun, die sich in einem gewissen Gliede des Großmenschen befinden, entsprechen dem gleichen Glied im Menschen, so z.B. die im Haupt befindlichen dem Haupt des Menschen, die in der Brust befindlichen der Brust des Menschen, usw. Der Mensch besteht überhaupt nur infolge dieser Entsprechung, hat er doch nirgend anders her als aus dem Himmel sein Bestehen. (94)

Wie oben gezeigt wurde, ist der Himmel in zwei Reiche unterteilt, von denen das eine das himmlische, das andere das geistige Reich heißt. Herz und Lunge bilden auch zwei Reiche im Menschen: Das Herz regiert in ihm durch die Arterien und Venen, die Lunge durch die Nerven- und motorischen Fibern, beide in jeder Kraftanstrengung und Bewegung vereint. In der geistigen Welt eines jeden Menschen, also in seinem geistigen Menschen, gibt es ebenfalls zwei Bereiche, den des Willens und den des Verstandes. Ersterer regiert durch die Neigungen zum Guten, letzterer durch die Neigungen zum Wahren. Diese Bereiche entsprechen auch denen des Herzens und der Lunge im Körper. Ebenso ist es im Himmel. Das himmlische Reich beruht auf dem Willens-Prinzip. In ihm herrscht das Gute der Liebe. Das geistige Reich beruht auf dem Verstandes-Prinzip. In ihm herrscht das Wahre. Sie entsprechen den Funktionen des Herzens und der Lunge im Menschen. Diese Entsprechung ist der Grund, weshalb das Herz im Wort den Willen und auch das Gute der Liebe bezeichnet, das Atemholen der Lunge aber den Verstand und das Wahre des Glaubens. Daher werden auch dem Herzen Neigungen zugeschrieben, obgleich sie weder in ihm sind noch aus ihm hervorgehen. (95)

Das Entsprechungs-Verhältnis der beiden Reiche des Himmels zum Herzen und zur Lunge ist das allgemeine Entsprechungs-Verhältnis des Himmels zum Menschen. Weniger allgemein aber ist das zu seinen einzelnen Gliedmaßen, Organen und inneren Teilen, dessen Wesen wir nun auch beschreiben wollen. Die Engel im Großmenschen oder Himmel, die sich im Haupt befinden, sind in besonderer Weise vor anderen in allem Guten: Sie sind in der Liebe, im Frieden, in der Unschuld, Weisheit, Einsicht und daraus in Freude und Seligkeit. Sie fließen ins Haupt und in all das ein, was beim Menschen zum Haupt gehört, dem sie entsprechen. Die Engel im himmlischen Großmenschen, die sich in der Brust befinden, leben im Guten der Nächstenliebe und des Glaubens und fließen in die Brust des Menschen ein, der sie entsprechen. Jene Engel, die zu den Lenden und Zeugungsorganen des größten oder himmlischen Menschen gehören, sind in der ehelichen Liebe, die Engel, die zu den Füßen gehören, also zum untersten Guten des Himmels, sind im Geistig-Natürlichen; die in den Armen und Händen in der Macht des Wahren aus dem Guten. Die Engel in der Region der Augen befinden sich im Verstand, die in den Ohren im Aufmerken und Gehorsam, und die in der Nase in der Wahrnehmung; die Engel in der Region des Mundes und der Zunge in der Redegabe, welche auf Verstand und Wahrnehmung beruht. In den Nieren sind die Engel, die im sichtenden, ausscheidenden und zurechtweisenden Wahren sind, in der Leber, im Pankreas und in der Milz jene, die den mannigfachen Säuberungen des Guten und Wahren obliegen – anders wieder bei den übrigen. Sie alle fließen in die ähnlichen Teile des Menschen ein und entsprechen ihnen. Der Einfluß des Himmels geht in die Funktionen und Nutzwirkungen der Glieder ein, und die Nutzwirkungen, weil sie aus der geistigen Welt stammen, nehmen durch Dinge, welche in der natürlichen Welt sind, Form an, durch die sie sich zur Wirkung bringen. Daher rührt die Entsprechung. (96)

Deshalb wird im Wort durch diese Gliedmaßen, Organe und inneren Teile ähnliches bezeichnet. Denn im Wort hat alles seine Bedeutung gemäß den Entsprechungen. So bezeichnet das Haupt die Einsicht und Weisheit, die Brust die Nächstenliebe, die Lenden die eheliche Liebe, die Arme und Hände die Macht des Wahren, die Füße das Natürliche, die Augen den Verstand, die Nase die Wahrnehmung, die Ohren den Gehorsam, die Nieren die Reinigung des Wahren, usw. So kommt es auch zu bestimmten Redewendungen. Von einem einsichtsvollen und weisen Menschen etwa sagt man: Das ist ein Kopf; einen geliebten Freund nennt man gern seinen Busenfreund. Jemandem, der sich durch seine Wahrnehmung auszeichnet, sagt man nach, er habe eine feine Nase; ein besonders Einsichtiger, sagt man, habe ein scharfes Auge. Von einem Mächtigen heißt es, sein Arm reiche weit, und von einem, der etwas aus Liebe will, meint man, er wolle es von Herzen. Diese und viele andere Redewendungen des Menschen haben ihren Ursprung in der Entsprechung, stammen sie doch, ohne daß der Mensch es weiß, aus der geistigen Welt. (97)

Doch obwohl nun alle zum Körper des Menschen gehörenden Teile allen Teilen des Himmels entsprechen, ist der Mensch nicht seiner äußeren, sondern seiner inneren Form nach ein Ebenbild des Himmels. Denn die innerlichen Bereiche des Menschen nehmen den Himmel auf, seine äußerlichen die Welt. In dem Maße also, wie diese innerlichen Bereiche des Menschen den Himmel aufnehmen, ist er im Hinblick auf sie ein Himmel in kleinster Gestalt, nach dem Bilde des Großmenschen. Tatsächlich erscheint auch der Geist des Menschen nach dem Tode in der Gestalt, wie sie in seinem Körper verborgen war, der ihn während seines irdischen Lebens bekleidet hatte. (99)

Die Entsprechung erstreckt sich aber noch über den Menschen hinaus, gibt es doch auch eine Entsprechung der Himmel untereinander. Dem dritten oder innersten Himmel entspricht der zweite oder mittlere, dem zweiten oder mittleren der erste oder unterste Himmel, und dieser wiederum entspricht den körperlichen Formen im Menschen, also seinen Gliedmaßen, Organen und inneren Teilen. So ist es das Leibliche, in das der Himmel zuletzt ausmündet und auf dem er als auf seiner Grundlage ruht. (100)

Man muß jedoch vor allem wissen, daß jede Entsprechung mit dem Himmel eine solche mit dem Göttlich-Menschlichen des Herrn ist, denn von ihm stammt der Himmel, und Er ist der Himmel, wie dies in den vorhergehenden Abschnitten gezeigt wurde. Flösse nicht das Göttlich-Menschliche in alle Teile des Himmels und gemäß den Entsprechungen in alle Teile der Welt ein, so gäbe es weder Engel noch Menschen. Hieraus ergibt sich wiederum, weshalb der Herr Mensch geworden ist und sein Göttliches mit Menschlichem vom Ersten bis zum Letzten bekleidet hat. Es geschah nämlich, weil das Göttlich-Menschliche, aus dem sich der Himmel vor der Ankunft des Herrn bildete, nicht länger genügte, um alles zu erhalten, hatte doch der Mensch, der die Unterlage des Himmels ist, die Ordnung erschüttert und zerstört. (101)

Die Engel sind sehr erstaunt, wenn sie hören, daß es Menschen gibt, die alles der Natur und nichts dem Göttlichen zuschreiben und glauben, daß ihr Leib, der eine Ansammlung so vieler bewundernswerter Einzelheiten des Himmels darstellt, aus der Natur hervorgegangen sei, ja sogar das Vernünftige des Menschen von daher stamme. Und dies, obwohl doch die Menschen, wenn sie ihren Geist nur einigermaßen erheben wollten, durchaus sehen könnten, daß all dies nicht der Natur, sondern dem Göttlichen entstammt, und daß die Natur nur erschaffen wurde, um das Geistige zu bekleiden und in entsprechender Weise im Letzten der Ordnung darzustellen. Die Engel vergleichen solche Menschen mit Nachteulen, die in der Finsternis und nicht im Licht sehen. (102)

## ES BESTEHT EINE ENTSPRECHUNG DES HIMMELS ZU ALLEN DINGEN DER ERDE

Der Ordnung halber ist nun noch zu zeigen, daß alle Dinge der Erde, ja überhaupt alle Einzelheiten der Erde Entsprechungen sind. (103)

Alle irdischen Dinge werden in drei Gattungen oder Reiche eingeteilt, nämlich Tier-, Pflanzen- und Mineralreich. Was lebt, gehört zum Tierreich und ist eine Entsprechung ersten Grades; was nur wächst, gehört zum Pflanzenreich und ist eine Entsprechung zweiten Grades, und was weder lebt noch wächst, gehört zum Mineralreich und ist eine Entsprechung dritten Grades. Entsprechungen im Tierreich sind die verschiedenen Lebewesen, sowohl diejenigen, die sich auf der Erde oder im Wasser fortbewegen, als auch jene, die in der Luft fliegen. Die Entsprechungen im Pflanzenreich bestehen aus allem, was in Gärten, Wäldern, Äckern und Feldern wächst und blüht. Die Entsprechungen im Mineralreich bestehen aus allen edlen und unedlen Metallen, allen kostbaren und gewöhnlichen Steinen, allen verschiedenen Erdarten und Gewässern. Entsprechungen sind ferner die Dinge, die menschlicher Fleiß aus dem Genannten zum Gebrauch bereitet: Alle Arten von Speisen, Kleidungsstücken, Häusern, Gebäuden und vieles andere mehr. (104)

Auch was über der Erde ist, etwa Sonne, Mond und Sterne, dann was zur Atmosphäre gehört, wie Wolken, Nebel, Regen, Blitz und Donner, ist etwas Entsprechendes. Dasselbe gilt von allem, was mit der Sonne zusammenhängt, ihrem Schein und ihrer Abwesenheit, Licht und Schatten, Wärme und Kälte, sowie für alles, was davon abhängt, also Jahres- und Tageszeiten. (105)

Mit einem Wort: Alles, was in der Natur entsteht, vom kleinsten bis zum größten, ist eine Entsprechung. Der Grund ist aber, daß die natürliche Welt aus der geistigen heraus entsteht und besteht und beide aus dem Göttlichen. Nichts kann bestehen durch sich selbst, sondern nur durch ein ihm Vorhergehendes, also durch ein Erstes. Würde es von diesem getrennt, so ginge es völlig zugrunde und verschwände. (106)

Alle Dinge in der Welt entstehen aus dem Göttlichen und werden in der Natur in solche Formen gekleidet, durch die sie in der Welt sein, Nutzen schaffen und so entsprechen können. Dies zeigt sich deutlich an den einzelnen Erscheinungen sowohl im Tier- als auch im Pflanzenreich. In beiden Reichen gibt es Dinge, an denen jeder, sofern er vom Inwendigen her denkt, erkennen kann, daß sie aus dem Himmel stammen. Zur Illustration einige wenige Beispiele: Allgemein bekannt ist, welch ein Wissen jedem Tier gleichsam angeboren ist. So wissen die Bienen den Honig aus den Blumen zu sammeln, aus dem Wachs Zellen zu bauen, in denen sie ihren Honig speichern können, um so sich und ihr Volk mit Nahrung, auch für den kommenden Winter, zu versorgen. Ihre Königin legt Eier, die übrigen pflegen und hüten sie, damit ein neues Geschlecht daraus entstehen kann. Sie leben unter einer gewissen Regierungsform, die sie aus ihrem eingeborenen Wissen heraus alle kennen. Sie erhalten die nützlichen Bienen, die anderen treiben sie aus und berauben sie ihrer Flügel – ganz zu schweigen von anderen erstaunlichen Fähigkeiten, die ihnen des Nutzzwecks wegen vom Himmel eingepflanzt werden. Und was geht nicht alles bei den Raupen vor, die doch im Tierreich die verachtetsten aller Kreaturen sind!? Sie wissen, wie sie sich mit dem Saft aus dem für sie tauglichen Blattwerk zu ernähren haben, sie umgeben sich, sobald ihre Zeit gekommen ist, mit einer Hülle, in der sie wie in einer Gebärmutter liegen und so für die Nachkommenschaft ihrer Gattung sorgen. Wer nur ein wenig vernünftig und weise denkt, könnte der wohl je etwas anderes behaupten, als daß all diese Dinge aus einer geistigen Welt stammen müssen, da doch die natürliche nur dazu dient, das von daher Stammende mit einem Leib zu bekleiden bzw. etwas seiner Ursache nach Geistiges als Wirkung darzustellen!? Daß nun alle diese Tiere in die genannten Instinkte hineingeboren werden, nicht aber der Mensch, der doch mehr ist als sie, beruht darauf, daß die Tiere im Unterschied zum Menschen in ihre Lebensordnung eingebettet sind. Weil ihnen der Bereich der Vernunft fehlt, konnten sie nicht zerstören, was in ihnen von der geistigen Welt her angelegt ist. Anders der Mensch, der aus der geistigen Welt denkt und – begünstigt durch seine Vernunftfähigkeit – ein Leben gegen die Ordnung führt, um so jenen Einfluß aus der geistigen Welt bei sich zu verkehren. Darum ist es nicht anders möglich, als daß er in völlige Unwissenheit hineingeboren wird und hernach durch göttliche Mittel in die Ordnung des Himmels zurückgeführt werden muß. (108)

Die Entsprechungen des Pflanzenreiches sind aus zahlreichen Beispielen ersichtlich, lassen sich aber nur schwer mit wenigen Worten beschreiben. Ganze Bücher wären dazu erforderlich, und doch ließen sich die tieferen Geheimnisse, die ihren Nutzzwecken näher liegen, wissenschaftlich überhaupt nicht ergründen. Weil auch dieser Bereich aus der geistigen Welt oder dem Himmel stammt, der, wie oben gezeigt wurde, menschliche Gestalt hat, so haben auch die Einzelheiten dieses Reiches eine gewisse Beziehung zu Dingen, die sich beim Menschen finden, wie auch einigen Gelehrten bekannt ist. Auch alle Einzelheiten dieses Reiches sind Entsprechungen, wie mir durch viele Erfahrungen klar wurde. Denn wenn ich mich in Gärten aufhielt und dort die Bäume, Früchte, Blumen und Hülsenfrüchte betrachtete, bemerkte ich häufig im Himmel die Entsprechungen, redete darüber mit Engeln, bei denen sie waren, und wurde so über ihren Ursprung und ihre Beschaffenheit unterrichtet. (109)

Tiere entsprechen im allgemeinen den Neigungen, die zahmen und nützlichen den guten, die wilden und unnützen den bösen Neigungen. Insbesondere entsprechen Rinder und Stiere den Neigungen des natürlichen Gemüts, Schafe und Lämmer den Neigungen des geistigen Willens, geflügelte Tiere, je nach ihrer Art, den Verstandesbereichen beider Gemüter. So kommt es, daß verschiedene Tiere, wie Rinder, Stiere, Widder, Schafe, Ziegen, Böcke, männliche und weibliche Lämmer, sowie auch Tauben und Turteltauben in der vorbildenden israelitischen Kirche zu Schlacht- und Brandopfern benutzt wurden, entsprachen sie doch den geistigen Dingen, die im Himmel den Entsprechungen gemäß verstanden wurden. Daher hat auch jedes Tier ein angeborenes Wissen gemäß dem Trieb seines Lebens. Seinem natürlichen Menschen nach ist der Mensch den Tieren ähnlich, und wird deshalb auch im allgemeinen Sprachgebrauch häufig mit ihnen verglichen. So nennt man z. B. den Sanftmütigen ein Schaf oder Lamm, den Wilden einen Bären oder Wolf, den Schlauen einen Fuchs oder eine Schlange usw. (110)

Ein ähnliches Entsprechungsverhältnis besteht auch zu den Objekten des Pflanzenreichs: So entspricht ein Garten im allgemeinen dem Himmel hinsichtlich der Einsicht und Weisheit, weshalb auch der Himmel ein „Garten Gottes" oder ein „Paradies" genannt wird und man auch vom „himmlischen Paradies" spricht. Die Bäume entsprechen je nach ihren Arten den Wahrnehmungen und Erkenntnissen des Guten und Wahren, die zu Einsicht und Weisheit führen. Darum hielten die Alten, die in der Kenntnis der Entsprechungen waren, ihren Gottesdienst in Hainen ab. Und deshalb werden auch so oft im Wort Bäume genannt und Himmel, Kirche und Mensch mit Weinstock, Ölbaum, Zeder und anderen Bäumen verglichen, das Gute aber, das sie tun, mit den Früchten. Auch die aus ihnen gewonnene Nahrung, besonders die aus den Feldfrüchten bereitete, entspricht den Neigungen zum Guten und Wahren, und zwar deshalb, weil sie das geistige Leben ebenso nähren, wie irdische Nahrungsmittel das natürliche. So entspricht das Brot im allgemeinen der Neigung zu allem Guten, weil es mehr als jede andere Nahrung das Leben erhält, und durch das Brot die Nahrung schlechthin bezeichnet wird. Dieser Entsprechung wegen nennt sich auch der Herr selbst das Brot des Lebens. Aus dem selben Grunde waren auch in der israelitischen Kirche Brote in gottesdienstlichem Gebrauch, wurden doch die sogenannten „Schaubrote" auf dem Tisch der Stiftshütte ausgelegt. Überdies wurde der ganze durch Schlacht- und Brandopfer vermittelte Gottesdienst „Brot" genannt. Dieser Entsprechung wegen ist auch das Heiligste des christlichen Gottesdienstes das Abendmahl, bei dem Brot und Wein gereicht werden. (111)

Wie wird nun die Verbindung des Himmels mit der Welt durch Entsprechungen bewirkt? Das Reich des Herrn ist ein Reich von Absichten, d. h. Nutzwirkungen. Darum ist das Weltall vom Göttlichen so eingerichtet worden, daß sich die Nutzwirkungen allenthalben in Formen einkleiden können, durch die sie in ihrer Verwirklichung dargestellt werden, zuerst im Himmel und dann in der Welt, also stufenweise und allmählich bis herab zum Letzten der Natur. Daraus geht hervor, daß die Entsprechung der natürlichen mit den geistigen Dingen oder der Welt mit dem Himmel durch Nutzwirkungen bewirkt wird und diese das Verbindende sind. Ferner geht daraus hervor, daß die zur Einkleidung der Nutzwirkungen dienenden Formen insoweit Entsprechungen und Mittel der Verbindungen sind, als sie wirklich Formen der Nutzwirkungen darstellen. Im dreifachen Reich der Natur ist alles, was darin der Ordnung gemäß ist, irgendeine Form der Nutzwirkung. Beim Menschen aber, soweit er nach der göttlichen Ordnung, also in der Liebe zum Herrn und in der Nächstenliebe lebt, sind auch seine Handlungen Formen der Nutzwirkung, Entsprechungen, durch die er mit dem Himmel verbunden wird. Den Herrn und den Nächsten lieben, heißt im allgemeinen Nutzen schaffen. Weiter muß man wissen, daß es der Mensch ist, durch den die natürliche Welt mit der geistigen verbunden wird, oder daß er das Mittel ihrer Verbindung ist. Denn in ihm ist sowohl die natürliche als auch die geistige Welt (vgl. Nr. 57). In dem Maße, in dem der Mensch geistig ist, ist er daher auch ein Mittel der Verbindung, aber inwieweit er nicht geistig, sondern bloß natürlich ist, kann er das nicht sein. Aber auch ohne eine derartige Vermittlung des Menschen besteht ein göttlicher Einfluß in die Welt sowie in die irdische Umgebung des Menschen, jedoch nicht in seine Vernunft. (112)

Wie alles, was der göttlichen Ordnung gemäß ist, dem Himmel entspricht, so alles, was der göttlichen Ordnung zuwiderläuft, der Hölle. Was dem Himmel entspricht, bezieht sich samt und sonders auf das Gute und Wahre, was der Hölle entspricht, auf das Böse und Falsche. (113)

Oben wurde gezeigt, daß die geistige Welt, der Himmel, mit der natürlichen durch Entsprechungen verbunden ist. Die Entsprechungen ermöglichen also dem Menschen eine Gemeinschaft mit dem Himmel, denn die Engel des Himmels denken nicht wie der Mensch aus dem Natürlichen. Hat daher der Mensch eine Kenntnis der Entsprechungen, so kann er hinsichtlich der Gedanken seines Gemüts mit den Engeln des Himmels zusammensein und so seinem inneren oder geistigen Menschen nach mit ihnen verbunden werden. Das Wort ist in lauter Entsprechungen geschrieben worden, damit es eine Verbindung des Himmels mit dem Menschen gebe; denn alle Einzelheiten im Wort sind Entsprechungen. (114)

Aus dem Himmel bin ich über folgendes unterrichtet worden: Die Angehörigen der Ältesten Kirche auf unserer Erde, welche himmlische Menschen waren, dachten aus den Entsprechungen selbst. Alle natürlichen Dinge, die ihren Augen erschienen, regten sie zu solchem Denken an. Daher konnten sie den Engeln zugesellt werden und auch mit ihnen sprechen. So waren Himmel und Erde miteinander verbunden. Aus diesem Grund wurde jene

Zeit auch das Goldene Weltalter genannt, von dem es bei den alten Schriftstellern heißt, damals hätten die Himmlischen mit den Menschen zusammengewohnt und mit ihnen verkehrt wie Freunde mit Freunden. Hernach aber seien andere Zeiten gekommen. Da dachte man nicht mehr aus den Entsprechungen selbst, sondern nur noch aus deren Kenntnis. Aber selbst damals habe noch eine Verbindung des Himmels mit den Menschen bestanden, wenngleich nicht mehr eine so innige. Ihre Zeit wird das Silberne Weltalter genannt. Auf sie seien Menschen gefolgt, die zwar die Entsprechungen noch kannten, aber nicht einmal mehr aus deren Kenntnis heraus dachten, weil sie sich nicht mehr wie die früheren im geistigen, sondern nurmehr im natürlichen Guten befanden. Ihre Zeit wurde das Kupferne Weltalter genannt. Zuletzt sei dann der Mensch immer äußerlicher und schließlich ganz und gar materiell geworden. Damit aber habe sich die Kenntnis der Entsprechungen und mit ihr auch die Kenntnis des Himmels und vieler den Himmel betreffender Dinge gänzlich verloren. Die Benennung jener Weltalter nach dem Gold, Silber und Kupfer rührte ebenfalls von den Entsprechungen her. (115)

## DIE SONNE IM HIMMEL

Im Himmel ist die irdische Sonne nicht sichtbar, ebensowenig irgend etwas, das aus ihr stammt, denn dies ist samt und sonders natürlich. Die Natur fängt ja bei dieser Sonne an, und was durch sie hervorgebracht wird, ist natürlich. Das Geistige aber, in dem der Himmel ist, steht über der Natur und ist völlig vom Natürlichen unterschieden. Beide haben keine Gemeinschaft miteinander außer durch Entsprechungen. Den Unterschied zwischen ihnen ersieht man aus dem oben Gesagten. (116)

Dennoch gibt es im Himmel eine Sonne, sowie Licht und Wärme samt allem, was in der Welt vorkommt, ja noch Unzähliges mehr, freilich nicht aus gleichem Ursprung. Denn im Himmel sind die Dinge geistig, in der Welt natürlich. Die Sonne des Himmels aber ist der Herr, genauer gesagt: der Herr ist in ihr. Das Licht im Himmel ist das göttliche Wahre, die Wärme das göttliche Gute. Beide gehen vom Herrn als der Sonne aus. Aus dieser Quelle stammt alles, was in den Himmeln entsteht und erscheint. Der Herr erscheint im Himmel als Sonne, weil er die göttliche Liebe ist, aus der alles Geistige und – mit Hilfe der natürlichen Sonne – alles Natürliche entsteht. Diese Liebe ist es, welche als Sonne leuchtet. (117)

Mir ist nicht nur von den Engeln gesagt, sondern auch einige Male zu sehen gegeben worden, daß der Herr im Himmel tatsächlich als Sonne erscheint, aber eigentlich nicht im Himmel, sondern hoch über den Himmeln, doch nicht über dem Haupt oder im Zenith, sondern vor dem Angesicht der Engel, in mittlerer Höhe.

Der Herr erscheint den Engeln vor den Augen, weil das dem Gemüt angehörende Inwendige durch die Augen sieht, aus dem Guten der Liebe das rechte und aus dem Guten des Glaubens das linke Auge. Denn alles, was beim Engel wie auch beim Menschen auf der rechten Seite ist, entspricht dem Guten, aus dem das Wahre hervorgeht, und was zur linken gehört, dem Wahren, das aus dem Guten stammt. Das Gute des Glaubens ist in seinem Wesen Wahres aus Gutem. (118)

Aus diesem Grund wird im Wort der Herr in allem, was die Liebe betrifft, mit der Sonne, hinsichtlich des Glaubens aber mit dem Monde verglichen. Ebenso wird die aus dem Herrn stammende Liebe zum Herrn durch die Sonne und der aus dem Herrn stammende Glaube zum Herrn durch den Mond bezeichnet, so an folgenden Stellen: Jes 13, 10; 30, 26; Ez 32 , 7f.; Joel 2, 10; 3, 4; 4, 15; Offb 6, 12f.; Mat 24, 20.

Daß der Herr im Himmel als Sonne erscheint, zeigt sich auch bei seiner Verklärung vor Petrus, Jakobus und Johannes, wo es heißt, „daß sein Angesicht leuchtete wie die Sonne" (Mat 17, 20). So erschien der Herr den Jüngern, als sie dem Körper entrückt und im Licht des Himmels waren. Aus diesem Grunde wandten auch die Alten, bei denen sich eine vorbildende Kirche befand, beim Gottesdienst ihr Antlitz der Sonne im Osten zu, und aus demselben Grunde richtete man die Tempel auch nach Osten aus. (119) Größe und Art der göttlichen Liebe ersieht man auch aus dem Vergleich mit der irdischen Sonne, die von ihr – wenn man es zu glauben vermag – in ihrer überschwenglichen Glut noch weit übertroffen wird. Deshalb fließt der Herr als Sonne auch nicht unmittelbar in die Himmel ein, sondern vermindert auf dem Wege die Glut seiner Liebe stufenweise. Diese Herabminderungen erscheinen als Strahlengürtel rings um die Sonne. Zudem werden die Engel mit einer ihnen angemessenen dünnen Wolke umhüllt, damit die Strahlung sie nicht schädigt. Die Entfernung der Himmel vom Herrn richtet sich daher nach ihrer Aufnahmefähigkeit. Die oberen Himmel sind der Sonne des Herrn näher, stehen sie doch im Guten der Liebe, die unteren Himmel hingegen sind entfernter von ihm, weil sie sich nur im Guten des Glaubens befinden. Die Höllischen aber, die keinerlei Gutes besitzen, sind sehr weit entfernt, und zwar je nach dem Grade ihres Gegensatzes zum Guten. (120)

Wenn aber der Herr – was häufig geschieht – im Himmel erscheint, so zeigt er sich in Engelsgestalt – von den Engeln nur unterschieden durch das Göttliche, das aus seinem Antlitz hervorstrahlt. Denn er ist dort nicht gegenwärtig in Person – als Person ist der Herr vielmehr stets von der Sonne umgeben – , sondern durch den Anblick. Auch mir ist so der Herr außerhalb der Sonne in Engelsgestalt erschienen, ein wenig unterhalb der Sonne, jedoch in der Höhe, und mit leuchtendem Antlitz; ein andermal erschien er mir inmitten der Engel wie ein flammender Glanz. (121)

Weil der Herr infolge seiner göttlichen Liebe im Himmel als Sonne erscheint, darum wenden sich auch alle Bewohner des Himmels unausgesetzt ihm zu – die des himmlischen Reiches ihm als der Sonne, die des geistigen Reiches ihm als dem Mond. Im anderen Leben blicken alle auf das, was ihr Inneres beherrscht, also auf ihre Liebe, und dies prägt das Angesicht des Engels wie des Geistes. In der geistigen Welt gibt es keine feststehenden Weltgegenden, wie in der natürlichen Welt, ihre Lage wird vielmehr durch das Angesicht bestimmt. Auch der Mensch gibt sich hinsichtlich seines Geistes die gleiche Richtung. Vom Herrn wendet sich ab, wer in der Eigen- und Weltliebe ist, dem Herrn wendet sich zu, wer in der Liebe zu ihm und zum Nächsten ist. Der Mensch weiß dies jedoch nicht, weil er in der natürlichen Welt lebt, wo sich die Weltgegenden nach Aufgang und Niedergang der Sonne richten. (123)

Weil der Herr die Sonne des Himmels ist und alles, was von ihm stammt, auf ihn blickt, so ist der Herr auch der gemeinsame Mittelpunkt, von dem alle Richtungen und Bestimmungen abhängen. Darum ist auch alles in seiner Gegenwart und unter seiner Aufsicht, selbst das, was sich unterhalb befindet, also Himmel wie Erde. (124)

## LICHT UND WÄRME IM HIMMEL

Wer bloß von der Natur her denkt, kann nicht begreifen, daß es in den Himmeln Licht gibt. Dabei ist dieses Licht so stark, daß es das Mittagslicht in der Welt um viele Grade übertrifft. Ich habe es oft gesehen, auch zur Zeit des Abends und der Nacht. Anfangs wunderte ich mich, als ich die Engel sagen hörte, im Vergleich mit dem Licht des Himmels sei das Licht der Welt kaum mehr als ein Schatten. Nun aber, da ich es selbst gesehen habe, kann ich es bezeugen. Sein weißer Schimmer und Glanz ist derart, daß man es nicht beschreiben kann. Alles, was ich im Himmel sah, erschien mir in diesem Licht, folglich klarer und deutlicher als die irdischen Dinge. (126)

Das Licht des Himmels ist geistig, da es aus dem Herrn als der Sonne stammt und diese Sonne, wie im vorigen Kapitel gezeigt wurde, die göttliche Liebe ist. Was vom Herrn als der Sonne ausgeht, heißt in den Himmeln das göttliche Wahre, ist aber seinem Wesen nach das mit dem göttlichen Wahren vereinte Gute.

Daraus haben die Engel Licht und Wärme: Aus dem göttlichen Wahren das Licht und aus dem göttlichen Guten die Wärme. (127)

Weil die Engel geistig und nicht natürlich sind, ist für sie das Göttlich-Wahre das Licht. Die geistigen Wesen sehen im Licht ihrer Sonne, wie die natürlichen in dem der ihrigen. Das göttliche Wahre aber ist die Quelle des Verstandes der Engel, und dieser ihr inneres Sehen, das in ihr äußeres Sehen einfließt und es damit hervorbringt. Was daher im Himmel vom Herrn her als der Sonne gesehen wird, erscheint im Licht. Aufgrund dieses Ursprungs ist das himmlische Licht verschiedenartig – je nach der Aufnahme des Göttlich-Wahren vom Herrn oder (was auf dasselbe hinausläuft) je nach der Einsicht und Weisheit der Engel. Daher ist das Licht im himmlischen Reich anders als im geistigen, und wieder anders in jeder Gesellschaft. Im himmlischen Reich erscheint es flammend, weil die Engel in ihm das Licht des Herrn als der Sonne aufnehmen, im geistigen Reich dagegen glänzend weiß, weil dessen Engel das Licht vom Herrn als dem Mond aufnehmen (Vgl. Nr. 118). Auch ist das Licht der einen Gesellschaft nicht völlig gleich dem einer anderen, und auch in den einzelnen Gesellschaften gibt es wieder Unterschiede: die in der Mitte Befindlichen empfangen stärkeres Licht, die in den Umkreisen schwächeres (vgl. Nr. 43). Mit einem Wort: In eben dem Grade, in dem die Engel Aufnahmegefäße für das göttliche Wahre, das heißt in der Einsicht und Weisheit vom Herrn sind, haben sie Licht. Infolgedessen werden die Engel des Himmels auch Engel des Lichts genannt. (128)

Weil der Herr in den Himmeln das Göttlich-Wahre und damit das Licht ist, heißt er auch im Wort „das Licht", ebenso wie alles Wahre, das von ihm stammt. So u.a. an folgenden Stellen: Joh 8, 12; 9, 5; 12, 35f. & 46; 3, 9; 1, 9; Mat 4, 16; 17, 2; Jes 9, 1; 42, 6; 49, 6; Offb 21, 23 f.; Psalm 43, 3; 104, 1f. (129)

Das Licht in den Himmeln ist, wie gesagt, geistig, und es ist das göttliche Wahre. Das kann man auch daraus schließen, daß der Mensch ebenfalls ein geistiges Licht und daraus Erleuchtung hat, soweit er sich in der Einsicht und Weisheit aus dem göttlichen Wahren befindet. Das geistige Licht des Menschen ist das Licht seines Verstandes. Dessen Objekte sind Wahrheiten, die er in diesem Licht zergliedert und ordnet, in das Verhältnis von Grund und Folge zueinander setzt, und aus denen er der Reihe nach Schlüsse zieht.

Der natürliche Mensch weiß nicht, daß es ein wirkliches Licht gibt, in dem der Verstand dergleichen Dinge sieht, weil er es weder mit den Augen wahrnimmt noch sich in seinem Denken vorstellen kann. Und dennoch wissen viele darum und unterscheiden es auch vom natürlichen Licht. Wer aber seinen Blick nur auf die Welt heftet und alles der Natur zuschreibt, denkt natürlich; geistig denkt, wer sein Auge auf den Himmel richtet und alles dem Göttlichen zuschreibt. Es ist mir oft zu erfahren und auch zu sehen gegeben worden, daß das Licht, welches das Gemüt erleuchtet, ein wirkliches Licht (lux) ist, völlig verschieden von dem natürlichen Licht (lumen naturale). Ich wurde innerlich stufenweise in jenes Licht erhoben, und je wie das geschah, wurde mein Verstand erleuchtet, bis ich schließlich erkannte, was ich früher nicht erkannt hatte, und am Ende sogar Dinge, die ich mit Gedanken aus dem natürlichen Licht nicht einmal hätte erreichen können, während sie doch im himmlischen Licht klar und deutlich sichtbar wurden. Weil dem Verstande Licht zuzuschreiben ist, sagt man von ihm dasselbe wie vom Auge, nämlich daß er sehe und erleuchtet sei, wenn er erkennt, verdunkelt und umschattet, wenn er nicht erkennt, und was dergleichen Ausdrücke mehr sind. (130)

Weil das Licht des Himmels das göttliche Wahre ist, so ist es zugleich auch die göttliche Weisheit und Einsicht. Darum wird unter der Erhebung ins Licht des Himmels dasselbe verstanden wie unter der Erhebung in die Weisheit und Einsicht und unter der Erleuchtung. Bei den Engeln erreicht deshalb das Licht genau denselben Grad wie ihre Einsicht und Weisheit. Weil die göttliche Weisheit das Licht des Himmels ist, so werden darin auch alle ihrer Wesensart nach erkannt. Eines jeden Inneres liegt dort auf seinem Angesicht offen zutage, nicht das geringste bleibt verborgen. Die innerlicheren Engel wünschen auch, daß alles bei ihnen offenbar sei, wollen sie doch nichts als das Gute. In derselben Weise erscheint auch der Mensch hinsichtlich seines Geistes, wenn ihn die Engel betrachten. Ist er gut, so erscheint er ihnen je nach seinem Guten als ein schöner Mensch, ist er böse, je nach seinem Bösen als mißgestaltet und häßlich. (131)

Weil dem so ist, darum leuchten auch alle Wahrheiten, wo immer sie erscheinen mögen, ob innerhalb oder außerhalb eines Engels, ob innerhalb oder außerhalb der Himmel. Freilich leuchten die Wahrheiten außerhalb nicht in derselben Weise wie die Wahrheiten innerhalb der Himmel. Vielmehr zeigen sie ein frostiges Licht ohne Wärme, das seinem Wesen nach nicht wie die Wahrheiten innerhalb der Himmel vom Guten herrührt. Aus diesem Grunde verschwindet jenes kalte Licht auch beim Einfall des himmlischen Lichtes und wird sogar, wenn ihm Böses zugrunde liegt, in Finsternis verkehrt. Ich habe dies mehrmals gesehen, ebenso wie viele andere bemerkenswerte Erscheinungen leuchtender Wahrheiten, die ich übergehen will. (132)

Stattdessen noch etwas von der Wärme des Himmels: Sie ist ihrem Wesen nach Liebe und geht aus vom Herrn als der Sonne. Damit ist klar, daß die Wärme des Himmels ebenso geistig ist wie das Licht des Himmels, weil sie beide desselben Ursprungs sind. Das göttliche Wahre und das göttliche Gute ist jedoch so vereinigt, daß sie nicht zwei, sondern eins bilden. Gleichwohl sind sie bei den Engeln getrennt, denn manche von ihnen nehmen mehr das göttliche Gute auf, andere wiederum mehr das göttliche Wahre. Erstere gehören dem himmlischen, letztere dem geistigen Reich des Herrn an. Am vollkommensten aber sind die Engel, die beides im selben Grade aufnehmen. (133)

Wie das Licht, so ist auch die Wärme des Himmels überall verschieden. Sie ist anders im himmlischen als im geistigen Reich, und auch in einer jeden Gesellschaft ist sie nicht bloß nach ihrem Grad, sondern auch nach ihrer Qualität verschieden. Im himmlischen Reich des Herrn ist sie stärker und reiner, weil dort die Engel mehr das göttliche Gute aufnehmen; im geistigen Reich ist sie weniger stark und rein, weil hier die Engel mehr das göttliche Wahre aufnehmen; und auch in jeder einzelnen Gesellschaft des Himmels ist sie je nach der Aufnahme verschieden. Auch in den Höllen gibt es eine Art Wärme, doch ist sie unrein. Die Wärme im Himmel wird durch das heilige und himmlische Feuer, die Wärme der Hölle durch das unheilige und höllische Feuer bezeichnet. Unter beiden Feuern wird Liebe verstanden, unter dem himmlischen die Liebe zum Herrn und zum Nächsten, sowie jede Neigung, die zu diesen Arten der Liebe gehört, unter dem höllischen Feuer die Eigen- und Weltliebe, sowie jede Begierde, die zu diesen beiden Arten der Liebe gehört. Weil die Liebe eine Wärme geistigen Ursprungs ist, bringt sie eine Empfindung von Wärme mit sich; denn der Mensch gerät in Feuer und wird warm je nach ihrem Grad und ihrer Beschaffenheit. Ihre Hitze aber zeigt sich, wenn sie bekämpft wird. Daher stammen auch die üblichen Redewendungen: Entzündet oder warm werden, entbrennen, aufwallen und ins Feuer kommen, wenn von Erregungen durch positive Liebe gesprochen wird, aber auch wenn es sich um Begierden der negativen Liebe handelt. (134)

Die vom Herrn als der Sonne ausgehende Liebe wird aber im Himmel deshalb als Wärme empfunden, weil das Innere der Engel aus dem vom Herrn stammenden göttlichen Guten heraus in der Liebe ist und ihr Äußeres von daher Wärme empfängt. Aus diesem Grunde entsprechen einander Wärme und Liebe im Himmel so sehr, daß dort – gemäß dem, was soeben ausgeführt wurde – ein jeder in dem Grade Wärme fühlt, wie er Liebe hat. (135)

Die Engel haben wie der Mensch Verstand und Willen. Ihr Verstandes-Leben ist eine Wirkung des himmlischen Lichtes, weil dieses Licht das göttliche Wahre und daher die göttliche Weisheit ist, ihr Willens-Leben aber ist eine Wirkung der himmlischen Wärme, weil diese das göttliche Gute und daher die göttliche

Liebe ist. Dies wird noch deutlicher an Wärme und Licht der Welt, denen Wärme und Licht des Himmels entsprechen. Denn wenn die Wärme der Welt mit dem Licht verbunden ist, wie im Frühling und Sommer, lebt durch sie auf Erden alles und erblüht. (136)
Bei Johannes heißt es:

> „Im Anfang war das Wort, und das Wort war bei Gott, und Gott war das Wort. Alles ist durch dasselbe geworden, und ohne dasselbe ist nichts geworden, das da geworden ist. In ihm war das Leben, und das Leben war das Licht der Menschen. Es war in der Welt, und die Welt ist durch dasselbe geworden. . . Und das Wort ward Fleisch und wohnte unter uns, und wir sahen seine Herrlichkeit" (1, 1-4. 10. 14).

Unter dem *Wort* wird hier offenkundig der Herr verstanden, heißt es doch, das Wort sei Fleisch geworden. Was aber im besonderen unter dem Wort verstanden wird, ist noch unbekannt und soll darum gesagt werden: Das Wort ist hier das göttliche Wahre, das im Herrn und vom Herrn ist. Deshalb heißt es auch das Licht. Wie aber wurde durch das göttliche Wahre alles gemacht und erschaffen?

Alle Macht des Himmels eignet dem göttlichen Wahren, ohne dasselbe gibt es überhaupt keine Macht. Alle Engel werden wegen des Göttlich-Wahren *Mächte* genannt, weil sie insoweit Macht haben, als sie Empfänger oder Aufnahmegefäße desselben sind. Durch das Göttlich-Wahre haben sie Macht über die Höllen und über alle, die sich ihnen widersetzen. Tausend höllische Feinde weichen vor einem einzigen Strahl himmlischen Lichtes. Wer da meint, die Wahrheit sei ein bloßer Gedanke oder eine Angelegenheit von Worten ohne eigentliche Macht, außer der, andere Menschen zum Gehorsam zu bewegen, der kann freilich nicht glauben, daß dem göttlichen Wahren eine so große Macht eignet. Aber wurden nicht durch das göttliche Wahre Himmel und Erde erschaffen? Zwei Vergleiche mögen die Macht des göttlichen Wahren verdeutlichen: Erstens, was immer der Mensch tut, das tut er aus dem Verstand und Willen – aus dem Willen durch das Gute und aus dem Verstand durch das Wahre. Aus ihnen setzt der Mensch den ganzen Körper in Bewegung, und Tausenderlei im Körper eilt auf ihren bloßen Wink und ihr Gebot sogleich herbei. Damit ist klar, daß der ganze Körper im Dienste des Guten und Wahren steht, folglich aus Gutem und Wahrem gebildet ist.

Zweitens, alles, was auf Erden wächst, wie Bäume, Saaten, Blumen, Gräser, Früchte und Samen, entsteht durch nichts anders als durch die Wärme und das Licht der Sonne. Daraus geht klar hervor, welche Schöpferkraft in ihnen liegt, wieviel größer aber auch die Kraft sein muß, die dem göttlichen Licht und der göttlichen Wärme innewohnt. Aus all dem dürfte klar zu verstehen sein, wie durch das Wort „alles gemacht worden ist", und daß auch „die Welt durch dasselbe geworden ist", nämlich durch das göttliche Wahre vom Herrn. Aus demselben Grunde wird auch im Buch der Schöpfung zuerst vom Licht und dann erst von dem gesprochen, was aus dem Licht entstand (1 . Mose 1, 3 f). Daher kommt es auch, daß alles Da-Sein im Weltall, sowohl im Himmel als auch in der Welt, sich auf das Gute und Wahre sowie auf deren Verbindung bezieht. (138)

## DIE VIER HAUPTRICHTUNGEN IM HIMMEL

Im Himmel gibt es, wie in der Welt, vier Hauptrichtungen: Osten, Süden, Westen und Norden, und sie werden in beiden Welten durch die Sonne bestimmt, im Himmel durch die des Himmels, also durch den Herrn, in der Welt durch die irdische Sonne. Zwischen ihnen beiden bestehen jedoch mannigfache Unterschiede.

Der erste Unterschied ist der, daß man auf Erden als Süden bezeichnet, wo die Sonne ihren höchsten Stand über der Erde erreicht, Norden, wo sie am entgegengesetzten Punkt unter der Erde steht. Osten ist die Himmelsrichtung, wo die Sonne zur Zeit der Tag- und Nachtgleichen aufgeht, und Westen, wo sie zu eben jenen Zeiten untergeht. Anders im Himmel: Dort ist Osten, wo der Herr als Sonne erscheint. Dem gegenüber liegt der Westen, zur Rechten der Süden und zur Linken der Norden, und dies bleibt so, wohin auch die Engel ihr Angesicht und ihren Körper wenden mögen. So sind im Himmel alle Richtungen durch den Osten bestimmt. Die Stelle, wo der Herr als Sonne erscheint, Osten, heißt „Aufgang" (oriens). Deshalb wird auch der Herr im Wort der „Aufgang" genannt. (141)

Der zweite Unterschied besteht darin, daß die Engel immer den Osten vor Augen haben. Das ist in der Welt schwer zu verstehen, weil sich der Mensch nach jeder Himmelsrichtung wenden kann. Darum soll es erklärt werden. (142)

Die Engel haben aber den Osten bei jeder Wendung ihres Gesichts und Körpers vor Augen. Das läßt sich in der Welt noch jeweils weniger begreifen, weil der Mensch immer gerade die Himmelsrichtung vor Augen hat, der er sich gerade zuwendet. Darum soll auch dies erklärt werden.

Die Engel wenden und drehen Gesicht und Körper ebenso wie die Menschen nach allen Seiten, dennoch steht ihnen stets der Osten vor Augen. Allein ihre Wendungen haben eine andere Ursache als die Menschen. Sie erscheint zwar gleich, ist es aber in Wirklichkeit nicht, weil ihr Ursprung in der herrschenden Liebe liegt. Aus ihr entspringen alle Richtungs-Bestimmungen bei Engeln und Geistern, denn ihr Inneres ist, wie wir soeben hörten, wirklich ihrem gemeinsamen Mittelpunkt zugewendet, im Himmel also dem Herrn als der Sonne. Weil nun ihr Inneres unausgesetzt auf ihre Liebe blickt und ihr Angesicht sich als dessen äußere Form aus dem Inneren bildet, deshalb steht ihnen auch ihre herrschende Liebe immer vor Augen. In den Himmeln aber ist es der Herr als Sonne, denn von ihm stammt ihre Liebe. Und weil der Herr selbst in seiner Liebe bei den Engeln zugegen ist, so liegt in ihm die Ursache dafür, daß sie auf ihn blicken, wohin sie sich auch wenden mögen. Mir ist dies durch häufige Erfahrung zu wissen und auch selbst wahrzunehmen gegeben worden. Diese Tatsache wurde auch des öfteren von den Engeln bezeugt. Weil der Herr beständig vor dem Angesicht der Engel steht, sagt man auch auf Erden, man solle Gott vor Augen haben und auf ihn blicken, und daß jene ihn schauen, die an ihn glauben und ihn lieben. Diese Redeweise stammt aus der geistigen Welt, wie so manches in der menschlichen Rede. (143)

Diese Hinwendung zum Herrn gehört zu den wunderbaren Erscheinungen des Himmels, kann es doch geschehen, daß sich dort viele am gleichen Ort befinden, Gesicht und Körper aber nach verschiedenen Richtungen bewegen und doch allesamt den Herrn vor sich sehen, zur Rechten den Süden, zur Linken den Norden und hinter sich den Westen! (144)

Der Herr aber sieht die Engel auf andere Weise als sie ihn. Die Engel erblicken den Herrn durch die Augen, er aber sieht sie in der Stirn. Der Grund dafür liegt darin, daß die Stirn der Liebe entspricht und der Herr durch die Liebe in ihren Willen einfließt und bewirkt, daß man ihn durch den Verstand, dem die Augen entsprechen, erkennt. (145)

Die Hauptgegenden der Himmel des himmlischen Reiches des Herrn unterscheiden sich von denen der Himmel seines geistigen Reiches, weil der Herr den Himmeln seines himmlischen Reiches als Sonne erscheint, denen seines geistigen Reiches aber als Mond, und weil Osten da ist, wo der Herr erscheint. Der Abstand zwischen Sonne und Mond im Himmel beträgt 30 Grad. Und doch werden die Hauptrichtungen des Himmels dadurch nicht beeinträchtigt, weil die geistigen Engel nicht zu den himmlischen hinauf, noch diese zu jenen hinabsteigen können (vgl. Nr. 35).

Hieraus geht klar hervor, welcher Art die Gegenwart des Herrn in den Himmeln ist. Er ist nämlich überall und über einem jeden zugegen im Guten und Wahren, die von ihm ausgehen – er ist also, wie oben (Nr. 12) gesagt wurde, in dem Seinigen bei den Engeln. Das Innewerden der Gegenwart des Herrn erfolgt in ihrem Inneren, aus dem heraus die Augen sehen. Daher erblicken sie ihn außerhalb von sich selbst, und zwar unausgesetzt. Hieraus läßt sich entnehmen, wie man zu verstehen hat, daß der Herr in ihnen ist und sie im Herrn, nach seinen Worten:

> „Bleibet in mir und ich in euch" (Joh 15, 4);
> „Wer mein Fleisch isset und trinket mein Blut, der bleibt in mir, und ich in ihm" (6, 56).

Das Fleisch des Herrn bedeutet das göttliche Gute und das Blut das göttliche Wahre.

Alle in den Himmeln wohnen geschieden nach den Hauptrichtungen. Im Osten und Westen wohnen alle, die im Guten der Liebe sind – im Osten jene, die ein klares, im Westen die anderen, die ein dunkleres Innewerden desselben haben. Im Süden und Norden wohnen Engel, die der Weisheit aus dem Guten der Liebe ergeben sind – im Süden jene, bei denen das Licht der Weisheit hell, im Norden die anderen, bei denen es nur dunkel scheint. (148)

In gleicher Ordnung leben die Engel auch untereinander in jeder himmlischen Gesellschaft. Im Osten finden sich jene, die in einem höheren, im Westen die anderen, die in einem geringeren Grade der Liebe und Nächstenliebe sind. Im Süden sind die Wohnungen derer, denen das Licht der Weisheit und Einsicht stärker, im Norden die Wohnungen derer, denen dieses Licht schwächer leuchtet. Sie wohnen aber deshalb so geschieden, weil jede Gesellschaft einen Himmel in kleinerer Gestalt darstellt (vgl. Nr. 51-58). Dieselbe Ordnung herrscht auch bei ihren Versammlungen. Die Form des Himmels bewirkt bei ihnen diese Ordnung, so daß jeder seinen Platz kennt. Der Herr sorgt auch dafür, daß sich in jeder Gesellschaft einige von jeder Gattung befinden, und zwar darum, damit sich der Himmel hinsichtlich seiner allgemeinen Form überall gleicht. (149)

Umgekehrt ist es bei den Bewohnern der Hölle. Sie blicken nicht auf den Herrn als Sonne oder Mond, sondern wenden sich von ihm ab. Die sogenannten bösen Engel (genii) blicken auf jenen finsteren Körper, der dort die Stelle der irdischen Sonne einnimmt, und die sogenannten Geister auf jene Finsternis, die dort anstelle des irdischen Mondes tritt. Die Hauptgegenden in der Hölle sind daher denen des Himmels entgegengesetzt. (151)

Gerät ein böser Geist unter die Guten, so werden gewöhnlich die Richtungen derart verwirrt, daß die guten Geister kaum wissen, wo nun ihr Ort ist. Ich habe das mehrfach erlebt und dann auch von den Geistern vernommen, wie sehr sie darüber klagten. (152)

Zuweilen erscheinen die bösen Geister so, als ob sie den Hauptrichtungen des Himmels zugekehrt wären, und dann haben sie auch Einsicht und Verständnis für das Wahre, jedoch keine Neigung zum Guten. Sobald sie daher zu ihrer eigenen Ausrichtung zurückfinden, sind sie wieder ohne Einsicht und Verständnis und erklären die Wahrheiten, die sie zuvor gehört und verstanden hatten, für falsch, und wollen auch, daß das Falsche wahr sei. (153)

## ZUSTANDSVERÄNDERUNGEN BEI DEN ENGELN IM HIMMEL

Unter den Zustandsveränderungen der Engel sind die Veränderungen ihrer Liebe und ihres Glaubens, also der Weisheit und Einsicht und somit Veränderungen ihrer Lebenszustände zu verstehen. Weil nun das Leben der Engel ein Leben der Liebe und des Glaubens und daher der Weisheit und Einsicht ist, so beziehen sich ihre Zustände darauf, sind also Zustände der Liebe und des Glaubens oder auch Zustände der Weisheit und Einsicht. (154)

Die Engel sind nicht beständig im gleichen Zustand der Liebe und daher auch nicht im gleichen Zustand der Weisheit, denn alle Weisheit stammt bei ihnen aus der Art ihrer Liebe. Manchmal ist ihre Liebe groß, manchmal weniger; ihr Zustand nimmt stufenweise ab vom höchsten bis zum niedrigsten Grad.

Erreicht ihre Liebe den höchsten Grad, so sind sie in ihres Lebens Licht und Wärme oder in ihrer Klarheit und Lust. Im niedrigsten Grad aber sind sie im Schatten und Frost oder in ihrer Dunkelheit und Unlust. Vom untersten Stand kehren sie wieder zum ersten zurück, und so fort. Diese Zustände folgen einander in mannigfaltiger Weise, etwa wie die Wechsel von Licht und Schatten, Wärme und Kälte, oder wie von Morgen, Mittag, Abend und Nacht an jedem irdischen Tag, mit steter Verschiedenheit innerhalb des Jahres. Sie stehen auch im Entsprechungsverhältnis zueinander. Man muß aber wissen, daß es bei den Himmlischen keine Entsprechung zwischen der Nacht und ihren Lebenszuständen gibt, sondern nur eine zur Morgendämmerung. Eine Entsprechung zur Nacht gibt es nur bei den Höllischen. Aufgrund dieser Entsprechungen bezeichnen Tag und Jahr im Wort die Lebenszustände. (155)

Mit dem Zustand des Inneren der Engel, also ihrer Liebe und Weisheit, verändern sich auch die Erscheinungen der bei ihnen befindlichen mannigfaltigen äußeren Dinge. Diese erhalten ein Aussehen, das dem ihres Inneren entspricht. Darüber mehr in den folgenden Abschnitten über die Vorbildungen und Erscheinungen im Himmel. (156)

Jeder Engel erfährt und durchläuft, wie gesagt, solche Zustandsveränderungen, ebenso aber auch jede Gesellschaft im ganzen, in ihr aber doch der eine immer wieder anders als der andere, weil sie in Liebe und Weisheit voneinander verschieden sind. Denn jene, die sich in der Mitte befinden, sind in einem vollkommeneren Zustand als die um sie herum bis an die Grenzen Wohnenden (vgl. Nr. 23 und 128). Daher kommt es, daß die einen in Klarheit und Lust, die anderen in Dunkelheit und Unlust sein können, und dies gleichzeitig innerhalb ein und derselben Gesellschaft. Die Unterschiede in ihren Zustandsveränderungen im allgemeinen verhalten sich wie die Zustandswechsel der Tage in der einen oder anderen Zone auf Erden. Denn während hier die einen den Morgen erleben, ist es für die anderen Abend, und während die einen unter der Kälte leiden, ist es für die anderen warm, und umgekehrt. (157)

Ich bin aus dem Himmel über die Gründe dieser Zustandsveränderungen unterrichtet worden. Die Engel nannten die folgenden: 1. Die Freude am Leben und am Himmel, die ihnen aus der vom Herrn stammenden Liebe und Weisheit erwächst, würde nach und nach ihren Wert verlieren, wenn sie ununterbrochen darin erhalten würden. Man denke nur, wie es denen ergeht, die pausenlos in Lustbarkeiten und Vergnügungen schwelgen. 2. Ebenso wie die Menschen haben sie ein Eigenes, das in der Liebe zu sich selbst besteht, und alle im Himmel werden durch den Herrn von ihrem Eigenen abgehalten. In dem Maße, wie dies geschieht, sind sie in Liebe und Weisheit, in dem Maße aber, wie es nicht geschieht, in der Liebe zu sich selbst. Weil nun ein jeder sein Eigenes liebt und dadurch angezogen wird, so treten bei ihnen Zustandsveränderungen und fortgesetzte Wandlungen ein. 3. Auf diese Weise werden sie vervollkommnet, weil sie sich daran gewöhnen, in der Liebe zum Herrn gehalten und von der Selbstliebe abgehalten zu werden, und weil auch durch den Wechsel von Lust und Unlust das Innewerden und Gefühl für das Gute feiner wird. (158)

Es wurde mir gezeigt, wie der Herr als Sonne den Engeln im himmlischen Reich in ihrem ersten, zweiten und dritten Zustand erscheint. Erst sah ich ihn als Sonne rötlich und strahlend in solchem Glanz, daß es sich nicht beschreiben läßt. Man sagte mir, so erscheine der Herr den Engeln in ihrem ersten Zustand. Nachher sah man einen großen dunklen Gürtel rings um die Sonne, der das zuerst so glänzende rötliche und schimmernde Licht dämpfte. Es hieß, so erscheine ihnen die Sonne im zweiten Zustand. Schließlich erkannte man, wie sich der Gürtel noch mehr verdunkelte und die Sonne weniger rötlich erscheinen ließ, und zwar stufenweise, bis sie zuletzt weiß schimmernd wurde. So, sagte man, erscheine ihnen die Sonne im dritten Zustand. Dieses weiß Schimmernde sah man dann nach links gegen den

Mond des Himmels vorrücken und sich seinem Licht vermählen, worauf der Mond über die Maßen hell erglänzte. Es wurde mir erklärt, daß dies der vierte Zustand für die Angehörigen des himmlischen, hingegen der erste für die des geistigen Reiches sei, und daß sich so die Zustandsveränderungen in beiden Reichen ablösten. Dies geschehe jedoch nicht im Ganzen, sondern in einer Gesellschaft nach der anderen. Auch sei dieser Wandel nicht zu regelmäßigen Zeiten, sondern ereigne sich später oder früher, ohne daß sie es vorher wüßten. Weiter sagten sie, die Sonne verändere sich in Wirklichkeit nicht, noch rücke sie von ihrem Platz, vielmehr scheine dem nur so, je nach dem allmählichen Fortschreiten der Zustände bei ihnen. (159)

Sind die Engel im letzten der aufeinanderfolgenden Zustände, so beginnen sie traurig zu werden. Ich sprach mit ihnen, als sie in diesem Zustand waren und sah ihre Traurigkeit. Sie sagten jedoch, sie hofften, in Kürze wieder in den vorigen Zustand, und so gewissermaßen wieder in den Himmel zu gelangen. Denn der Himmel besteht für sie darin, von ihrem Eigenen abgehalten zu werden. (160/161)

## DIE ZEIT IM HIMMEL

Obwohl im Himmel, ebenso wie in der Welt, alles wechselt und sich entwickelt, so haben doch die Engel keinen Begriff noch irgendeine Vorstellung von Zeit und Raum, so wenig, daß sie nicht einmal wissen, was darunter zu verstehen ist – und obgleich bei ihnen ebenso wie in der Welt – ohne irgendeinen Unterschied – alles allmählich fortschreitet. Denn im Himmel gibt es keine Jahre und Tage, sondern stattdessen Zustandsveränderungen. (162/163)

In der Welt gibt es Zeiten, weil hier die Sonne dem Anschein nach von einem Breiten-Grad zum anderen vorrückt und so die Jahreszeiten hervorruft, und weil sie scheinbar um die Erde läuft und so die Tageszeiten entstehen läßt – all dies in feststehendem Wechsel. Anders die Sonne des Himmels! Sie bringt nicht Jahre und Tage hervor, sondern Zustandsveränderungen, doch – wie dies im vorhergehenden Abschnitt gezeigt wurde – auch diese nicht in regelmäßigem Wechsel (vgl. Nr. 154). Daher kommt es, daß die Engel keinerlei Vorstellung von Zeit haben können, sondern stattdessen nur von Zuständen. (164)

Wenn die Engel von seiten des Menschen etwas von der Zeit hören – denn dem Menschen sind stets Engel vom Herrn beigegeben – so stellen sie sich stattdessen Zustände und Zustands-Bestimmungen vor. So wird die natürliche Vorstellung des Menschen bei den Engeln in eine geistige transponiert. Aus diesem Grunde bezeichnen im Wort Zeiten Zustände. (165)

Wenn der Mensch an dergleichen Dinge denkt, so geschieht es aus der Vorstellung von Zeit, der Engel aber denkt daran aus dem Zustand. Frühling und Morgen verwandeln sich daher in die Vorstellung des Zustandes der Liebe und Weisheit, wie sie bei Engeln in ihrem ersten Zustand beschaffen sind, Sommer und Mittag werden zur Vorstellung von Liebe und Weisheit, die in ihrem zweiten Zustand herrscht, Herbst und Abend zu dem, was sie in ihrem dritten Zustand empfinden. Nacht und Winter aber verwandeln sich in die Vorstellung des Zustandes, der in der Hölle herrscht (Vgl. Nr. 151). Daher werden auch durch diese Zeiten im Worte Gottes ähnliche Zustände bezeichnet. (166)

Weil die Engel den Begriff der Zeit nicht kennen, haben sie auch eine andere Idee von der Ewigkeit als die irdischen Menschen. Für die Engel ist Ewigkeit ein endloser Zustand, nicht aber eine endlose Zeit. Als ich einst über die Ewigkeit nachdachte, konnte ich mit Hilfe des Zeitbegriffs wohl erkennen, was „i n Ewigkeit" bedeutet, nämlich das Endlose, nicht aber, was „v o n Ewigkeit" heißt, folglich auch nicht, was Gott vor der Schöpfung von Ewigkeit her getan hatte. Als mich darob ein Bangen befiel, wurde ich in die Sphäre des Himmels erhoben und damit in die Anschauung der Engel von der Ewigkeit. Da wurde mir die Erleuchtung zuteil, daß man über die Ewigkeit nicht aus der Zeit heraus denken darf, sondern nur vom Zustand her, und daß man dann verstehen kann, was das „von Ewigkeit" bedeutet – und so geschah mir auch. (167)

Die Engel reden mit dem Menschen mit Hilfe geistiger Ideen, die samt und sonders von den Zuständen und deren vielfältigen Wandlungen innerhalb und außerhalb der Engel entlehnt sind. Aber dennoch werden ihre geistigen Vorstellungen, sobald sie bei den Menschen einfließen, augenblicklich und ganz von selbst in die natürlichen, dem Menschen eigentümlichen umgewandelt, die denen der Engel völlig entsprechen. Diese Umwandlung wird aber weder den Engeln noch den Menschen bewußt. Solcher Art ist auch jeder Einfluß des Himmels beim Menschen. Engel wurden einst näher bis in meine natürlichen Gedanken eingelassen, in denen vieles aus Zeit und Raum enthalten war. Weil sie aber nichts davon verstanden, so traten sie rasch zurück, und nachher hörte ich sie miteinander reden und sagen, sie seien in der Finsternis gewesen. Durch Erfahrung durfte ich auch erkennen, welches Unverständnis bezüglich der Zeit bei jenen Engeln herrscht. Aus dem Himmel war jemand zugegen, dessen Art es erlaubte, daß er auch in die natürlichen Vorstellungen eingelassen werden konnte, wie sie dem Menschen eigentümlich sind. Mit ihm sprach ich daher später wie ein Mensch mit dem anderen. Anfangs wußte er nicht, um was es sich handle, wenn ich zeitliche Begriffe gebrauchte. Ich mußte ihn deshalb vollständig darüber belehren. Während dieser Unterredung erklärte ich ihm auch, man wisse in der Welt, daß es im Himmel keine Zeit gebe, jedenfalls sprächen die Menschen so, als wüßten sie es. Sie pflegten beispielsweise von Sterbenden zu sagen, daß sie nun das Zeitliche verließen, nämlich die Welt. Ich sagte auch, einige Menschen wüßten wohl, daß die Zeiten ursprünglich Zustände seien, weil sich diese ganz nach den Zuständen ihrer Neigungen verhalten, so daß sie denen kurz erscheinen, die Freude und Lust empfinden, lang aber jenen, die

Unlust und Traurigkeit erfahren, und wechselnd denen, die einen Zustand von Hoffnung und Erwartung durchlaufen. (168)

Der natürliche Mensch kann zu der Meinung gelangen, ohne Vorstellung von Zeit und Raum und von materiellen Dingen sei kein Denken möglich, weil sich darauf all seine Gedanken stützen. Er sollte jedoch bedenken, daß die Gedanken geradeso endlich und eingeengt sind, wie ihnen etwas von der Zeit, vom Raum und von der Materie anhaftet, und in dem Maße nicht, wie sie sich davon befreien. Denn insoweit wird das Gemüt über die materiellen und weltlichen Dinge hinausgehoben. Dies ist auch der Grund für die Weisheit der Engel. (169)

## DIE VORBILDUNGEN UND ERSCHEINUNGEN IM HIMMEL

Der nur aus dem natürlichen Licht denkende Mensch kann nicht begreifen, daß im Himmel etwas sein soll, das den Dingen in der Welt gleicht, und zwar darum nicht, weil er sich aus seinem natürlichen Licht heraus in der Vorstellung bestärkt, die Engel seien lediglich denkende Wesen und als solche nur eine Art ätherischer Gebilde. In Wirklichkeit aber haben die Engel alle Sinne, die der Mensch auch hat, nur noch viel schärfere. Auch ist das Licht, in dem sie sehen, viel heller als das, in dem der Mensch sieht. (170)

Welcher Art die Gegenstände sind, die den Engeln in den Himmeln erscheinen, läßt sich nicht mit wenigen Worten beschreiben. Sie gleichen großenteils den Dingen auf Erden, nur ist ihre Form vollkommener und ihre Menge größer. Dem kann man entnehmen, daß es in den Himmeln wirklich gibt, was von den Propheten gesehen wurde, z.B. von Ezechiel, der den neuen Tempel und die neue Erde beschreibt, die er im Geist sah (Kap. 40-48); oder auch von Daniel (Kap. 7-12), von Johannes in der Apokalypse, und von anderen, von denen wir in den geschichtlichen und prophetischen Büchern des Wortes lesen. Sie alle sahen solche Dinge, wenn ihnen der Himmel geöffnet war, und es heißt, der Himmel werde geöffnet, wenn das innere Sehen, das des Geistes im Menschen, aufgetan wird. Denn die Dinge in den Himmeln können nicht mit den körperlichen, sondern nur mit den geistigen Augen gesehen werden. Diese aber werden dem Menschen geöffnet, sobald es dem Herrn gefällt. Dabei wird der Mensch vom natürlichen ins geistige Licht erhoben. In diesem Licht habe auch ich die himmlischen Dinge erblickt. (171)

Obwohl nun aber die in den Himmeln erscheinenden Gegenstände denen auf Erden großenteils ähnlich sehen, so sind sie es doch ihrem Wesen nach nicht. Sie entspringen nämlich aus der himmlischen, die auf Erden aus der irdischen Sonne; erstere heißen geistig, letztere natürlich. (172)

Wann immer mir der Umgang mit den Engeln gestattet wurde, konnte ich die bei ihnen befindlichen Gegenstände ebenso sehen, wie die irdischen, und zwar derart handgreiflich, daß ich meinte, ich sei an einem Königshof in der Welt. Auch sprach ich mit ihnen wie ein Mensch mit dem anderen. (174)

Weil alle Dinge, die dem Inneren entsprechen, dieses auch vorbilden, werden sie *Vorbildungen* (representativa) genannt, und weil sie sich je nach dem Zustand des Inneren der Engel verändern, heißen sie *Erscheinungen* (apparentiae). Dabei ist es aber doch so, daß die Gegenstände, die sie in den Himmeln mit ihren Sinnen wahrnehmen, ebenso lebhaft erscheinen, wie den Menschen die irdischen Gegenstände, ja noch viel deutlicher und bestimmter. Erscheinungen dieser Art in den Himmeln heißen *reale Erscheinungen*, weil sie wirklich existieren, doch gibt es auch nichtreale Erscheinungen, das heißt solche, die zwar erscheinen, aber keinem Inneren entsprechen. Darüber im Folgenden. (175)

Um deutlicher zu machen, welche Qualität die Dinge haben, die den Engeln je nach den Entsprechungen erscheinen, möchte ich hier nur ein Beispiel anführen. Den Einsichtigen erscheinen Gärten und Paradiese mit Bäumen und Blumen aller

Art. Die Bäume sind in der schönsten Ordnung gepflanzt und bilden Gruppen, zu denen Bogengänge führen, um die herum Spazierwege angelegt sind – alles in unbeschreiblicher Pracht. Die Einsichtigen ergehen sich auch darin, pflücken Blumen und winden Kränze, mit denen sie die Kinder schmücken. Hier gibt es auch Bäume und Blumen, wie man sie in der Welt nirgends findet, und die dort auch nie vorkommen könnten. Die Bäume tragen Früchte, je nach dem Guten der Liebe, dem die Einsichtigen ergeben sind. Diese aber sehen dergleichen Dinge, weil Garten und Paradies wie auch fruchtbare Bäume und Blumen ihrer Einsicht und Weisheit entsprechen. (176)

## DIE GEWÄNDER DER ENGEL

Da die Engel Menschen sind und wie Menschen der Erde untereinander leben, so haben sie auch Kleider, Wohnungen und ähnliches, nur mit dem Unterschied, daß bei ihnen alles vollkommener ist. Denn wie die Weisheit der Engel die der Menschen in solchem Grade übertrifft, daß sie „unaussprechlich" genannt wird, so entspricht auch alles, was die Engel wahrnehmen und ihnen erscheint, ihrer Weisheit. (177)

Die Kleider der Engel sind ebenso wie das übrige Entsprechungen, und weil sie entsprechen, so existieren sie auch wirklich (vgl. Nr. 175). Ihre Kleider entsprechen aber der Einsicht. Deshalb erscheinen in den Himmeln alle bekleidet je nach ihrer Einsicht, und weil manche den anderen an Einsicht überlegen sind (vgl. Nr. 43-128), so sind sie auch schöner gekleidet. Bei den Einsichtsvollsten funkeln die Kleider in feurigem Glanz, bei manchen erstrahlen sie im Glanze des Lichtes. Die weniger Einsichtsvollen tragen blendend weiße oder auch matt weiße Kleider, die noch weniger Einsichtigen bunte Kleider. Die Engel des innersten Himmels aber sind unbekleidet, weil sie in der Unschuld sind und die Unschuld der Nacktheit entspricht. (178)

Weil die Kleider der Engel ihrer Einsicht entsprechen, so entsprechen sie auch dem Wahren, stammt doch alle Einsicht aus dem Göttlich-Wahren. Deshalb läuft es auf dasselbe hinaus, ob man nun sagt, die Engel seien je nach ihrer Einsicht oder nach (ihrem Anteil an) dem Göttlich-Wahren gekleidet. (179)

Weil die Engel im Himmel bekleidet sind, darum erscheinen sie auch so, wenn sie sich in der Welt zeigen, etwa den Propheten oder auch denen, die sie beim Grabe des Herrn erblicken (Luk 24, 4; Matth 28, 3; Mark 16, 5; Joh 20, 11f; vgl. auch Offb 4, 4; 19, 11 & 13).

Und weil die Einsicht dem Göttlich-Wahren entstammt, darum waren „die Gewänder des Herrn, als er verwandelt wurde, strahlend und glänzend weiß, wie das Licht" (Mat 17, 2 und Parallelen). Das Licht ist das vom Herrn ausgehende göttliche Wahre (vgl. Nr. 129). Deshalb bezeichnen die Kleider die Wahrheiten und die daraus bewirkte Einsicht, wie Offb 3, 4f und 16, 15; Jes 52, 1; Ez 10, 13 und an vielen anderen Stellen. Wer aber nicht in den Wahrheiten ist, von dem heißt es, er sei nicht mit einem hochzeitlichen Kleid angetan, so bei Matthäus:

> „Nachdem der König eingetreten, sah er einen Menschen, der nicht mit einem hochzeitlichen Kleid angetan war, und sagte zu ihm: »Freund, wie bist du hier hereingekommen, da du kein hochzeitliches Kleid anhast?« . . . Darum wurde er in die äußerste Finsternis hinausgestoßen." (22, 12f)

Unter dem Hochzeitshaus ist zunächst der Himmel, dann aber auch die Kirche zu verstehen, die aus der Verbindung des Herrn mit den Menschen durch das Göttlich-Wahre entsteht. Deshalb heißt der Herr im Wort „Bräutigam" und „Mann" und der Himmel mit der Kirche „Braut" und „Weib". (180)

Die Kleider der Engel sind aber nicht bloße Erscheinungen, sondern sind wirkliche Kleider. Dies zeigt sich daran, daß sie von ihnen nicht nur gesehen, sondern bei der Berührung auch gefühlt werden, sowie daran, daß sie mehrere Gewänder haben, die sie bei Bedarf anziehen und bei Nichtbedarf aufbewahren. Ich habe tausendmal gesehen, wie die Engel ihre Kleider wechselten. Auf meine Frage, woher sie ihre Kleider hätten, antworteten sie: »Vom Herrn«, und sie würden damit beschenkt, ja zuweilen ohne ihr Wissen bekleidet. Sie erklärten auch, ihre Kleidung wandle sich je nach ihren Zustands-Veränderungen, und zwar trügen sie in ihrem ersten und zweiten Zustand schimmernde und weiß glänzende Gewänder, im dritten und vierten etwas dunklere (vgl. Nr. 154-161). Dies ebenfalls auf Grund der Entsprechung, weil bei ihnen Zustands-Veränderungen hinsichtlich der Einsicht und Weisheit stattfänden. (181)

## WOHNUNGEN UND HEIMSTÄTTEN DER ENGEL

Weil es im Himmel Gesellschaften gibt und die Engel wie Menschen leben, haben sie auch Wohnungen, und zwar je nach ihren Lebenszuständen verschiedene – prächtige jene, die sich in einem würdigeren, minder prächtige jene, die sich in einem niedrigeren Zustand befinden. Über die himmlischen Wohnungen habe ich oft mit Engeln gesprochen, wobei ich ihnen sagte, heutzutage würde kaum jemand glauben, daß sie Wohnungen und Heimstätten hätten. Einige Menschen könnten darum nicht daran glauben, weil sie sie nicht sehen, andere weil sie nicht wissen, daß die Engel Menschen sind, wieder andere, weil sie meinen, der Engelhimmel sei derselbe Himmel, den sie mit den Augen über sich erblicken. Die Engel antworteten, sie wüßten wohl, daß heutzutage eine solche Unwissenheit in der Welt herrsche, und zwar – worüber sie sich vor allem wunderten – besonders innerhalb der Kirche, und in dieser wiederum mehr bei den Gebildeten als bei den sogenannten einfachen Leuten. Ferner sagten sie, aus dem Wort könnte man wissen, daß die Engel Menschen sind, weil sie als solche gesehen wurden; dasselbe gälte auch vom Herrn, der all sein Menschliches mit sich genommen habe. Und deshalb sollte man auch wissen, daß sie

Wohnungen und Heimstätten haben und nicht, wie einige in ihrer Unwissenheit törichterweise meinen, in der Luft umherflattern oder etwas Windartiges sind, auch wenn sie Geister genannt würden. Sie sagten auch, die Menschen könnten dies wohl verstehen, wenn sie nur den beschränkten Kreis ihrer vorgefaßten Meinung von den Engeln und Geistern überschreiten wollten. Dies geschehe aber, sobald sie nicht immer nur die Vorfrage aufwerfen und zum zentralen Gegenstand ihres Denkens machen würden, *ob es so sei*, wie dies vor allem bei den Gelehrten üblich sei, die sich für den Himmel und den Einfall himmlischen Lichtes durch ihren Intellektualismus verschlossen hätten. Ebenso steht es mit dem Glauben an das Leben des Menschen nach dem Tode. (183)

Es ist jedoch besser, Belege aus der Erfahrung anzuführen: So oft ich mit den Engeln von Angesicht zu Angesicht sprach, war ich auch bei ihnen in ihren Wohnungen. Diese aber sind ganz ähnlich wie unsere Häuser, nur schöner. Wo sie beisammen leben, stoßen ihre Wohnungen aneinander und bilden Städte mit Straßen, Gassen und Plätzen, ganz wie die Städte auf Erden. Es wurde mir auch gestattet, sie zu durchqueren und mich überall umzusehen und gelegentlich die Häuser zu besichtigen. Dies geschah bei völligem Wachen, wenn mir die innere Schau aufgeschlossen wurde. (184)

Ich habe unbeschreiblich herrliche Paläste im Himmel gesehen. Oben glänzten sie wie von reinem Gold, unten wie von Edelsteinen – immer ein Palast schimmernder als der andere. Dasselbe gilt auch für ihr Inneres: Die Gemächer waren mit Ornamenten verziert, zu deren Beschreibung uns Worte wie Kenntnisse fehlen. Die Werke der himmlischen Architektur sind von einer Art, daß man sagen möchte, hier sei diese Kunst auf ihrem Höhepunkt, und das ist auch kein Wunder, stammt sie doch aus dem Himmel. Die Engel bemerkten dazu, diese und unzählige andere, noch vollkommenere Dinge, würden ihnen vom Herrn vor Augen gestellt, doch erfreuten sie mehr noch ihre Gemüter als ihre Augen, und zwar deshalb, weil sie in allen Einzelheiten die Entsprechungen und mit Hilfe der Entsprechungen das Göttliche sehen. (185)

Was die Entsprechungen betrifft, so bin ich auch darüber belehrt worden, daß nicht nur die Paläste und Häuser, sondern selbst die kleinsten Einzelheiten innerhalb und außerhalb derselben dem Innern entsprechen, das vom Herrn her bei ihren Bewohnern ist. So entspricht das Haus selbst im allgemeinen ihrem Guten, die Einzelheiten darin den verschiedenen Facetten ihres Guten. Die Dinge außerhalb der Häuser entsprechen den aus dem Guten abgeleiteten Wahrheiten, wie auch den Wahrnehmungen und Erkenntnissen (vgl. Nr. 176). Und da alle diese Dinge dem Guten und Wahren entsprechen, das vom Herrn her bei den Engeln ist, so entsprechen sie auch ihrer Liebe und folglich ihrer Weisheit und Einsicht. (186)

Daraus erklärt sich auch, weshalb der Herr sich selbst den Tempel nannte, der zu Jerusalem war (Joh 2, 19. 21), und warum das neue Jerusalem aus lauterem Golde zu bestehen schien, seine Tore aus Perlen und die Fundamente aus kostbaren Steinen (Offb 21) – darum nämlich, weil der Tempel das Göttlich-Menschliche des Herrn vorbildete, das neue Jerusalem die später zu gründende Kirche, die zwölf Tore die Wahrheiten, die zum Guten führen, und die Fundamente die Wahrheiten, auf welche die Kirche gegründet ist. (187)

Die Engel, aus denen das himmlische Reich des Herrn besteht, wohnen zumeist an erhöhten Orten, die wie von der Erde aufragende Berge erscheinen. Die Engel des geistigen Reiches des Herrn wohnen an weniger erhöhten Orten, die wie Hügel wirken. Die Engel in den untersten Zonen des Himmels aber bewohnen Orte, die wie auf Felsen stehen. Auch diese Dinge beruhen auf der Entsprechung; denn das Innere entspricht dem Höheren und das Äußere dem Niedrigen. (188)

Es gibt auch Engel, die nicht in Gesellschaft, sondern abgesondert leben, Haus für Haus. Weil sie die besten unter den Engeln sind, bewohnen sie das Zentrum des Himmels. (189)

Die Häuser der Engel werden nicht wie irdische Häuser errichtet, sondern ihnen vom Herrn aus Gnaden, entsprechend ihrer Aufnahme des Guten und Wahren, geschenkt. Sie verändern sich auch ein wenig nach den Zustandsveränderungen des Innern ihrer Bewohner. Alles, was die Engel besitzen, verdanken sie dem Herrn, und alles, was sie irgend benötigen, wird ihnen geschenkt. (190)

## DER RAUM IM HIMMEL

Obgleich im Himmel ebenso wie in der Welt alles an einem Ort und in einem Raum erscheint, haben doch die Engel weder Begriff noch Vorstellung von Ort und Raum. (191)

Alle Fortbewegungen in der geistigen Welt geschehen durch Zustandsveränderungen des Inneren. Auf diese Weise bin auch ich vom Herrn in die Himmel und zu den Erdkörpern im Weltall geführt worden. Es geschah im Geist, während mein Körper an seinem Ort verblieb. (192)

Weil die Fortbewegungen in der geistigen Welt auf diese Weise vor sich gehen, ist klar, daß jene einander nahe sind, die sich in einem ähnlichen, einander fern, die sich in einem unähnlichen Zustand befinden. So sind also die Räume im Himmel nichts anderes als äußere Zustände, die den inneren entsprechen. Nur aus dieser Ursache sind die Himmel von einander geschieden, wie auch die Gesellschaften in jedem Himmel und alle Einzelnen innerhalb einer Gesellschaft. (193)

Aus dem gleichen Grunde wird in der geistigen Welt einer dem andern gegenwärtig, sobald er nur ein sehnliches Verlangen nach dessen Gegenwart hat. Er sieht ihn nämlich in Gedanken und versetzt sich in seinen Zustand. Umgekehrt aber wird einer vom andern entfernt, soweit er ihm unsympathisch ist. (194)

Auch wenn jemand von einem Ort zum anderen geht, sei es in seiner Stadt, in den Höfen und Gärten oder zu anderen außerhalb seiner Gesellschaft, dann gelangt er schneller dahin, wenn er sich danach sehnt, langsamer, wenn er sich nicht danach sehnt. Der Weg wird je nach seinem Verlangen verlängert oder verkürzt, auch wenn es derselbe ist. Das habe ich öfters gesehen und mich darüber gewundert. (195)

Dies kann beleuchtet werden an den Gedanken des Menschen, die ja (im Grunde) auch keinen Raum kennen. Stellt sich doch dem Menschen als gegenwärtig dar, worauf er seine Gedanken mit konzentrierter Aufmerksamkeit richtet! Noch viel mehr gilt dies für die Engel, weil Sehen und Denken bei ihnen eine Einheit bilden und das Denken eins ist mit der Neigung, und weil Nahes und Entferntes je nach den Zuständen ihres Inneren erscheint und sich auch verändert, wie oben gezeigt wurde. (196)

Aus diesem Grunde werden im Wort durch Orte und Räume sowie durch alles, was etwas vom Räumlichen an sich hat, Dinge bezeichnet, die sich auf Zustände beziehen, wie z. B. durch Abstände, Nähe und Ferne, Wege, Reisen, Wanderungen, Meilensteine, Stadien, durch Felder, Äcker, Gärten, Gassen, durch Bewegungen, Maße verschiedener Art, durch Länge, Breite, Höhe, Tiefe und unzählige andere Dinge. Denn das meiste, was zum menschlich-irdischen Gedankengut gehört, hat etwas von Raum und Zeit an sich. Im Himmel aber, wo man nicht aus dem Räumlichen denkt, versteht man unter der Länge den Zustand des Guten, unter der Breite den des Wahren und unter der Höhe den Unterschied zwischen denselben je nach den Graden (Vgl. Nr. 38). Darum also wird dergleichen im Wort durch Länge und Breite bezeichnet, wie z.B. bei Ezechiel in Kapitel 40-48, wo durch die Maße nach Länge, Breite und Höhe der neue Tempel und die neue Erde beschrieben werden, mit ihren Vorhöfen, Gemächern, Toren, Türen, Fenstern und ihrer Umgebung. Alle diese Dinge bezeichnen die neue Kirche und das Gute und Wahre in ihr. Wozu sonst alle jene Maße? In ähnlicher Weise wird auch das neue Jerusalem in der Offenbarung beschrieben. (197)

Hieraus kann man ersehen, daß im Himmel, obwohl dort Räume sind wie in der Welt, dennoch nichts nach den Räumen, sondern nur nach den Zuständen eingeschätzt wird. Somit werden die Räume dort nicht wie in der Welt gemessen, sondern können nur gesehen werden aus und nach dem Zustand des Inneren der Engel (198).

Die erste und entscheidende Ursache ist, daß der Herr bei jedem gegenwärtig ist entsprechend dem Maß seiner Liebe und seines Glaubens, und daß alles je nach seiner Gegenwart als nah oder fern erscheint. Denn die Gegenwart des Herrn bestimmt alles in den Himmeln. Durch sie auch haben die Engel Weisheit, denn durch sie findet eine Ausbreitung der Gedanken statt und erfolgt ein Austausch von allem, was in den Himmeln ist. Mit einem Wort: Durch sie haben sie die Fähigkeit, geistig zu denken und nicht wie die Menschen natürlich. (199)

## DIE FORM DES HIMMELS BESTIMMT DORT DIE ZUSAMMENGESELLUNG UND KOMMUNIKATION

Die Beschaffenheit der Form des Himmels zu kennen, ist wichtig, weil ihr gemäß nicht nur alle zusammengesellt werden, sondern auch jeder gegenseitige Austausch erfolgt und somit alle Ausbreitung der Gedanken und Neigungen, folglich alle Weisheit und Einsicht der Engel. Inwiefern daher jemand in der Form des Himmels, also eine Gestalt des Himmels ist, insofern ist er auch weise. Ob man übrigens sagt, in der Form des Himmels oder in der Ordnung des Himmels, ist gleichgültig, weil die Form eines jeden Dinges aus seiner Ordnung stammt und ihr gemäß ist. (201)

Zuerst soll nun gesagt werden, was es heißt, in der Form des Himmels zu sein. Der Mensch ist nach dem Bilde des Himmels und nach dem der Welt geschaffen – sein Inneres nach dem Bilde des Himmels, sein Äußeres nach dem der Welt (vgl. Nr. 57). Der Mensch hat aber durch das Böse seines Willens und das von daher abgeleitete Falsche seines Denkens das Bild des Himmels, also dessen Form, bei sich zerstört und stattdessen das Bild und die Form der Hölle eingeführt. Darum ist sein Inneres schon von Geburt an verschlossen. Und dies ist der Grund, weshalb der Mensch, anders als die Tiere aller Art, in völlige Unwissenheit geboren wird. Um Bild oder Form des Himmels in sich wiederherzustellen, muß er über das, was zur Ordnung gehört, belehrt werden. Denn, wie oben gesagt wurde, die Form verhält sich gemäß der Ordnung. Nun enthält das Wort alle Gesetze der göttlichen Ordnung, sind doch die in ihm gegebenen Vorschriften göttliche Ordnungsgesetze. Inwiefern sie also der Mensch kennt und nach ihnen lebt, insoweit wird sein Inneres aufgeschlossen und darin die Ordnung oder die Form des Himmels neu gebildet. Damit ist klar, was es heißt, in der Form des Himmels zu sein, nämlich nach dem zu leben, was im Wort steht. (202)

Inwiefern jemand in der Form des Himmels ist, insofern befindet er sich im Himmel, ja ist er ein Himmel in kleinster Gestalt (vgl. Nr. 57), folglich auch in Einsicht und Weisheit. Nach dem, was weiter oben ausgeführt wurde, verbreitet sich jeder Gedanke seines Verstandes und jede Regung seines Willens allenthalben in den Himmel, dessen Form gemäß, und teilt sich in wunderbarer Weise den anderen Gesellschaften mit, ebenso wie auch diese sich ihm mitteilen. Dem Menschen wird dies nicht bewußt, weil er nichts von dem geistigen Licht weiß, das den Verstand erleuchtet, obwohl er doch ohne dieses Licht gar nichts denken könnte (vgl. Nr. 126-132). Ein gewisser Geist, der auch geglaubt hatte, er denke aus sich selbst, also ohne irgend eine Ausdehnung außerhalb seiner selbst und folglich ohne Verbindung mit den Gesellschaften außerhalb seiner selbst, sollte nun erfahren, daß dies falsch ist. Zu diesem Zweck wurde ihm die Gemeinschaft mit den nächsten Gesellschaften entzogen, was zur Folge hatte, daß er nicht nur allen Denkens beraubt wurde, sondern entseelt zu Boden fiel, aber mit den Armen zappelte wie ein neugeborenes Kind. Nach einer Weile wurde die Verbindung wiederhergestellt, und im selben Maße, wie das geschah, kehrte er in den Zustand seines Denkens zurück. (203)

Man muß jedoch wissen, daß Einsicht und Weisheit bei jedermann je nach der Kommunikation verschieden sind. (204)

Im Himmel sind alle nach ihren geistigen Verwandtschaften – Verwandtschaften des Guten und Wahren in ihrer Ordnung – zusammengesellt. Das ist so im ganzen Himmel, in jeder Gesellschaft und in jedem Haus. Daher kennen sich die Engel, die in einem ähnlichen Guten und Wahren sind, wie die irdischen Verwandten, gerade als ob sie einander von Kindheit gekannt hätten. In ähnlicher Weise sind bei jedem einzelnen Engel das Gute und die Wahrheiten, aus denen sich Weisheit und Einsicht bilden, zusammengesellt. Sie erkennen einander ebenso an, und je wie sie sich anerkennen, verbinden sie sich auch. Aus diesem Grunde erkennen jene, bei denen die Wahrheiten und das Gute nach der Form des Himmels verbunden sind, die Dinge in ihrer Ordnung und Reihenfolge und haben ein weites Blickfeld für die Zusammenhänge. (205)

So geartet ist die Form in jedem Himmel, nach der sich die Gemeinschaft der Engel und die Ausbreitung ihrer Gedanken und Neigungen, nach der sich also ihre Einsicht und Weisheit vollzieht. Aber die Kommunikation des einen Himmels mit dem anderen ist unterschiedlicher Art. Die Gemeinschaft zwischen den Himmeln ist, streng genommen, nicht so sehr eine Gemeinschaft als vielmehr ein Einfluß, wie sich aus ihrer Lage zueinander zeigt. Der dritte oder innerste Himmel ist oben, der zweite oder mittlere unten und der erste oder letzte liegt noch tiefer unten. Auch alle Gesellschaften in jedem einzelnen Himmel sind in ähnlicher Weise angeordnet. (206-207)

Der Herr allein verbindet mithilfe des Einflusses den einen Himmel mit dem anderen oder die eine Gesellschaft des einen Himmels mit einer solchen des anderen, und zwar in unmittelbarer und in mittelbarer Weise – unmittelbar von Ihm selbst und mittelbar durch die oberen Himmel der Ordnung nach in die unteren. Weil die Verbindung der Himmel untereinander allein durch einen Einfluß vom Herrn besteht, darum wird auch die größte

Vorsicht verwendet, daß kein Engel eines oberen Himmels herabblicke in eine Gesellschaft eines unteren Himmels und dort mit jemandem spreche. Sobald dies geschähe, würde nämlich der betreffende Engel seiner Einsicht und Weisheit beraubt. (208)

Einen Einfluß der unteren Himmel in die oberen gibt es nicht, weil dies gegen die Ordnung wäre, sondern nur einen solchen aus den oberen in die unteren Himmel. Auch übertrifft die Weisheit der Engel eines oberen Himmels die der Engel eines unteren Himmels wie eine Myriade zu eins. Darin liegt auch der Grund, weshalb die Engel eines unteren Himmels nicht mit denen eines oberen Himmels reden können, ja diese nicht einmal sehen, wenn sie hinaufblicken, sondern ihnen deren Himmel wie eine Nebelwolke über dem Haupt erscheint. Die Engel des oberen Himmels dagegen können die des unteren Himmels sehen, dürfen sich aber nicht mit ihnen in ein Gespräch einlassen, es sei denn unter Einbuße ihrer Weisheit. Gedanken, Gefühle und Reden der Engel des innersten Himmels werden im mittleren Himmel nicht wahrgenommen, weil sie ihn so weit übersteigen. Wenn es jedoch dem Herrn gefällt, so erscheint von dort etwas Flammenähnliches in den unteren Himmeln, während Gedanken, Gefühle und Reden des mittleren Himmels im letzten Himmel als eine Art Licht und zuweilen auch als eine glänzend weiße und bunte Wolke erscheinen. An dieser Wolke, ihrem Auf- und Niedersteigen, sowie an ihrer Gestalt wird auch einigermaßen erkannt, was dort gesprochen wird. (210)

Was die Form des Himmels im besonderen anlangt und wie sie verläuft und fließt, ist auch den Engeln unbegreiflich. Einiges davon kann der Vorstellungskraft nahe gebracht werden durch die Form aller Teile im menschlichen Körper, wenn sie von jemandem untersucht und erforscht werden, der scharfsinnig und weise ist. Denn oben wurde gezeigt, daß der ganze Himmel einen Menschen darstellt (vgl. Nr. 59-72), und daß alles im Menschen dem Himmel entspricht (vgl. Nr. 87-102). Wie unbegreiflich und doch unauflöslich diese Form ist, zeigt sich im allgemeinen schon an den Nervenfasern, die alle Teile des Körpers zusammenhalten. Wer diese Dinge und die vielen in ihnen enthaltenen Wunder mit weisem Auge prüft, wird ganz und gar in Erstaunen versinken, und doch ist, was das Auge sieht, nur ein Teil. Was es nicht sieht, ist noch wunderbarer, weil es der inneren Natur angehört. Wie genau diese Form der himmlischen entspricht, zeigt sich an dem ihr gemäßen Wirken aller Verstandes- und Willensfunktionen in ihr. Denn alles, was der Mensch will, tritt dieser Form gemäß von selbst in Aktion, und was immer er denkt, durchläuft die Nervenfasern von ihren ersten Anfängen bis zu den Endpunkten, das heißt den Sinnen. Und weil sie die Form des Denkens und Wollens ist, so ist sie auch die Form der Einsicht und Weisheit. Diese ist es, die der Form des Himmels entspricht. Aus ihr kann man schließen, daß von ebensolcher Art auch die Form ist, nach der sich jede Neigung und jeder Gedanke der Engel ausbreitet, und daß die Engel insofern Einsicht und Weisheit haben, als sie in dieser Form sind. Diese Dinge dürften zeigen, daß die himmlische Form von einer Beschaffenheit ist, daß sie nicht einmal nach ihren allgemeinsten Grundsätzen je erschöpft werden könnte, also – wie oben festgestellt wurde – selbst für die Engel unbegreiflich bleibt. (212)

## DIE REGIERUNGEN IM HIMMEL

Aus der Tatsache, daß der Himmel in Gesellschaften unterteilt ist, wobei die größeren aus einigen Hunderttausenden von Engeln bestehen (vgl. Nr. 50) und sich alle Mitglieder einer Gesellschaft zwar in gleichartigem Guten befinden, jedoch nicht in gleichartiger Weisheit (vgl. Nr. 43), ergibt sich die Notwendigkeit von Regierungen. Denn Ordnung muß sein, und damit sie nicht verletzt werde, darüber gewacht werden. Die Regierungsformen in den Himmeln sind jedoch unterschiedlicher Art. In den Gesellschaften, die das himmlische Reich des Herrn bilden, sind sie anders als in denen, die zum geistigen Reich gehören. Ferner unterscheiden sie sich nach dem Dienst, den eine jede Gesellschaft leistet. In den Himmeln gibt es jedoch keine andere Regierungsform als die der wechselseitigen Liebe. (213)

Im himmlischen Reich des Herrn wird die Regierung als *Gerechtigkeit* bezeichnet, weil alle in diesem Reich im Guten der Liebe zum Herrn sind, die aus dem Herrn stammt, und weil alles, was aus diesem Guten heraus geschieht, gerecht heißt. Die Regierung in diesem Himmel liegt allein beim Herrn. Er führt die Engel und belehrt sie über alles, was zum Leben gehört. Die Wahrheiten sind ihren Herzen eingeschrieben. Ein jeder kennt, vernimmt und sieht sie, weshalb dort Rechtsfragen niemals erörtert werden, sondern lediglich Fragen der Gerechtigkeit, die zum Leben gehören. Weniger weise Engel befragen darüber die weiseren, und diese wiederum den Herrn, und sie erhalten auch Antwort. Ihr Himmel, ihre innigste Freude, besteht darin, gerecht zu leben aus dem Herrn. (214)

Im geistigen Reich des Herrn gibt es vielerlei Regierungsformen, in jeder Gesellschaft wieder eine andere. Die Unterschiede ergeben sich aus dem Dienst, den sie verrichten. Diese Dienstleistungen entsprechen den Funktionen aller Teile im Menschen, und diese sind bekanntlich von vielfältigster Art. Alle Regierungsformen stimmen jedoch darin überein, daß ihr Endzweck das öffentliche Wohl ist, auf welchem das Wohl jedes einzelnen beruht. Dem ist so, weil alle im Himmel unter der Obhut des Herrn stehen, der sie samt und sonders liebt und es aus göttlicher Liebe so einrichtet, daß die einzelnen ihr Gutes aus dem allgemeinen Besten empfangen. Auch erhält ein jeder Gutes in dem Maß, wie er das gemeinsame Gute liebt, denn insoweit liebt er alle anderen. Weil aber dies die Liebe des Herrn ist, so wird er auch insoweit vom Herrn geliebt und geschieht ihm Gutes . (217)

Hieraus ist ersichtlich, welcher Art die Vorgesetzten im Himmel sind, nämlich daß sie sich vor anderen durch Liebe und Weisheit auszeichnen, daß sie mithin aus Liebe allen wohl wollen und dies in ihrer Weisheit auch zu bewirken wissen. Derartige Vorgesetzte herrschen und befehlen nicht, sondern verwalten und dienen. Anderen aus Liebe zum Guten wohl wollen, heißt dienen. Dafür sorgen, daß es auch geschieht, heißt verwalten. Solche Vorgesetzten erheben sich auch nicht über andere, weil sie die erste Stelle dem Wohl der Gesellschaft und dem Nächsten einräumen, ihrem eigenen aber die zweite. Gleichwohl genießen sie Ehre und Herrlichkeit, wohnen in der Mitte ihrer Gesellschaft, an einem höheren Platz als die übrigen und in prächtigeren Palästen. Sie nehmen diese Herrlichkeit und Ehre auch an, aber nicht um ihret-, sondern um des Gehorsams willen, wissen doch dort alle, daß ihnen diese Ehre und Herrlichkeit vom Herrn zuteil wird und man ihnen darum gehorchen soll. Dies wird auch unter den Worten des Herrn an die Jünger verstanden:

> „Wer unter euch groß werden will, der sei euer Diener, und wer unter euch der erste sein will, der sei euer Knecht; gleich wie des Menschen Sohn nicht gekommen ist, sich dienen zu lassen, sondern zu dienen" (Mat 20, 27 f.). (218)

Eine ähnliche Regierung in kleinster Form besteht bei ihnen auch in jedem einzelnen Haus. Nutzen zu schaffen ist die Lebenslust aller Bewohner, Herren wie Diener. Darin zeigt sich wiederum, daß das Reich des Herrn ein Reich der Nutzwirkungen ist. (219)

## VOM GOTTESDIENST IM HIMMEL

Der Gottesdienst in den Himmeln ähnelt äußerlich dem irdischen Gottesdienst, ist jedoch innerlich völlig verschieden. Man kennt dort ebenso Lehren, Predigten und Tempel. Die Lehren stimmen im wesentlichen überein, enthalten freilich in den oberen Himmeln tiefere Weisheiten als in den unteren. Die Predigten sind den Lehren gemäß. Ebenso wie es im Himmel Häuser und Paläste gibt (vgl. Nr. 183-190), so auch Tempel, in denen gepredigt wird. All dies findet sich auch in den Himmeln, weil die Engel fortwährend in der Liebe und Weisheit vervollkommnet werden, haben sie doch Verstand und Willen wie die Menschen, und Verstand kann – ebenso wie der Wille – immerfort vervollkommnet werden, der Verstand durch die Wahrheit, der Wille durch das Gute. (221)

In den Himmeln besteht aber der eigentliche Gottesdienst nicht im Besuch von Kirchen und im Anhören von Predigten, sondern im Leben der Liebe, der Nächstenliebe und des Glaubens gemäß den Lehren. Die Predigten in den Kirchen sind lediglich Mittel, um in den Belangen des Lebens unterwiesen zu werden. Ich sprach hierüber mit den Engeln und sagte ihnen, in der Welt meine man, der Gottesdienst bestehe bloß darin, daß man die Kirche besuche, die Predigten anhöre, drei oder vier Mal im Jahr zum Heiligen Abendmahl gehe und die übrigen gottesdienstlichen Handlungen nach den Anweisungen der Kirchenordnung verrichte, ferner dem Gebet obliege und sich dabei andächtig benehme. Die Engel erwiderten, all dies seien Äußerlichkeiten, die man zwar tun solle, die aber nichts fruchteten, wenn nicht das Innere dabei sei, aus dem sie hervorgehen sollen. Dieses Innere aber bestehe im Leben nach den Geboten, welche die Lehre lehrt. (222)

Um mir eine Vorstellung von ihren Versammlungen in den Tempeln zu geben, wurde mir mehrmals erlaubt, einzutreten und die Predigten mitanzuhören. Der Prediger steht im Osten auf einer Kanzel, ihm gegenüber sitzen jene, die mehr als die übrigen im Licht der Weisheit stehen, rechts und links von ihnen jene, die weniger Licht haben. Man sitzt im Halbkreis, so daß alle dem Prediger vor Augen sind. Die Predigten sind von solcher Weisheit, daß ihnen nichts in der Welt gleichgesetzt werden kann. Im geistigen Reich erscheinen die Tempel wie von Stein, im himmlischen wie von Holz, entspricht doch der Stein dem Wahren, das Holz aber dem Guten. (223)

Mit einem der Prediger sprach ich auch über die Heiligkeit seiner Zuhörer. Er sagte, jeder habe Frömmigkeit, Andacht und Heiligkeit nach der Beschaffenheit seines Inneren; denn in der Liebe und im Glauben liege das Heilige selbst, weil das Göttliche des Herrn, und er könne sich nicht vorstellen, was eine äußere Heiligkeit ohne jene innere sein solle. (224)

Alle Prediger stammen aus dem geistigen Reich des Herrn, weil man dort in den Wahrheiten aus dem Guten ist und jede Predigt aus den Wahrheiten hervorgeht. Aus dem himmlischen Reich kommt keiner von ihnen, weil man dort im Guten der Liebe ist und daraus die Wahrheiten schaut und innewird, nicht aber davon spricht (vgl. Nr. 214). Aber obgleich die Engel des himmlischen Reiches die Wahrheiten innewerden und schauen, so werden doch auch dort Predigten gehalten, denn dadurch werden sie in den ihnen schon bekannten Wahrheiten erleuchtet und durch vieles, was ihnen noch unbekannt ist, vervollkommnet. (225)

Alle Prediger sind vom Herrn eingesetzt und haben von ihm die Predigtgabe. Anderen ist es nicht erlaubt, in den Tempeln zu lehren. Sie heißen Prediger, nicht aber Priester, weil das Priestertum des Himmels das himmlische Reich ist. (226)

Die Lehre des innersten Himmels ist weisheitsvoller als die des mittleren, und diese wiederum einsichtsvoller als die Lehre des letzten Himmels, sind doch die Lehren der Fassungskraft der Engel eines jeden Himmels angepaßt. Das Wesentliche aller Lehren aber besteht darin, das Göttlich-Menschliche des Herrn anzuerkennen. (227)

## DIE MACHT DER ENGEL DES HIMMELS

Wer nichts von der geistigen Welt und ihrem Einfluß in die natürliche weiß, kann nicht verstehen, daß die Engel Macht haben. Er meint, das könne nicht sein, weil die Engel geistiger Natur und von derart reiner und feiner Art seien, daß sie nicht einmal mit den Augen zu sehen seien. Wer aber tiefer in die Ursachen der Dinge eindringt, denkt anders. Er ist sich klar, daß alle Macht, die ein Mensch hat, aus seinem Verstand und Willen stammt, ohne die er kein Teilchen seines Körpers bewegen könnte. Verstand und Wille sind sein geistiger Mensch, der den Körper nach seinem Wink in Bewegung setzt. Denn was der geistige Mensch denkt, das redet Mund und Zunge, und was er will, das tut der Körper. Wille und Verstand des Menschen werden vom Herrn durch Engel und Geister regiert, und weil Wille und Verstand, so auch alle Teile des Körpers, die von jenen abhängen. Ja, wenn man es glauben will, der Mensch kann nicht einen Schritt tun ohne den Einfluß des Himmels. Dies wurde mir durch vielfache Erfahrung deutlich. Es wurde den Engeln gestattet, meine Schritte, meine Handlungen, meine Zunge und Sprache nach ihrem Willen zu lenken, und zwar durch einen Einfluß in mein Wollen und Denken. So machte ich die Erfahrung, daß ich aus mir selbst nichts vermag. Nachher sagten die Engel, jeder Mensch werde so regiert und könne dies auch aus der Lehre der Kirche und aus dem Wort wissen. Er bete ja, Gott möge seine Engel senden, daß sie ihn führen, seine Schritte lenken, ihn lehren und ihm eingeben, was er denken und reden soll usw. (228)

In der geistigen Welt aber ist die Macht der Engel so groß, daß es den Glauben überfordern hieße, wollte ich alles vorbringen, was ich davon gesehen habe. Widersetzt sich dort etwas, was entfernt werden soll, weil es gegen die göttliche Ordnung ist, so wird es von ihnen durch die bloße Kraft ihres Willens und ihren Blick niedergeworfen und zerstört. So sah ich, wie Berge, die von Bösen besetzt waren, umgestürzt und aufgehoben wurden. Dabei zerbarsten sie zuweilen von einem Ende zum anderen, wie es bei Erdbeben geschieht. Ferner sah ich, wie mehrere hunderttausend böse Geister von den Engeln zerstreut und in die Hölle geworfen wurden. Nichts vermag die Menge wider die Engel, nichts alle Künste, Schläue und Empörung. Sie sehen alles und schlagen es augenblicklich nieder. Weiteres darüber lese man in dem Bericht über das zerstörte Babylon. Aus dem Worte Gottes geht hervor, daß die Engel die gleiche Macht auch in der natürlichen Welt haben, sobald sie ihnen gestattet wird. So heißt es beispielsweise, daß sie ganze Heere der vollständigen Vernichtung übergaben und die Pest herbeiführten (vgl. 2 . Sam 24, 15-17). Weil die Engel eine solche Macht haben, werden sie auch „Mächte" genannt (z. B . Ps 103, 20). (229)

Man muß jedoch wissen, daß die Engel ihre Macht ausschließlich vom Herrn empfangen und auch das nur insofern sie dies anerkennen. (230)

Dem vom Herrn ausgehenden göttlichen Wahren eignet alle Macht in den Himmeln, ist doch der Herr im Himmel das Göttlich-Wahre, vereint mit dem göttlichen Guten (vgl. Nr. 126-140), und die Engel sind Mächte, soweit sie Aufnahmegefäße desselben sind, weil dann der Herr bei ihnen ist. Niemand ist jedoch in dem vollkommen gleichen Guten und Wahren wie ein anderer, herrscht doch überall im Himmel wie in der Welt eine große Mannigfaltigkeit (vgl. Nr. 20). Darum ist auch kein Engel im Besitz der gleichen Macht wie irgendein anderer. Die größte Macht haben jene, die im Großmenschen bzw. im Himmel die Arme darstellen, weil sie mehr als alle anderen in den Wahrheiten sind und in ihre Wahrheiten das Gute aus dem ganzen Himmel einfließt. So äußert ja auch der ganze Körper seine Kräfte durch die Arme. Im Wort bezeichnen deshalb Arme und Hände die Macht. (231)

Welche immense Macht die Engel durch die Wahrheiten aus dem Guten haben, zeigt sich auch darin, daß ein böser Geist allein durch den Blick eines Engels in Ohnmacht fällt und nicht mehr als Mensch erscheint – und zwar solange, bis der Engel seine Augen wieder von ihm abwendet. (232)

Weil den Wahrheiten aus dem Guten alle Macht zukommt, darum ist das Falsche aus dem Bösen machtlos. Da in der Hölle alle in irgendeinem Falschen aus dem Bösen sind, sind sie machtlos gegen das Wahre und Gute. (233)

## DIE SPRACHE DER ENGEL

Die Engel sprechen miteinander ganz wie die Menschen in der Welt, und zwar auch über die verschiedensten Dinge, mit dem einzigen Unterschied, daß sie einsichtsvoller, weil aus tieferem Nachdenken heraus, miteinander reden. (234)

Die Sprache der Engel besteht ebenso aus Lauten wie die menschliche, sie wird auch laut gesprochen und laut gehört. Denn die Engel besitzen ebenso Mund, Zunge und Ohren, und es umgibt sie eine Atmosphäre, in der sich die Laute ihrer Sprache artikulieren. Es handelt sich jedoch um eine geistige Atmosphäre, den Engeln als geistigen Wesen angepaßt. In dieser Atmosphäre atmen sie auch und benutzen den Atem zur Aussprache der Wörter, geradeso wie die Menschen in ihrer Atmosphäre. (235)

Im ganzen Himmel haben alle nur eine Sprache und verstehen einander, aus welcher Gesellschaft sie auch immer stammen, einer benachbarten oder einer entfernten. Die Sprache wird nicht erlernt, ist vielmehr einem jeden eingepflanzt. Sie fließt unmittelbar aus der Neigung und ihrem Denken hervor. Der Ton entspricht der Neigung, die Lautgliederungen, also die Wörter, entsprechen den Denkvorstellungen, die der Neigung entspringen. Weil die Sprache diesen entspricht, ist sie ebenfalls geistig, ist tönende Neigung und artikuliertes Denken.

Wer darauf achtet, kann erkennen, daß jeder Gedanke aus einer Neigung hervorgeht, die ihrerseits einer Liebe angehört, und daß die Denkvorstellungen nur verschiedene Formen darstellen, in die sich die allgemeine Neigung aufgefächert hat. Jeder einzelne Gedanke und jede Idee wird nämlich durch eine Neigung beseelt und belebt. Die weiseren Engel nehmen dies wahr und können schon an seiner Redeweise den Zustand des anderen vollständig erkennen. Das wurde mir durch zahlreiche Erfahrungen zu wissen gegeben. So hörte ich, wie Engel das Leben eines anderen aufdeckten, kaum daß sie ihn reden gehört hatten. Sie sagten auch, daß sie den ganzen Lebensinhalt eines anderen schon aus wenigen seiner Denkvorstellungen erkennen könnten, weil diese ihnen seine herrschende Liebe aufzeigten, die der Ordnung nach alles in sich birgt. Beim

„Lebensbuch" des Menschen handele es sich um nichts anderes. (236)

Mit Ausnahme verschiedener Ausdrücke, deren Klang ein bestimmtes Gefühl zum Ausdruck bringt, hat die Sprache der Engel nichts mit den menschlichen Sprachen gemein. Und auch diese Ähnlichkeit besteht nicht in den Wörtern selbst, sondern in ihrer Betonung. Darüber einiges im Folgenden. Der Mangel an Gemeinsamkeit zwischen der Sprache der Engel und den menschlichen Sprachen zeigt sich darin, daß es den Engeln unmöglich ist, auch nur ein einziges Wort einer menschlichen Sprache auszusprechen. Ein diesbezüglicher Versuch scheiterte. Sie können nämlich nur aussprechen, was vollkommen mit ihrer Neigung übereinstimmt. Man sagte mir, die erste Sprache der Menschen unserer Erde habe mit ihrem Leben übereingestimmt, weil sie ihnen aus dem Himmel gegeben wurde, und auch bei der hebräischen Sprache sei das in mancher Hinsicht noch der Fall. (237)

Wie schön und angenehm die Sprache der Engel ist, läßt sich aus der Tatsache schließen, daß sie der Neigung ihrer Liebe entspricht. Tatsächlich berührt sie nicht allein das Ohr, sondern ebenso auch die innerlicheren Gemütsbereiche der Hörer. Ich beobachtete, wie einst ein Engel mit einem hartherzigen Geist redete. Dieser wurde schließlich zu Tränen gerührt und erklärte, er habe einfach nicht widerstehen können, weil es die Sprache der Liebe selbst gewesen sei. Früher habe er nie geweint. (238)

Die Rede der Engel ist auch deshalb voller Weisheit, weil sie ihrem inneren Denken entspricht. Dieses aber ist Weisheit, ebenso wie ihr inneres Gefühl Liebe. In der Sprache verbinden sich diese beiden. Auch enthalten ihre Denkvorstellungen Begriffe, die der Mensch nicht verstehen, geschweige denn aussprechen kann. Aus diesem Grunde heißen die im Himmel gehörten und gesehenen Dinge „unaussprechlich", „etwas, das nie ein Ohr gehört noch ein Auge gesehen hat", (Jes 64, 4; 2. Ko 12, 4). Ich durfte aufgrund eigener Erfahrung erkennen, daß dem so ist. Zuweilen wurde ich in den Zustand der Engel versetzt, und in diesem Zustand sprach ich mit ihnen und konnte auch alles verstehen. Aber wenn ich in meinen früheren Zustand zurückversetzt wurde und damit auch in das dem Menschen eigentümliche natürliche Denken, konnte ich das Gehörte nicht wieder zurückrufen, bestand es doch aus Tausenden von Dingen, die den Vorstellungen des natürlichen Denkens nicht angemessen waren. Sie konnten nicht anders ausgedrückt werden als durch Veränderungen des himmlischen Lichts, also keineswegs durch menschliche Worte. Die Denkbilder, die den Worten der Engel zugrunde liegen, sind auch tatsächlich Modifikationen himmlischen Lichts, und die Gefühle, die die Betonung der Wörter leiten, verschiedene Formen himmlischer Wärme. (239)

Die Sprache der Engel entspringt unmittelbar ihrem Gefühl, denn die Denkbilder sind die verschiedenen Formen, in die sich das gemeinsame Gefühl gliedert (vgl. Nr. 136). So können die Engel in einer Minute ausdrücken, wozu der Mensch in einer halben Stunde nicht imstande wäre, d.h. sie können durch wenige Wörter darstellen, was auf vielen Seiten geschrieben steht. Auch dies wurde mir durch vielfache Erfahrung bezeugt. (240)

Die Engel des himmlischen Reiches des Herrn reden ebenso wie die des geistigen Reiches, doch kommt es bei ihnen aus einem innerlicheren Denken. Da die himmlischen Engel im Guten der Liebe zum Herrn sind, reden sie aus Weisheit, während die geistigen Engel, dem Guten der Nächstenliebe ergeben, das seinem Wesen nach Wahres ist (vgl. Nr. 215), aus Einsicht sprechen. Aus dem Guten nämlich entspringt Weisheit und aus dem Wahren Einsicht. Die Sprache der himmlischen Engel ist daher wie ein sanft dahinfließender Strom, weich und gleichsam stetig fortlaufend, während die Sprache der geistigen Engel gewissermaßen vibriert und die einzelnen Elemente getrennt hervortreten läßt. In der Sprache der himmlischen Engel ertönen zudem oft die Vokale U und O, bei den geistigen Engeln hingegen die Vokale E und I, denn die Vokale bilden den Ton, und im Ton liegt das Gefühl. Weil die Vokale nicht zur Sprache gehören, sondern dazu dienen, ihre Wörter durch den Ton zu mannigfachen Gefühlen zu erheben, je nach eines jeden Zustand, werden in der hebräischen Sprache die Vokale nicht ausgedrückt und auch verschiedenartig ausgesprochen. Die Engel erkennen daran die Beschaffenheit des Menschen hinsichtlich seiner Neigung und Liebe. Die Rede der himmlischen Engel entbehrt auch der harten Konsonanten und fällt selten von einem Konsonanten in den anderen. Aus den Wörtern im hebräischen Text des göttlichen Wortes kann man auch einigermaßen erkennen, ob sie zur himmlischen oder zur geistigen Klasse gehören, d.h. ob sie Gutes oder Wahres in sich schließen. Die ersteren haben viel vom U und O, aber auch einiges vom A in sich, die letzteren hauptsächlich vom E und I. Weil sich die Gefühle vor allem durch Töne äußern, darum bevorzugt auch die Rede des Menschen, wenn es sich um Großes, etwa um den Himmel und um Gott handelt, jene Wörter, die U und O enthalten. Auch die Töne der Musik erheben sich dazu, wenn Ähnliches ausgedrückt wird, nicht jedoch, wenn es sich um weniger große Ideen handelt. Die Tonkunst vermag auf diese Weise die verschiedensten Arten von Gefühlen auszudrücken. (241)

Die Sprache der Engel ist von unbeschreiblicher Harmonie, weil sich die ihr zugrundeliegenden Gedanken und Gefühle der Form des Himmels folgend ergießen und ausbreiten. Die Form des Himmels aber ist es, die alles harmonisch miteinander verbindet und durch die alle Mitteilung geschieht. (242)

Eine ähnliche Sprache wie die in der geistigen Welt herrschende ist auch jedem Menschen eingepflanzt, freilich in den inneren Regionen seines Verstandes. Da diese Sprache aber beim Menschen nicht wie bei den Engeln in die dem Gefühl analogen Worte fällt, so ist er sich dieser Tatsache nicht bewußt. Hierauf beruht es, daß der Mensch beim Eintritt ins andere Leben die Sprache mit den Geistern und Engeln teilt und sich ohne Belehrung ausdrücken kann. (243)

Nun haben zwar alle im Himmel dieselbe Sprache, aber es gibt dennoch Unterschiede. Sie beruhen darauf, daß die Weisen innerlicher reden und über eine größere Fülle von Gefühlsvarianten und Denkbildern verfügen, während die weniger Weisen äußerlicher und ohne jene Fülle sprechen. (244)

## WIE DIE ENGEL MIT DEN MENSCHEN REDEN

Die Engel, die mit dem Menschen reden, tun es nicht in ihrer eigenen Sprache, sondern in der des Menschen, oder auch in anderen Sprachen, die der Mensch versteht. Die Verbindung der Engel mit dem Menschen, dem sie sich zuwenden, bewirkt, daß sich beide in ähnlichen Gedankengängen bewegen. Da nun das Denken des Menschen mit seinem Gedächtnis zusammenhängt und dieses der Ursprung seines Sprechens ist, haben beide dieselbe Sprache. Zudem tritt der Engel oder Geist, sobald er zum Menschen kommt und durch Zuwendung mit ihm verbunden wird, in dessen ganzes Gedächtnis ein, so sehr, daß er sich kaum bewußt wird, daß er nicht aus sich weiß, was der Mensch weiß. Das gilt auch für dessen Sprachen. Ich unterhielt mich darüber mit den Engeln und sagte, sie meinten vielleicht, sie redeten mit mir in meiner Muttersprache, weil es so den Anschein habe. In Wirklichkeit aber redeten nicht sie, sondern ich. Dies könne man auch daran erkennen, daß Engel nicht ein einziges Wort einer menschlichen Sprache auszusprechen vermöchten (vgl. Nr. 237). Zudem sei die Sprache der Menschen natürlich, während die ihrige geistig sei und die Geistigen nichts in natürlicher Weise auszudrücken vermöchten. Hierauf erwiderten sie, sie wüßten wohl, daß ihre Verbindung mit dem Menschen, mit dem sie reden, durch dessen geistiges Denken stattfinde, aber weil dieses in seine natürlichen Gedanken einfließe und diese wiederum mit seinem Gedächtnis zusammenhingen, so erscheine ihnen die Sprache des Menschen als ihre eigene, ebenso wie sein ganzes Wissen. Dies geschehe aber deshalb, weil es dem Herrn gefallen habe, eine solche Verbindung und gleichsam Einpfropfung des Himmels beim Menschen stattfinden zu lassen. Heutzutage seien aber die Menschen in einem anderen Zustand, so daß eine solche Verbindung nicht mehr mit Engeln, sondern nur mehr mit Geistern bestehe, die dem Himmel nicht angehören. Mit den Geistern sprach ich ebenfalls hierüber, aber sie wollten nicht glauben, daß es der Mensch ist, der da redet, meinten vielmehr, sie selbst seien es, die im Menschen sprächen; und ferner, nicht der Mensch wisse, was er weiß, sondern sie, folglich stamme alles menschliche Wissen von ihnen. Ich versuchte vergeblich, ihnen durch viele Argumente zu beweisen, daß dem nicht so sei. (246)

Ein weiterer Grund, weshalb Engel und Geister sich derart eng mit dem Menschen verbinden, daß sie schließlich überzeugt sind, alles, was dem Menschen angehört, stamme von ihnen, ist der, daß beim Menschen eine so enge Verbindung der geistigen mit der natürlichen Welt besteht, daß sie gleichsam eines sind. Weil sich aber der Mensch vom Himmel getrennt hat, ist vom Herrn vorgesehen worden, daß sich bei jedem Menschen Engel und Geister aufhalten, durch die der Mensch vom Herrn regiert wird; daher besteht eine so enge Verbindung. Anders wäre es, hätte sich der Mensch nicht losgetrennt, denn dann wäre er vom Herrn durch den allgemeinen Einfluß aus dem Himmel zu regieren, ohne die ihm beigegebenen Geister und Engel. (247)

Die Rede eines Engels oder Geistes mit dem Menschen wird ebenso laut vernommen, wie die zwischen zwei Menschen, freilich nicht von denen, die dabeistehen, sondern nur von ihm selbst. Der Grund liegt darin, daß die Rede des Engels oder Geistes zuerst in das Denken des Menschen einfließt und auf dem inneren Wege in sein Gehör gelangt, dieses von innen her bewegend. Die menschliche Sprache dagegen erreicht über die Luft und so auf äußerem Weg sein Gehör, es von außen her in Schwingung versetzend. Daraus geht hervor, daß die Rede des Engels und Geistes mit dem Menschen *im* Menschen gehört wird und, da sie ebenfalls die Gehörorgane bewegt, ebenso deutlich. Wie die Rede des Engels und des Geistes von innen her bis ins Ohr hinabdringt, wurde mir daran deutlich, daß sie auch in die

Zunge einfließt, die dadurch in eine leichte Vibration gerät, ohne jedoch die Bewegung hervorzubringen, in die der Mensch selbst sie durch den Ton seiner Wörtersprache versetzt. (248)

Es wird jedoch heutzutage selten gestattet, mit Geistern zu reden, weil es gefährlich ist, denn dann wissen die Geister, daß sie bei einem Menschen sind, was sonst nicht der Fall ist. Die bösen Geister aber sind so beschaffen, daß sie einen tödlichen Haß auf den Menschen haben und nichts sehnlicher wünschen, als ihn an Leib und Seele zu verderben. Dies geschieht auch wirklich bei denen, die viel ihren Fantasien nachhängen und sich den für den natürlichen Menschen angemessenen Freuden entzogen haben. Auch manche von denen, die ein einsames Leben führen, hören zuweilen Geister mit sich reden, freilich ohne daß dies Gefahren mit sich brächte. Der Herr entfernt diese Geister jedoch von Zeit zu Zeit, damit sie nicht wissen, daß sie bei einem Menschen sind. Den meisten Geistern ist nämlich nicht bewußt, daß es noch eine andere Welt gibt als die, in der sie sich aufhalten, also auch nicht, daß es noch anderswo Menschen gibt. Deshalb ist es auch dem Menschen nicht erlaubt, seinerseits wieder mit ihnen zu reden, denn täte er das, so würden sie sich dessen bewußt werden. Menschen, die viel über religiöse Dinge nachdenken und darüber in solchem Maße grübeln, daß sie sie gleichsam inwendig in sich sehen, beginnen auch, Geister mit sich reden zu hören. Denn religiöse Ideen, welcher Art sie auch sein mögen, dringen, wenn ihnen der Mensch von sich aus nachgrübelt und sich nicht zwischenhinein mit im Leben nützlichen Dingen beschäftigt, ins Innere ein, setzen sich hier fest und nehmen den ganzen Geist des Menschen gefangen. Sie dringen in die geistige Welt ein und bringen dort die Geister in Bewegung. Allein solche Menschen sind Schwärmer und Fanatiker; sie meinen, jeder Geist, den sie hören, sei der heilige Geist, während es sich doch nur um fanatische Geister handelt. Menschen dieser Art betrachten das Falsche als wahr und reden es sich selbst und anderen, auf die sie Einfluß haben, ein. Die fanatischen Geister unterscheiden sich von anderen dadurch, daß sie glauben, sie seien der Heilige Geist, und was sie sagen sei göttlich. Solange der Mensch ihnen göttliche Verehrung erweist, fügen sie ihm keinen Schaden zu. Mit ihnen habe ich mehrmals gesprochen, wobei sie alle Schändlichkeiten enthüllten, die sie ihren Verehrern eingeflößt hatten. (249)

Mit den Engeln des Himmels zu reden, wird jedoch nur denen gestattet, die in den Wahrheiten aus dem Guten sind, und vor allem denen, deren Inneres durch die göttlichen Wahrheiten bis zum Herrn hin geöffnet ist, denn in diese fließt der Herr bei den Menschen ein und zugleich mit dem Herrn auch der Himmel. (250)

Der Einfluß des Herrn selbst ergießt sich in die Stirne des Menschen und von da aus in sein ganzes Antlitz, entspricht doch die Stirn des Menschen der Liebe und das Antlitz seinem ganzen Inneren. Der Einfluß der geistigen Engel beim Menschen erfolgt von allen Richtungen her in sein Haupt, vom Vorderhaupt und den Schläfen bis hin zu allen anderen Teilen, unter denen das Großhirn liegt, weil diese Gegend des Hauptes der Einsicht entspricht. Der Einfluß der himmlischen Engel aber erfolgt in jenen Teil des Hauptes, unter dem das Kleinhirn liegt, also in das Hinterhaupt, von den Ohren rund herum bis zum Nacken, entspricht doch diese Region der Weisheit. Alles, was die Engel mit dem Menschen reden, dringt auf dem genannten Wege in sein Denken ein. Daran ließ sich meinerseits auch feststellen, von welcher Art die Engel waren, die jeweils mit mir sprachen. (251)

Wer mit den Engeln des Himmels redet, sieht auch, was im Himmel ist, weil er aus dem Licht des Himmels sieht, in dem sich ihr Inneres befindet. Aber auch die Engel sehen durch sie, was auf Erden ist, denn bei ihnen ist der Himmel mit der Welt und diese mit dem Himmel verbunden. (252)

Ich bin unterrichtet worden, auf welche Weise der Herr mit den Propheten gesprochen hat. Dies geschah nicht wie bei den Alten durch einen Einfluß in ihr Inneres, sondern durch Geister, die zu ihnen gesandt wurden und die der Herr mit seinem Anblick erfüllte und dadurch mit den Worten inspirierte, die sie den Propheten diktierten. Es handelte sich also nicht um ein Einfließen, sondern um ein Diktat. Und da die Worte [obgleich dem Zustand der Propheten angepaßt] unmittelbar aus dem Herrn hervorgingen, sind sie im einzelnen mit dem Göttlichen erfüllt und enthalten in sich einen inneren Sinn, derart, daß die Engel des Himmels die Worte dem himmlischen und geistigen Sinne nach, die Menschen aber dem natürlichen Sinn nach auffassen. Auf diese Weise hat der Herr den Himmel und die Welt durch das Wort miteinander verbunden. (254)

Wenn sich Engel und Geister dem Menschen zuwenden, halten sie, wie gesagt, die Sprache des Menschen für ihre eigene und wissen nicht, daß sie selbst eine andere haben. Sobald sie sich aber vom Menschen abwenden, befinden sie sich wieder in ihrer eigenen Sprache und wissen nichts mehr von der Sprache des Menschen. Bemerkenswert ist auch, daß mehrere Geister gleichzeitig mit dem Menschen reden können, und der Mensch mit ihnen. Die Geister senden nämlich einen Abgesandten zu dem Menschen, mit dem sie reden wollen. Dieser wendet sich dem Menschen zu , während die anderen ihre Gedanken auf ihn konzentrieren, die er dann vorträgt. (255)

Kein Engel oder Geist soll aus seinem eigenen Gedächtnis heraus mit dem Menschen reden, sondern nur aus dem des Menschen. Spräche ein Geist aus seinem eigenen Gedächtnis heraus mit einem Menschen, so könnte dieser nur meinen, was er dann denkt, seien seine eigenen Gedanken, während sie doch dem Geist angehören. Es gliche der Rückerinnerung an etwas, das der Mensch doch niemals gehört oder gesehen hat. Diese Tatsache durfte ich aufgrund eigener Erfahrung erkennen. Daher bildeten sich einige der Alten die Meinung, daß sie nach Ablauf einiger tausend Jahre wieder in ihr früheres Leben und alle ihre Taten zurückversetzt werden würden, ja bereits zurückgekehrt seien. Sie schlossen dies daraus, daß ihnen zuweilen etwas wie eine Rückerinnerung an Dinge aufstieß, die sie doch [in ihrem jetzigen Leben] niemals gesehen oder gehört haben konnten. Dies war aber geschehen, weil Geister aus ihrem eigenen Gedächtnis heraus in die Vorstellungen ihres Denkens eingeflossen waren. (256)

Es gibt auch natürliche oder materielle Geister, die sich, wenn sie zu einem Menschen kommen, nicht wie andere Geister mit seinem Denken verbinden, sondern in seinen Körper eindringen und alle seine Sinne in Besitz nehmen. Sie reden dann durch seinen Mund und handeln durch seine Glieder. Dabei ist ihnen nur bewußt, daß alles dem Menschen Gehörige ihnen gehöre. Dies sind die Geister, die beim Menschen Besessenheit hervorrufen. Sie sind jedoch vom Herrn in die Hölle geworfen und dadurch gänzlich entfernt worden. Deshalb gibt es gegenwärtig [d. h. 1758] keine derartigen Besessenheiten mehr. (257)

## HIMMLISCHE SCHRIFTEN

Da die Engel eine Wörtersprache haben, so kennen sie auch die Schrift, durch die sie ebenso ihre Empfindungen und Gedanken ausdrücken können. Es wurden mir mehrmals beschriebene Blätter zugestellt, ganz so wie beschriebene oder bedruckte Blätter in der Welt, und ich konnte sie auch ebenso lesen. Doch durfte ich ihnen nicht mehr als einen oder zwei Gedanken entnehmen, weil es der göttlichen Ordnung widerspräche, durch Schriften aus dem Himmel unterrichtet zu werden. (258)

Es ist vom Herrn um des Wortes willen vorgesehen, daß es im Himmel Schriften gibt. Denn das Wort ist seinem Wesen nach das göttliche Wahre, aus dem für Menschen wie Engel alle himmlische Weisheit entspringt, ist es doch vom Herrn diktiert worden. Was aber vom Herrn diktiert wird, durchläuft der Ordnung nach alle Himmel und gelangt am Ende schließlich zum Menschen. Daher ist es sowohl der Weisheit der Engel als der Einsicht der Menschen angepaßt, und darum haben auch die Engel das Wort und lesen es, wie die Menschen auf Erden. Es handelt sich um dasselbe Wort, nur findet sich im Himmel nicht sein natürlicher, sondern nur sein innerer Sinn. Worin dieser Sinn besteht, ersieht man aus der kleinen Schrift „Vom Weißen Pferd in der Offenbarung." (259)

Einst wurde mir aus dem Himmel auch ein kleines Blatt zugesandt, auf dem nur wenige Worte in hebräischer Schrift standen. Es hieß, jeder Buchstabe berge Geheimnisse der Weisheit in sich, und zwar in seinen Beugungen und Krümmungen, und daher auch in den entsprechenden Lauten. Mir wurde daraus klar, was durch die Worte des Herrn bezeichnet wird:

> „Wahrlich, ich sage euch, bis daß Himmel und Erde vergehen, soll kein Jota noch Strichlein vom Gesetz vergehen" (Mat 5, 18).

Es wurde mir gesagt, daß auch die Angehörigen der Ältesten Kirche auf dieser Erde, ehe die Buchstaben erfunden wurden, eine solche Schrift hatten, und daß diese in die Buchstaben der hebräischen Sprache übergegangen sei, die in den alten Zeiten alle gekrümmt gewesen seien und nicht in Linien auslaufend, wie jetzt. Daher kommt es, daß im Wort göttliche Dinge und himmlische Geheimnisse selbst in den Jota, Strichlein und Häkchen liegen. (260)

Diese Schrift, die aus Buchstaben von himmlischen Formen entsteht, ist im innersten Himmel im Gebrauch, dessen Engel alle anderen an Weisheit übertreffen. Durch diese Buchstaben werden Gefühle ausgedrückt, aus denen Gedanken hervorgehen und der Ordnung nach aufeinander folgen, je nach dem Gegenstand, von dem die Rede ist. So schließen diese Schriften Geheimnisse in sich, die durch das Denken nicht erfaßt werden können. Es ist mir erlaubt worden, diese Schriften zu sehen. In den unteren Himmeln finden sich dagegen keine derartigen Schriften. Dort gleichen die Schriften den irdischen. Sie bestehen auch aus ähnlichen Buchstaben. Dennoch sind sie den Menschen unverständlich, weil sie in der Engelsprache geschrieben sind.

Auch diese Schrift enthält in wenigen Wörtern mehr, als der Mensch auf etlichen Blättern ausdrücken kann. Diese Schriften habe ich ebenfalls gesehen. (261)

Merkwürdig ist, daß die himmlischen Schriften ganz von selbst den Gedanken der Engel entströmen, und zwar mit solcher Leichtigkeit, daß man meinen könnte, der Gedanke bilde sich von selbst heraus. Auch zögert die Hand nie bei der Wahl eines Wortes, weil die Wörter – ob sie sie nun aussprechen oder schreiben – genau den Vorstellungen ihres Denkens entsprechen. Alle Entsprechung ist aber etwas Natürliches, das sich wie von selbst einstellt. Es gibt in den Himmeln auch Schriften ohne Hilfe der Hand, allein aufgrund der Entsprechung der Gedanken. Diese Schriften sind jedoch nichts Bleibendes. (262)

Ich habe auch himmlische Schriften gesehen, die aus lauter Zahlen bestanden, niedergeschrieben in einer bestimmten Ordnung und Reihenfolge, ganz wie bei den aus Buchstaben und Wörtern bestehenden Schriften in der Welt. Ich wurde unterrichtet, daß diese Schrift aus dem innersten Himmel stamme und sich bei den Engeln des unteren Himmels in Zahlen darstelle, sobald ein Gedanke von dort zu ihnen herabdringe. Diese Zahlenschrift, so wurde ich informiert, enthalte gleichfalls Geheimnisse, von denen einige nicht mit den Gedanken erfaßt oder mit Worten ausgedrückt werden können. Alle Zahlen nämlich stehen in Entsprechung und haben ihre Bedeutung der Entsprechung gemäß, ebenso wie die Wörter, mit dem Unterschied jedoch, daß Zahlen das Allgemeine und Wörter das Besondere in sich schließen. Weil nun ein Allgemeines unzählig viel Besonderes in sich schließt, so enthält die Zahlenschrift mehr Geheimnisse als die Buchstabenschrift. Dadurch wurde mir klar, daß Zahlen im Wort ebenso Dinge bezeichnen wie Wörter. In den „Himmlischen Geheimnissen" wo über die Zahlen gehandelt worden ist, kann man nachlesen über die Bedeutung der einfachen Zahlen (2, 3, 4, 5, 6, 7, 8, 9, 10, 12) und der zusammengesetzten (20, 30, 50, 70, 100, 144, 1000, 10'000, 12'000) wie auch anderer. In jener himmlischen Schrift wird immer eine Zahl vorangestellt, von der die folgenden wie von ihrem Träger der Reihe nach abhängen. Diese Zahl ist gleichsam der Anzeiger der Sache, um die es sich jeweils handelt, und durch sie erhalten die nachfolgenden Zahlen ihre Beziehung zu der im Besonderen vorliegenden Sache. (263)

## DIE WEISHEIT DER ENGEL DES HIMMELS

Das Wesen der Weisheit der Engel läßt sich nur schwer begreifen, weil sie Menschenweisheit so weit übersteigt, daß sie sich damit nicht vergleichen läßt. Es ergibt sich daraus, daß die Engel im Lichte des Himmels leben, das seinem Wesen nach das göttliche Wahre oder die göttliche Weisheit ist. Dieses Licht erleuchtet gleichzeitig ihr inneres Sehen. Die Engel können geradezu Weisheiten genannt werden, weil sich alle ihre Gedanken und Gefühle der Form des Himmels gemäß ergießen. Diese aber ist die Form der göttlichen Weisheit. Ferner ist ihr Inneres, das die Weisheit aufnimmt, nach dieser Form zusammengesetzt (vgl. Nr. 201-212). Daher sind die Engel von einer überragenden Weisheit. Das läßt sich auch der Tatsache entnehmen, daß ihre Sprache die Sprache der Weisheit ist, entspricht sie doch unmittelbar und von selbst dem Denken und dieses wieder dem Gefühl, so daß ihre Sprache das Denken aus dem Gefühl in der äußeren Gestalt ist. Daher kommt es auch, daß nichts sie vom göttlichen Einfluß abzuziehen vermag und auch nichts Äußeres aus anderen Gedanken sich in ihre Rede mischt, wie das bei den Menschen der Fall ist (vgl. Nr. 234-245). Zu dieser Weisheit der Engel trägt auch bei, daß alles, was sie durch ihre Augen und Sinne sehen und empfinden, mit ihrer Weisheit übereinstimmt, handelt es sich doch dabei samt und sonders um Entsprechungen, also um Gegenstände, welche vorbildende Formen von Dingen der Weisheit sind (vgl. Nr. 170-182). Zudem werden die Gedanken der Engel nicht, wie die der Menschen, durch Vorstellungen aus Raum und Zeit verendlicht und beengt. Sie werden auch nicht zu

Irdischem und Materiellem herabgezogen oder durch irgendwelche Sorgen um die Lebensnotwendigkeiten unterbrochen. Folglich werden sie auch nicht durch derartige Dinge von den Freuden der Weisheit abgelenkt, wie dies bei den Gedanken der Menschen in der Welt geschieht. (266)

Die Engel können deshalb so große Weisheit aufnehmen, weil ihr Inneres aufgeschlossen ist. Die Weisheit wächst aber, wie alle Vollkommenheit, dem Inneren zu, also je nach dessen Öffnung. Bei jedem Engel finden sich entsprechend den drei Himmeln drei Lebens-Grade (vgl. Nr.29-40). Jene, bei denen der erste Grad aufgeschlossen ist, sind im ersten oder äußersten Himmel. Im zweiten oder mittleren Himmel sind die, bei denen der zweite Grad aufgeschlossen wurde, und im dritten oder innersten Himmel jene, deren dritter Grad geöffnet ist. Diesen Graden gemäß verhält sich die Weisheit der Engel. Daher übersteigt die Weisheit der Engel des innersten Himmels unermeßlich die der Engel des mittleren Himmels und deren Weisheit wiederum die der Engel des äußersten Himmels (vgl. Nr. 209f. und Nr. 38). Diese Unterschiede rühren daher, daß das Besondere auf einer höheren Stufe steht als das Allgemeine. Das Allgemeine aber enthält das Besondere. Dies verhält sich zum Allgemeinen wie tausend oder zehntausend zu eins – ebenso die Weisheit des oberen Himmels zu der des unteren. Die Weisheit dieses unteren Himmels übersteigt jedoch in gleicher Weise die Weisheit des Menschen, denn der Mensch befindet sich im Körperlichen und dem dazugehörigen Sinnlichen, folglich im allerunterSten Grad. Hieraus geht hervor, wie es mit der Weisheit derer steht, die aus Sinnlichem heraus denken und daher sinnliche Menschen genannt werden, nämlich daß sie in Wirklichkeit gar keine Weisheit, sondern nur ein Wissen haben. Anders ist es bei denen, deren Gedanken sich über das Sinnliche erheben, und vor allem bei denen, deren innerlichere Bereiche bis ins Licht des Himmels aufgeschlossen sind. (267)

Wie groß die Weisheit der Engel ist, läßt sich auch daraus ersehen, daß in den Himmeln eine Kommunikation aller Dinge besteht: Einsicht und Weisheit des einen teilen sich dem anderen mit. Der Himmel ist eine Gemeinschaft aller Güter, weil die himmlische Liebe mit anderen zu teilen wünscht. Aus diesem Grunde empfindet auch niemand im Himmel sein Gutes als solches, wenn es nicht zugleich auch im anderen ist. Daraus resultiert die himmlische Glückseligkeit. Die Himmel leiten dies vom Herrn ab, dessen göttliche Liebe so beschaffen ist. Ich durfte diese Kommunikation selbst beobachten, wurden doch zuweilen einige einfache Geister in den Himmel erhoben, wo sie sogleich in die Weisheit der Engel eintraten und nun verstanden, was ihnen früher unverständlich gewesen war. (268)

Die Weisheit der Engel läßt sich nicht mit Worten beschreiben, sondern nur durch einige allgemeine Beobachtungen beleuchten. Wie schon gesagt wurde, können sie mit einem einzigen Wort ausdrücken, wozu dem Menschen tausend nicht ausreichen. Darum heißt auch, was im Himmel gehört wird, „unaussprechlich" (2. Kor 12, 4). In gleicher Weise können die Engel mit wenigen Worten den Inhalt eines ganzen Buches bis in die Einzelheiten hinein wiedergeben und dabei in jedes Wort etwas hineinlegen, das zu tieferer Weisheit erhebt. Dies zeigt die Beschaffenheit der Engelsweisheit. Sie verhält sich zur menschlichen Weisheit wie zehntausend zu eins, vergleichsweise wie das aus unzähligen Faktoren zusammengesetzte Kräftespiel des Körpers zu den Handlungen, die dadurch hervorrufen werden, und die allein dem Menschen zu Bewußtsein kommen, oder wie das Tausenderlei eines Gegenstandes, den man durch ein vollkommenes Mikroskop betrachtet hat, zu dem einfachen Ding vor dem bloßen Auge. Ich will die Sache noch durch ein weiteres Beispiel beleuchten: Ein Engel beschrieb aus seiner Weisheit die Wiedergeburt und brachte von den damit zusammenhängenden Geheimnissen Hunderte nach ihrer Ordnung vor, wobei er jedes Geheimnis mit Vorstellungen anfüllte, in denen noch tiefere Geheimnisse lagen, und dies von Anfang bis Ende. Er setzte nämlich auseinander, wie der geistige Mensch von neuem empfangen, gleichsam im Mutterleib getragen und geboren wird, aufwächst und allmählich vervollkommnet wird. Er sagte, er hätte die Zahl der Geheimnisse bis zu einigen Tausend vermehren können, und diejenigen, die er angeführt habe, beträfen bloß die Wiedergeburt des äußeren Menschen. Es gäbe aber noch unzählige weitere, die die Wiedergeburt des inneren betreffen. (269)

Hier noch einiges über die Weisheit der Engel des dritten oder innersten Himmels und wie sehr sie die Weisheit des ersten oder äußersten Himmels übertrifft. Sie ist unfaßlich, auch für die, die im äußersten Himmel sind. Weil ihr Inneres bis zum dritten Grade aufgeschlossen ist, so sind ihnen die göttlichen Wahrheiten gleichsam eingeschrieben. Diese Bereiche sind ja mehr als die des zweiten oder ersten Grades in der Form des Himmels, und diese stammt aus dem göttlichen Wahren, somit aus der göttlichen Weisheit. Deshalb sind jenen Engeln die göttlichen Wahrheiten wie eingeschrieben, ja angeboren. Sobald sie sie nur vernehmen, schauen sie sie gleichsam innerlich in sich. Darum vernünfteln diese Engel auch nie über die göttlichen Wahrheiten, geschweige denn, daß sie darüber streiten. Sie wissen auch nicht, was mit dem Begriff des „Glaubens" gemeint ist, sagen sie doch: „Was heißt glauben? Ich fühle und sehe ja, daß es so *ist!*" (270)

Den Engeln des ersten oder äußersten Himmels dagegen sind die göttlichen Wahrheiten nicht derart innerlich eingeschrieben, weil bei ihnen nur der erste Lebensgrad aufgeschlossen ist. Sie gebrauchen deshalb inbezug auf diese Wahrheiten ihre Vernunft. Wer aber seine Vernunft gebraucht, blickt kaum über den Gegenstand der Sache hinaus, über den er nachdenkt. Tut er es doch, so höchstens, um die Sache mit einigen Argumenten zu begründen. Ist das geschehen, dann behauptet er, der Rest sei Glaubenssache. Ich sprach hierüber mit den Engeln. Sie sagten, zwischen der Weisheit der Engel des dritten und des ersten Himmels bestehe ein Unterschied wie zwischen Licht und

Dunkelheit. Ferner verglichen sie die Weisheit der Engel des dritten Himmels mit einem prächtigen Palast, reich mit allem Komfort versehen, allseits von Gärten und prachtvollen Dingen umgeben. Weil nun jene Engel in den Wahrheiten der Weisheit sind, so können sie in den Palast eintreten und alles anschauen, sich auch in den Gärten nach allen Seiten hin ergehen und an allem erfreuen. Jene aber, die nur über die Wahrheiten vernünfteln, können das nicht, und noch weniger die, welche darüber streiten. Sie sehen die Wahrheiten nicht im Lichte des Wahren, sondern schöpfen sie entweder aus der Meinung anderer Menschen oder aus dem Buchstabensinn des Wortes, den sie innerlich nicht verstehen. Sie sagen daher, man müsse daran glauben oder den Glauben haben und wollen gar nicht, daß das innerlichere Sehen nachher darin eindringe. Von diesen sagten die Engel, sie könnten nicht einmal bis zur ersten Schwelle des Weisheitspalastes gelangen, geschweige denn in ihn eintreten und sich in seinen Gärten ergehen, blieben sie doch schon beim ersten Schritt stehen. Anders verhalte es sich mit denen, die in den Wahrheiten selbst sind. Diese drängen, geleitet von den geschauten Wahrheiten, ohne Schranken überall hin bis ins Weite vor, weil jede Wahrheit eine unendliche Ausdehnung hat und mit zahllosen anderen in Verbindung steht. Weiter erklärten sie, die Weisheit der Engel des innersten Himmels bestehe vor allem darin, daß sie in den einzelnen Gegenständen Göttliches und Himmlisches erblickten und Wunderbares im Zusammenspiel verschiedener Dinge, denn alles, was vor ihren Augen erscheint, steht in Entsprechung.

Die Engel des dritten Himmels legen die göttlichen Wahrheiten nicht in ihrem Gedächtnis ab und machen also auch nicht irgendein Wissen daraus, sondern sobald sie dieselben hören, nehmen sie sie in sich auf und wenden sie auf's Leben an. Deshalb haften bei ihnen diese Wahrheiten, wie wenn sie ihnen eingeschrieben wären. Anders ist es bei den Engeln des äußersten Himmels. Diese speichern die göttlichen Wahrheiten zuerst im Gedächtnis, um sie von dort nach und nach wieder hervorzuholen und so ihren Verstand zu vervollkommnen. Daher befinden sie sich vergleichsweise im Dunkeln. Bemerkenswert ist, daß die Engel des dritten Himmels vervollkommnet werden durch das Gehör und nicht durch die Augen. Was sie in der Predigt hören, geht bei ihnen nicht ins Gedächtnis, sondern unmittelbar in das Innewerden und in den Willen ein und wird so zu einer Sache das Lebens. Was sie aber mit ihren Augen sehen, nehmen sie ins Gedächtnis auf und treten darüber auch in Erörterungen ein. Dies zeigt, daß bei ihnen der Weg zur Weisheit über das Gehör führt. Auch das ist so aufgrund der Entsprechung, da das Ohr dem Gehorsam entspricht, der Gehorsam aber eine Angelegenheit des Lebens ist. Demgegenüber entspricht das Auge der Einsicht, und dies bezieht sich auf die Lehre. Der Zustand dieser Engel wird hin und wieder auch im Wort beschrieben, etwa beim Propheten Jeremia 31, 33f.:

> „Ich werde mein Gesetz in ihr Gemüt legen und auf ihr Herz es schreiben, und es soll nicht mehr einer seinen Genossen lehren, noch jemand seinen Bruder, indem er spricht: »Erkennet den Herrn!« Denn sie alle sollen mich erkennen, vom kleinsten bis zum größten derselben".

(271)

Zu den bereits angeführten Ursachen, weshalb die Engel so große Weisheit zu erlangen vermögen, kommt noch hinzu – und dies ist im Himmel die Hauptursache –, daß sie ohne Eigenliebe sind. Denn nur in dem Maße, wie jemand ohne Eigenliebe ist, kann er in göttlichen Dingen weise sein. Diese Liebe verschließt nämlich die innerlicheren Bereiche gegen den Herrn und den Himmel, öffnet die äußeren Bereiche und kehrt diese sich selbst zu. (272)

Die Engel werden zwar fortwährend in der Weisheit vervollkommnet, und doch erreicht diese in alle Ewigkeit nie den Grad, daß irgendein Vergleich zwischen ihr und der göttlichen Weisheit des Herrn möglich würde. Diese ist nämlich unendlich und jene endlich. Zwischen dem Unendlichen und dem Endlichen aber gibt es keinen Vergleich. (273)

Weil der Himmel bei einem jeden je nach seiner Weisheit einfließt, sehnen sich dort alle nach Weisheit und streben ihr nach, ähnlich wie ein Hungriger nach Speise verlangt. Wissenschaft, Einsicht und Weisheit sind auch geistige Nahrung. Natürliche und geistige Nahrung entsprechen einander gegenseitig. (274)

## DER ZUSTAND DER UNSCHULD BEI DEN ENGELN IM HIMMEL

In der Welt wissen wenige, was Unschuld wirklich ist, am wenigsten die Bösen. Die Unschuld liegt zwar vor Augen, sie spricht aus dem Angesicht, aus der Rede und den Gebärden, namentlich bei Kindern, und dennoch weiß man nicht, worin sie eigentlich besteht, und noch weniger, daß sich in ihr der Himmel beim Menschen auswirkt. Diese Kenntnis zu verbreiten, will ich der Ordnung nach vorgehen und zuerst von der Unschuld der Kindheit sprechen, dann von der Unschuld der Weisheit und schließlich vom Zustand des Himmels hinsichtlich der Unschuld. (276)

Die Unschuld der Kindheit oder der Kinder ist unecht, da sie nur der äußeren, nicht aber der inneren Form nach besteht. Gleichwohl kann man aus ihr lernen, was Unschuld ist, leuchtet sie doch aus dem Antlitz der Kinder, aus einigen ihrer Gebärden und aus ihrer ersten Sprache hervor. Sie rührt uns darum, weil die Kinder noch kein inneres Denken haben, da sie ja noch nicht wissen, was gut und böse, wahr und falsch ist, woraus eben das Denken hervorgeht. Daher besitzen sie noch keine Klugheit aus dem Eigenen, keinen Vorsatz und keine Überlegung, beabsichtigen folglich auch nichts Böses. Sie schreiben sich selbst nichts zu, sondern verdanken alles ihren Eltern. Doch wie gesagt, diese Unschuld ist rein äußerlich, weil ihr Gemüt noch unausgebildet ist. Aus dem Himmel hörte ich, daß die Kinder in besonderem Maße unter der Obhut des Herrn stünden und einem Einfluß aus dem innersten Himmel ausgesetzt seien, wo die Unschuld herrscht. Der Einfluß aber gehe durch ihr Inneres hindurch, das er beim Hindurchfließen durch die Unschuld anrege. Daher erscheine die Unschuld auf ihrem Antlitz und in ihren Gebärden und rühre ihre Eltern aufs innigste. Dies aber sei der Ursprung der sogenannten Eltern- und Kindesliebe. (277)

Die Unschuld der Weisheit hingegen ist, weil innerlicher Art, echt. Sie ist im Gemüt, folglich im Willen selbst verankert, und daraus dann auch im Verstand. Deshalb sagt man im Himmel, die Unschuld wohne in der Weisheit, und soviel Weisheit ein Engel habe, soviel Unschuld besitze er auch. Dies bestätigten die Engel: Wer sich in der Unschuld befindet, eignet sich selbst nichts Gutes zu, sondern allein dem Herrn, dem er dafür dankt. Von Ihm, nicht von sich selbst will er auch geführt werden. Menschen dieser Art lieben alles Gute und freuen sich an allem Wahren, weil sie wissen und empfinden, daß das Gute lieben und es daher auch wollen und tun, den Herrn lieben heißt, und daß die Liebe des Wahren gleichbedeutend ist mit der Liebe zum Nächsten. Ferner sind sie mit dem zufrieden, was sie haben, es sei wenig oder viel, weil sie wissen, daß sie soviel empfangen, wie ihnen zuträglich ist. Nicht sie wissen, was ihnen gut tut, sondern allein der Herr, dessen Vorsehung bei allem das Ewige berücksichtigt. Darum machen sie sich auch keine Gedanken über die Zukunft, die sie als „Sorge für den morgigen Tag" bezeichnen. Diese, so meinen sie, entspringe dem Kummer über Verlust oder Mangel an Dingen, die für die Bedürfnisse des Lebens nicht wirklich nötig seien. Gegenüber ihren Gefährten handeln sie niemals aus böser Absicht, sondern stets aus Güte, Gerechtigkeit und Aufrichtigkeit. Da ihnen nichts lieber ist als der Gedanke, vom Herrn geführt zu werden, so sind sie weit von ihrem Eigenen entfernt und kann der Herr bei ihnen einfließen. So kommt es, daß sie nichts von allem, was sie von Ihm hören – sei es aus dem Wort oder aus der Predigt – im Gedächtnis niederlegen, sondern alles sogleich befolgen, das heißt wollen und tun. Der Wille ist ihr eigenstes Gedächtnis. Äußerlich erscheinen sie meist einfältig, aber innerlich sind sie weise und klug. Sie sind es, von denen der Herr spricht, wenn er sagt:

> „Seid klug wie die Schlangen und ohne Falsch wie die Tauben."
> (Matth. 10, 16)

Da die Unschuld alles Gute nicht sich selbst, sondern dem Herrn zuschreibt und es liebt, vom Herrn geführt zu werden, vermag sie dadurch alles Gute und Wahre aufzunehmen, aus denen alle Weisheit stammt. Darum wurde der Mensch so geschaffen, daß er schon als Kind in der Unschuld, wenn auch in einer äußeren ist, später aber als Greis zur inneren Unschuld gelangt. Deshalb nimmt denn auch der Mensch, wenn er alt wird, inbezug auf seinen Körper ab und wird von neuem wie ein Kind, aber ein weises, somit ein Engel. Denn ein weises Kind ist im höchsten Sinne ein Engel. Darum werden im Wort durch „Kinder" die Unschuldigen bezeichnet und durch „Greise" die Weisen, in denen Unschuld wohnt. (278)

Ähnliches geschieht bei einem jeden, der wiedergeboren wird. Die Wiedergeburt ist ein Neugeborenwerden des geistigen Menschen. Dieser wird zuerst in die Unschuld der Kindheit eingeführt, die darin besteht, daß er nichts Wahres weiß und nichts Gutes vermag aus sich selbst, sondern allein aus dem Herrn und daß er deshalb nach diesem allein verlangt und trachtet, weil es wahr und weil es gut ist. Mit fortschreitendem Alter wird ihm auch Gutes und Wahres vom Herrn gegeben. Zuerst wird er in die Kenntnis darüber eingeführt, dann von der Kenntnis zur Einsicht und zuletzt von der Einsicht zur Weisheit – wobei ihn immer die Unschuld begleitet. (279)

Unschuld ist also, sich vom Herrn führen zu lassen und nicht sich selbst zu führen. Darum sind im Himmel alle in der Unschuld, lassen sie sich doch gern vom Herrn führen. Sie wissen nämlich, daß sich selbst führen bedeutet, vom Eigenen geführt zu werden, und dieses besteht aus Selbstliebe. Wer aber nur sich selbst liebt, läßt sich von keinem anderen lenken. Inwieweit sich daher ein Engel in der Unschuld befindet, insoweit ist er auch im Himmel, das heißt im Göttlich-Guten und -Wahren, in dem der Himmel besteht. (280)

Über die Unschuld habe ich viel mit den Engeln gesprochen und bin belehrt worden, daß sie das Wesen alles Guten darstellt. Das Gute ist daher nur insoweit gut und folglich die Weisheit nur soweit weise, als ihnen Unschuld innewohnt. Dasselbe gilt für die Liebe, die Nächstenliebe und den Glauben. Daher gelangt nur in den Himmel, wer in der Unschuld ist. Dies meint der Herr, wenn er sagt:

> „Lasset die Kindlein zu mir kommen und wehret ihnen nicht, denn solcher ist das Reich der Himmel. Wahrlich, ich sage euch, wer das Reich der Himmel nicht aufnimmt wie ein Kind, der wird nicht darin eingehen." (Mat 19, 14)

Die kleinen Kinder bezeichnen hier, wie auch an anderen Stellen im Wort, die Unschuldigen. Der Zustand der Unschuld wird vom Herrn auch bei Matth. 6, 25-34 beschrieben, jedoch in lauter Entsprechungen. Ich bin auch unterrichtet worden, daß das Wahre mit dem Guten und das Gute mit dem Wahren durch nichts anderes verbunden werden kann als durch die Unschuld. Daher kann niemand ein Engel des Himmels sein, in dem nicht die Unschuld wohnt, d. h. ehe in ihm nicht Wahres mit Gutem verbunden ist. Daher wird auch die Verbindung des Wahren und Guten als himmlische Ehe bezeichnet, und diese ist der Himmel. Ich bin ferner unterrichtet worden, daß wahrhaft eheliche Liebe ihren Ursprung in der Unschuld hat, nämlich in der Verbindung des Guten und Wahren, in der die Gemüter beider, des Mannes wie der Frau, sich befinden. Diese Verbindung stellt sich beim Niedersteigen in der Gestalt der ehelichen Liebe dar, denn die Gatten lieben einander so, wie sich ihre Gemüter lieben. In der ehelichen Liebe ist daher etwas Spielerisches, wie in der Kindheit und Unschuld. (281)

Weil in der Unschuld das eigentliche Wesen des Guten bei den Engeln des Himmels besteht, so ist klar, daß das vom Herrn ausgehende Gute die Unschuld selbst ist, denn dieses Gute fließt bei den Engeln ein, regt ihr Innerstes an und macht es zur Aufnahme alles himmlisch Guten empfänglich und geschickt. Weil alle Unschuld vom Herrn stammt, wird er auch im Wort das „Lamm" genannt. Das Lamm bezeichnet nämlich die Unschuld. Als Innerstes in allem Guten des Himmels rührt auch die Unschuld so sehr ans Gemüt. Wer sie erfährt – und dies geschieht bei der Annäherung eines Engels des innersten Himmels –, scheint seiner selbst nicht mehr mächtig und wird von einer solchen Wonne überströmt und gleichsam fortgerissen, daß im Vergleich damit alle Lust der Welt als nichtig erscheint. Dies sage ich aus eigener Erfahrung. (282)

Wer sich im Guten der Unschuld befindet, wird auch durch die Unschuld angerührt, und zwar so weit er selbst in diesem Guten ist. Die anderen aber bleiben von ihr unberührt, weshalb in der Hölle alle ganz und gar gegen die Unschuld sind. Sie wissen nicht einmal, was Unschuld ist, ja brennen vor Begierde, jemandem in dem Maß Schaden zuzufügen, wie er in der Unschuld ist. Daher ist ihnen auch der Anblick von Kindern unerträglich und erzeugt die grausame Begierde, ihnen zu schaden. (283)

## DER ZUSTAND DES FRIEDENS IM HIMMEL

Wer den himmlischen Frieden nicht selbst erlebt hat, kann ihn nicht begreifen. Solange er im Körper lebt, kann der Mensch diesen Frieden nicht in sich aufnehmen und begreifen, weil seine Erkenntnis noch dem Natürlichen verhaftet ist. Wer ihn begreifen will, muß so beschaffen sein, daß sein Denken erhoben und er – vom Körper weggeführt und in den Geist versetzt – bei den Engeln sein kann. Da ich nun auf diese Weise diesen Frieden verspürt habe, kann ich ihn auch beschreiben, freilich nicht so, wie er *an sich* ist – denn menschliche Worte reichen dazu nicht aus –, sondern nur durch den Vergleich mit der Seelenruhe derer, von denen es heißt, sie seien in Gott vergnügt. (284)

Es gibt zwei innerste himmlische Zustände, Unschuld und Frieden. Sie sind deshalb die innersten, weil sie unmittelbar aus dem Herrn entspringen. Aus der Unschuld stammt alles Gute des Himmels und aus dem Frieden alles Angenehme des Guten. Jedem Guten eignet sein Angenehmes. Beides gehört der Liebe an, denn was man liebt, nennt man gut und empfindet man auch als angenehm. (285)

Zuerst soll der Ursprung des Friedens aufgezeigt werden: Der göttliche Friede ist im Herrn und entsteht aus der Vereinigung des Göttlichen selbst und des Göttlich-Menschlichen in Ihm. Das Göttliche des Friedens im Himmel aber stammt vom Herrn und entsteht aus seiner Verbindung mit den Engeln des Himmels, insbesondere aber aus der Verbindung des Guten und Wahren bei einem jeden Engel. Damit ist klar, daß aus dem Frieden alle Himmelsfreude stammt. (286)

Weil dies die Quellen des Friedens sind, heißt der Herr der „Fürst des Friedens" und sagt auch, Friede gehe von ihm aus und sei in Ihm. Darum wird auch von „Friedensengeln" gesprochen und der Himmel als Wohnung des Friedens bezeichnet, etwa Jes 9, 5f; Joh 16, 33; 4. Mose 6, 26; Jes 33, 7f; 52, 7; 54, 10; 59, 8; Jer 16, 4; 25, 37; 29, 11; Hag 2, 9; Sach 8, 12; Psalm 37, 37 und an vielen weiteren Stellen. Aus eben diesem Grunde begrüßte man sich auch im Altertum mit den bis heute gebräuchlichen Worten: „Friede sei mit euch!" Zur Erinnerung an diese Dinge wurde der Sabbat eingesetzt und nach der Ruhe bzw. dem Frieden benannt. Der Sabbat aber war die heiligste Vorbildung der Kirche, weshalb sich auch der Herr selbst (Mat l2, 8; Mark. 2, 27 f.; Luk 6, 5) den „Herrn des Sabbats" nannte. (287)

Weil der himmlische Friede das Göttliche ist, welches das Gute bei den Engeln vom Innersten her mit Seligkeit überströmt, so kommt er ihnen nur durch die Freudigkeit des Herzens deutlich zu Bewußtsein. Wenn sie im Guten ihres Lebens sind, wird er ihnen bewußt durch die Wonne, mit der sie das mit ihrem Guten übereinstimmende Wahre hören und durch die Heiterkeit des Gemüts, wenn sie deren Verbindung empfinden. Von da aus strömt der himmlische Friede in alle Handlungen und Gedanken ihres Lebens ein und zeigt sich hier, auch in der äußeren Erscheinung, als Freude. Dieser Friede ist aber in seiner Art und seinem Umfang in den Himmeln verschieden, und zwar je nach der Unschuld ihrer Bewohner; denn Unschuld und Friede halten gleichen Schritt. Daß Unschuld und Friede ebenso Hand in Hand gehen, wie das Gute und sein Angenehmes, kann man an den kleinen Kindern erkennen, sind sie doch, weil in der Unschuld, so auch im Frieden. Darum ist bei ihnen auch alles spielerisch. Doch ist der Friede der Kinder äußerlicher Art; der innerliche Friede findet sich, wie die innerliche Unschuld, nur in der Weisheit, und so auch in der Verbindung des Guten und Wahren, aus der die Weisheit entsteht. Auch bei den Menschen, die infolge der bei ihnen vollzogenen Verbindung des Guten und Wahren weise sind und sich daher in Gott zufrieden fühlen, gibt es einen himmlischen oder engelhaften Frieden. Dieser liegt freilich, solange sie in der Welt leben, in ihrem Inneren verborgen, wird aber enthüllt, sobald sie den Körper verlassen und in den Himmel eingehen, weil dann ihr Inneres aufgeschlossen wird. (288)

Sind die Engel im Zustand der Liebe, sind sie daher auch im Zustand des Friedens, weil dann bei ihnen das Gute mit dem Wahren verbunden wird. Das gleiche gilt auch für den Menschen, welcher wiedergeboren wird. Kommt bei ihm die Verbindung des Guten und Wahren zustande, was besonders nach den Versuchungen der Fall ist, so gelangt er in den Zustand des Angenehmen aus dem himmlischen Frieden. (289)

Ich habe mich auch mit den Engeln über den Frieden unterhalten, wobei ich sagte, in der Welt spreche man vom Frieden, wenn die Kriege und Feindseligkeiten zwischen den Staaten oder die Feindschaften und Uneinigkeiten zwischen den Menschen aufhörten. Man glaube auch, innerer Friede sei jene Seelenruhe, welche eintritt, wenn die Sorgen entfielen, und vor allem bestehe er im Gefühl von Ruhe und Lust, die sich nach einem Erfolg einstellen. Die Engel erwiderten jedoch, diese Seelenruhe, Ruhe und Lustgefühle durch die Enthebung von Sorgen und durch Erfolg in den eigenen Geschäften schienen zwar etwas mit dem Frieden zu tun haben, aber sicher nur bei den Menschen, die im himmlischen Guten sind, weil der Friede nur in diesem Guten überhaupt möglich sei. Der Friede aus dem Herrn fließe in ihr Innerstes ein, steige von dort herab und ergieße sich in ihre unteren Seelenbereiche, wo er Gemütsruhe, Seelenfrieden und damit Freude hervorbringe. Bei den Bösen aber gebe es keinen Frieden. Wenn es ihnen nach Wunsch laufe, so schienen sie zwar in Ruhe, Stille und Lust zu sein, doch handle es sich dabei um etwas Äußerliches, da inwendig in ihnen weiterhin Feindschaft, Haß, Rachsucht, Grausamkeit und andere böse Begierden glömmen, die auch ihr Gemüt überströmten, sobald sie nur jemand erblickten, der ihnen nicht gewogen sei, und die zum Ausbruch kämen, wenn Furcht sie nicht zügelte. Ihre Lust liege in unsinniger Leidenschaft, die Lust derer hingegen, die im Guten sind, in der Weisheit. Der Unterschied sei derselbe wie zwischen Hölle und Himmel.

## DIE VERBINDUNG DES HIMMELS MIT DEM MENSCHLICHEN GESCHLECHT

Es ist in der Kirche wohl bekannt, daß alles Gute von Gott und nicht vom Menschen stammt und sich daher niemand irgendetwas Gutes selbst zuschreiben darf. Bekannt ist auch, daß das Böse vom Teufel stammt. Diejenigen, die sich in Übereinstimmung mit der Lehre der Kirche ausdrücken, pflegen daher von Menschen, die gut handeln oder auch fromm reden und predigen, zu sagen, sie seien von Gott geführt. Das Gegenteil behaupten sie von denen, die böse handeln und gottlos reden. Dies wäre gar nicht möglich, wenn der Mensch keine Verbindung mit Himmel und Hölle hätte und diese Verbindung nicht mit seinem Willen und mit seinem Verstand bestünde; denn aus Wille und Verstand handelt der Körper und redet der Mund. Welche Bewandtnis es mit dieser Verbindung hat, soll nun gesagt werden. (291)

Bei jedem Menschen sind gute und böse Geister zugegen. Durch die guten hat er Verbindung mit dem Himmel und durch die bösen mit der Hölle. Diese Geister befinden sich in der Geisterwelt, welche die Mitte zwischen Himmel und Hölle einnimmt (vgl. weiter unten). Kommen sie zu einem Menschen, so treten sie in alle Einzelheiten seines Gedächtnisses und von da aus in sein ganzes Denken ein, die bösen Geister in das, was in seinem Gedächtnis und Denken böse ist, die guten hingegen in das, was darin gut ist. Es ist ihnen ganz und gar nicht bewußt, daß sie beim Menschen sind, vielmehr halten sie, wenn sie bei ihm sind, dessen ganzes Gedächtnis und Denken für ihr eigenes und sehen auch den Menschen nicht, weil die Dinge unserer Sonnenwelt ihrem Auge unsichtbar sind. Der Herr trifft auch alle Anstalten, damit sie nicht wissen, daß sie sich beim Menschen aufhalten, denn wüßten sie es, so sprächen sie mit ihm, und die bösen unter ihnen würden den Menschen verderben, und zwar nicht nur seine Seele, das heißt seinen Glauben und seine Liebe, sondern sogar seinen Körper. Anders, wenn sie nicht mit dem Menschen reden, denn dann ist ihnen auch nicht bewußt, daß das, was sie denken und untereinander besprechen, von ihm stammt. Auch unter sich reden sie nämlich aus dem Menschen, glauben jedoch, es handle sich dabei um ihr Eigenes, und ein jeder hält dies bekanntlich lieb und wert. So werden die Geister dazu gebracht, den Menschen zu lieben und zu schätzen, wenngleich es ihnen gar nicht bewußt ist. Diese Verbindung der Geister mit dem Menschen habe ich aufgrund langjähriger unausgesetzter Erfahrungen so deutlich erkennen können, daß es für mich nichts Gewisseres gibt. (292)

Dem Menschen sind aber auch böse Geister beigesellt, die mit der Hölle in Gemeinschaft stehen, weil er in Böses aller Art hineingeboren wird und daher sein erstes Leben nur daraus besteht. Wären ihm keine Geister beigesellt, die ihm gleichen, der Mensch könnte gar nicht leben und auch nicht von seinem Bösen abgewendet und gebessert werden. Er wird deshalb einerseits durch böse Geister in seinem eigenen Leben erhalten, andererseits aber durch gute Geister davon abgehalten. Auf diese Weise befindet er sich im Gleichgewicht, und so in Freiheit. Auf diese Weise kann er vom Bösen abgehalten und zum Guten gelenkt und ihm auch Gutes eingepflanzt werden. Ohne Freiheit wäre das vollkommen unmöglich, und Freiheit kann für den Menschen nur bewirkt werden, wenn Geister aus der Hölle auf der einen und Geister aus dem Himmel auf der anderen Seite wirken, wobei der Mensch selbst in der Mitte steht. (293)

Infolgedessen ist der Mensch, indem er mit Geistern verbunden ist, auch mit dem Himmel oder mit der Hölle verbunden, und zwar durch die Gesellschaft, zu der er seiner Neigung oder Liebe nach gehört. (294)

Die dem Menschen beigegebenen Geister gleichen hinsichtlich Neigung oder Liebe ihm selbst, doch werden ihm die guten vom Herrn zugeteilt, während er die bösen selbst herbeizieht. Die Geister beim Menschen wechseln aber je nach den Veränderungen seiner Neigungen. Daher hat er in der Kindheit, im Knaben-, Jünglings-, Mannes- und Greisenalter jeweils andere Geister bei sich. Aber diese Art von Beigesellung wird durch den Herrn nur bei denen bewirkt, die gebessert oder wiedergeboren werden können. Bei denen, die nicht gebessert oder wiedergeboren werden können, liegt die Sache anders: Auch ihnen sind zwar gute Geister beigegeben, um sie so weit als möglich vom Bösen abzuhalten, ihre unmittelbare Verbindung besteht aber mit bösen Geistern, die Gemeinschaft mit der Hölle haben. Der Mensch wird durch sie noch angefeuert – sofern er nicht durch gute Geister vom Bösen abgehalten werden kann –, und im gleichen Maße, wie er von einer bösen Neigung beherrscht wird, hängen sie sich an ihn und weichen nicht. Auf diese Weise ist der böse Mensch mit der Hölle verbunden und der gute mit dem Himmel. (295)

Der Mensch wird deshalb vom Herrn durch Geister geleitet, weil er sich nicht in der Ordnung des Himmels befindet. Er muß daher in die Ordnung zurückgeführt werden, und dies kann nur mittelbar durch Geister geschehen. Ganz anders wäre es, würde der Mensch ins Gute hineingeboren, das der Ordnung des Himmels gemäß ist. Dann würde er vom Herrn nicht durch Geister, sondern mittels der Ordnung selbst regiert, somit durch den allgemeinen Einfluß. Dieser Einfluß lenkt beim Menschen alles, was aus seinem Denken und Wollen ins Tun übergeht, somit sein Reden und Handeln, da dieses wie jedes sich der natürlichen Ordnung gemäß vollzieht. Mit ihnen haben daher die dem Menschen beigegebenen Geister nichts gemein. Auch die Tiere werden durch den allgemeinen Einfluß aus der geistigen Welt regiert, weil sie sich in ihrer Lebensordnung befinden, die sie auch nicht verkehren und zerstören konnten (vgl. Nr. 39), da sie keine Vernunft besitzen. (296)

Was die Verbindung des Himmels mit dem menschlichen Geschlecht angeht, muß man noch folgendes wissen: Der Herr selbst fließt bei einem jeden Menschen gemäß der Ordnung des Himmels ein, und zwar sowohl in sein Innerstes als auch in sein Äußerstes, um ihn für die Aufnahme des Himmels empfänglich zu machen. Er regiert das Äußerste des Menschen aus dessen Innerstem, zugleich aber auch das Innerste aus seinem Äußersten heraus. Auf diese Weise erhält er alles und jedes beim Menschen in Zusammenhang. Dies wird der unmittelbare Einfluß des Herrn genannt, während der durch Geister ausgeübte als mittelbarer Einfluß bezeichnet wird und durch den ersteren besteht. Der unmittelbare Einfluß geht aus dem Göttlich-Menschlichen des Herrn hervor und ergießt sich in den Willen und von da aus in den Verstand des Menschen, somit in das Gute und von da aus in das Wahre des Menschen oder, was auf dasselbe hinausläuft, in seine Liebe und von da aus in seinen Glauben. (297)

Die Geister beim Menschen, ob mit Himmel oder Hölle verbunden, fließen niemals aus ihrem eigenen Gedächtnis und dem daraus resultierenden Denken beim Menschen ein. Und dennoch fließt durch sie aus dem Himmel eine Neigung ein, die der Liebe zum Guten und Wahren angehört, aus der Hölle aber eine Neigung, die der Liebe zum Bösen und Falschen entspringt. Soweit daher die Neigung des Menschen mit der bei ihm einfließenden übereinstimmt, wird sie von ihm in sein Denken aufgenommen, denn das innerlichere Denken des Menschen vollzieht sich gemäß seiner Neigung oder Liebe. Stimmt sie aber nicht überein, wird sie auch nicht aufgenommen. Damit ist klar, daß dem Menschen die Wahl, weil die Freiheit bleibt. Er kann mit seinem Denken das Gute aufnehmen und das Böse verwerfen; denn aus dem Wort weiß der Mensch, was gut und was böse ist. Es wird ihm auch nur angeeignet, was er mit dem Denken aus Neigung aufnimmt, das andere nicht. (298)

Ich durfte auch erkennen, wie beim Menschen die Angst, der Kummer und jene innere Traurigkeit, Schwermut genannt, entsteht. Es gibt Geister, die noch nicht fest mit der Hölle verbunden sind, weil sie sich noch in ihrem ersten Zustand befinden, von dem weiter unten die Rede sein wird. Sie lieben Unverdautes und Bösartiges, wie die in Zersetzung übergehenden Speisen im Magen. Weil diese ihnen angenehm sind, halten sie sich beim Menschen dort auf, wo sie dergleichen finden und unterhalten sich dort aus ihren bösen Neigungen heraus. Die Stimmung ihrer Rede aber fließt von daher beim Menschen ein, und wenn sie ihm zuwider ist, verursacht sie dem Menschen Traurigkeit und melancholische Beängstigung, sagt sie ihm aber zu, so wird er fröhlich und heiter. Aufgrund vieler Erfahrungen durfte ich wissen und erproben, daß hier tatsächlich die Ursache für die Beängstigung des Gemüts liegt. Ich habe diese Geister gesehen, auch gehört, die von ihnen verursachten Beängstigungen empfunden und mit ihnen gesprochen. Wurden sie hinweggejagt, hörte die Bangigkeit auf, kehrten sie zurück, so war sie wieder da. Auch empfand ich Zunahme und Abnahme von Bangigkeit, je nach ihrer Annäherung und Entfernung. (299)

Die Verbindung des Himmels mit dem Menschen gleicht nicht der zwischen zwei Menschen, sie ist vielmehr eine Verbindung mit dem Inwendigen, dem Bereich des menschlichen Gemüts, das heißt seinem geistigen oder inneren Menschen. Die Verbindung mit seinem natürlichen oder äußeren Menschen aber erfolgt durch die Entsprechungen. (300)

Ich habe mit den Engeln über die Verbindung des Himmels mit dem menschlichen Geschlecht gesprochen und dabei folgendes gesagt: Die Angehörigen der Kirche erklärten zwar, alles Gute stamme von Gott, und Engel hielten sich beim Menschen auf; wenige Menschen glaubten jedoch daran, daß die Engel tatsächlich mit dem Menschen verbunden sind, und noch wenigere, daß sie in seinem Denken und in seiner Neigung wohnen. Darauf entgegneten die Engel, sie wüßten wohl, daß ein solcher Glaube und eine im Gegensatz dazu stehende Art zu reden in der Welt bestünde, und zwar, wie sie verwundert feststellten, besonders in der Kirche, die doch das Wort habe. Dieses belehre sie ja eigentlich über den Himmel und seine Verbindung mit dem Menschen, die von der Art sei, daß der Mensch ohne beigesellte Geister nicht das geringste denken könne, und daß sein geistiges Leben davon abhänge. Die Unwissenheit auf diesem Gebiet, so sagten die Engel, beruhe darauf, daß der Mensch glaube, er lebe aus sich, ohne Zusammenhang mit dem Ursprung des Lebens. Er wisse nicht, daß dieser Zusammenhang durch die Himmel vermittelt wird, obwohl er doch bei Auflösung dieses Zusammenhangs tot umfiele. Glaubte der Mensch so, wie es sich wirklich verhält, nämlich daß alles Gute vom Herrn und alles Böse aus der Hölle stammt, so würde er das Gute, das sich bei ihm findet, nicht für sein eigenes Verdienst halten. Dann würde ihm auch das Böse nicht zugerechnet werden, denn bei allem Guten, das er denkt und tut, würde er bei einer solchen Einstellung auf den Herrn blicken und alles einfließende Böse in die Hölle, aus der es stammt, zurückweisen. Weil aber der Mensch nicht an einen Einfluß aus dem Himmel und aus der Hölle glaubt und daher meint, was er denke und wolle, das sei samt und sonders in ihm und folglich auch aus ihm, darum eignet er sich das Böse an und verunreinigt das einfließende Gute mit dem Gedanken des Verdienstes. (302)

## DIE VERBINDUNG DES HIMMELS MIT DEM MENSCHEN DURCH DAS WORT

Wer aus einer innerlicheren Vernunft heraus denkt, kann erkennen, daß alle Dinge durch Verbindungsglieder untereinander und mit dem Ursprung zusammenhängen und alles, was nicht im Zusammenhang steht, vergeht. Er weiß ferner, daß der Zusammenhang der Dinge mit den vorhergehenden der gleiche ist, wie der zwischen Wirkung und wirkender Ursache. Wird diese von ihrer Wirkung abgezogen, so löst sich die Wirkung auf und vergeht. Das Wesen dieses Zusammenhanges eines jeden Dinges mit dem ihm vorhergehenden, also mit dem ersten, aus dem alles stammt, läßt sich nur im allgemeinen beschreiben. Es besteht ein Zusammenhang der natürlichen mit der geistigen Welt und infolgedessen eine Entsprechung aller Dinge der natürlichen Welt mit allen Dingen der geistigen Welt (vgl. Nr. 103-115). Ferner läßt sich sagen (vgl. Nr. 87-102), daß eine Verbindung aller Teile des Menschen mit allen Teilen des Himmels besteht. (303)

Der Mensch ist so geschaffen, daß er in Verbindung und Zusammenhang mit dem Herrn steht, mit den Engeln des Himmels aber nur Gemeinschaft hat, weil er von der Schöpfung her dem Engel hinsichtlich der innerlicheren Bereiche seines Gemüts ähnlich ist, hat er doch einen Willen ähnlich dem des Engels und auch einen ähnlichen Verstand. Wenn also von einer Verbindung des Menschen mit dem Himmel die Rede ist, so wird darunter seine Verbindung mit dem Herrn und seine Gemeinschaft mit den Engeln verstanden, denn der Himmel ist nicht durch das Eigene der Engel zum Himmel geworden, sondern durch das Göttliche des Herrn (vgl. Nr. 7-12). Der Mensch hat aber obendrein auch noch etwas, das die Engel nicht haben, lebt er doch nicht nur seinem Inneren nach in der geistigen Welt, sondern zugleich auch seinem Äußeren nach in der natürlichen. Sein der natürlichen Welt angehörendes Äußeres umfaßt alles, was zum Gebiet seines natürlichen oder äußeren Gedächtnisses gehört und sich von daher in seinem Denken und in seiner Einbildungskraft findet. Dies alles bildet das Letzte, in das der göttliche Einfluß des Herrn ausläuft, denn dieser bleibt niemals in der Mitte stehen, sondern dringt bis zu seinem Letzten vor. Aus allem geht hervor, daß im Menschen das Letzte der göttlichen Ordnung liegt, und daß er, weil das Letzte, so auch die Stütze und Grundlage darstellt. Weil der göttliche Einfluß des Herrn nicht in der Mitte stehenbleibt, darum ist die Verbindung und der Zusammenhang des Himmels mit dem menschlichen Geschlecht so beschaffen, daß das eine durch das andere besteht. Das menschliche Geschlecht gliche ohne den Himmel einer Kette ohne Haken, der Himmel aber ohne das menschliche Geschlecht einem Hause ohne Grundlage. (304)

Der Mensch hat jedoch, von Eigen- und Weltliebe getrieben, diese Verbindung mit dem Himmel zerrissen und sein Inneres vom Himmel ab der Welt und sich selbst zugekehrt. Er hat sich somit unten weggezogen und diente seither nicht mehr dem Himmel als Stütze und Grundlage. Darum hat der Herr ein Mittel vorgesehen, das dem Himmel die Stelle der Stütze und Grundlage ersetzen und auch zur Verbindung des Himmels mit dem Menschen dienen konnte. (Vgl. „Himmlische Geheimnisse im Worte Gottes", „Vom Weißen Pferd in der Offenbarung" und Anhang zu dem Werk „Vom Neuen Jerusalem und seiner himmlischen Lehre".) Dieses Mittel ist das Wort. (305)

Aus dem Himmel bin ich unterrichtet worden, daß die Urmenschen über eine unmittelbare Offenbarung verfügten, weil ihr Inneres dem Himmel zugewandt war und infolgedessen damals eine Verbindung des Herrn mit dem menschlichen Geschlecht bestand. In den folgenden Zeiten aber gab es keine solche unmittelbare Offenbarung mehr, sondern nur noch eine mittelbare durch Entsprechungen. Der ganze Gottesdienst bestand damals aus Entsprechungen, weshalb die Kirchen dieser Zeit vorbildende Kirchen genannt werden. Denn damals wußte man noch, was Entsprechung und was Vorbildung ist, und daß alles auf Erden den geistigen Dingen im Himmel und in der Kirche entspricht bzw. – was dasselbe ist – diese Dinge vorbildet. Daher dienten ihnen die natürlichen Dinge, welche das Äußere ihres Gottesdienstes bildeten, als Mittel, geistig – also gemeinsam mit den Engeln – zu denken. Nachdem aber die Wissenschaft der Entsprechungen und Vorbildungen in Vergessenheit geraten war, wurde das Wort geschrieben, in dem alle einzelnen Wörter und Wortbedeutungen Entsprechungen darstellen und so einen geistigen oder inneren Sinn enthalten, in dem die Engel sind. Liest daher ein Mensch das Wort, das er zwar nur nach seinem buchstäblichen oder äußeren Sinn begreift, so verstehen es doch die Engel nach dem inneren oder geistigen Sinn. So erscheinen ihre Gedanken zwar verschieden, sind aber dennoch eins, weil sie einander entsprechen. (306)

Auf diese Weise wird der Himmel mit dem Menschen durch das Wort verbunden, wie folgendes Beispiel zeigt. In der Offenbarung des Johannes wird das neue Jerusalem beschrieben:

> „Ich sah einen neuen Himmel und eine neue Erde, und der frühere Himmel und die frühere Erde waren vergangen, und ich sah die heilige Stadt Jerusalem von Gott aus dem Himmel herabsteigen. Die Stadt war viereckig, ihre Länge so groß wie ihre Breite; der Engel maß die Stadt mit dem Rohr zu 12'000 Stadien. Ihre Länge, Breite und Höhe sind gleich. Und er maß ihre Mauer, 144 Ellen, das Maß eines Menschen, das ist eines Engels. Der Bau der Mauer war von Jaspis, die Stadt selbst aber aus reinem Gold, ähnlich dem reinen Glas, und die Grundlage der Mauer war geschmückt mit jedem kostbaren Stein. Die 12 Tore waren 12 Perlen, und die Straße der Stadt reines Gold, wie durchsichtiges Glas". (Offb 21, 1f., 16-21)

Wer dies liest, versteht davon nur den buchstäblichen Sinn, also daß der sichtbare Himmel zugleich mit der Erde vergehen und ein neuer Himmel entstehen und die heilige Stadt Jerusalem auf die neue Erde herabkommen werde, in allen ihren Maßen der Beschreibung gemäß. Die Engel aber, die beim Menschen sind, verstehen es ganz anders: Für sie ist alles geistig, was für den Menschen natürlich ist. So verstehen sie unter dem „neuen Himmel und der neuen Erde" eine neue Kirche, unter der „von Gott aus dem Himmel herabsteigenden Stadt" die vom Herrn geoffenbarte himmlische Lehre. Die „Länge, Breite und Höhe" der Stadt, die einander gleichen und je 12'000 Stadien [ = 2'200 km!] betragen, stehen ihnen für alles Gute und Wahre dieser Lehre in der Zusammenfassung, und die „Mauer" für die sie beschützenden Wahrheiten; das „Maß der Mauer, 144 Ellen – das Maß eines Menschen, das ist eines Engels" für alle diese schützenden Wahrheiten in ihrer Zusammenfassung und Beschaffenheit. Die „12 Perlentore" sind für die Engel die einführenden Wahrheiten – die Perlen bezeichnen denn auch (überall im Wort) solche Wahrheiten –, die „Grundlagen der Mauer", die aus Edelsteinen bestehen, bedeuten die Erkenntnisse, auf welche sich diese Lehre gründet. Das „Gold, das dem reinen Glase gleicht", und aus dem die Stadt und deren Straßen bestehen, ist für sie das Gute der Liebe, aus dem die Lehren mit ihren Wahrheiten durchscheinen. Mit anderen Worten: Die natürlichen Vorstellungen des Menschen gehen bei den Engeln in die entsprechenden geistigen Ideen über, ohne daß sie etwas vom Buchstabensinn des Wortes wüßten. Wenn die Engel in der genannten Weise geistig denken und der Mensch natürlich, so sind sie miteinander verbunden, beinahe wie Seele und Leib. In der Tat ist auch der innere Sinn des Wortes dessen Seele und der Buchstabensinn dessen Leib. Dies ist die durchgehende Beschaffenheit des Wortes. Damit ist offenbar, daß das Wort als Mittel zur Verbindung des Himmels mit dem Menschen dient und sein Buchstabensinn als Stütze und Grundlage. (307)

Durch das Wort besteht auch eine Verbindung des Himmels mit den Menschen außerhalb der Kirche, die das Wort nicht haben; denn die Kirche des Herrn ist allumfassend und bei allen, die das Göttliche anerkennen und in tätiger Liebe leben. Sie werden auch nach ihrem Hinscheiden von Engeln unterrichtet und nehmen die göttlichen Wahrheiten an. Die Kirche aber, in der das Wort und durch das Wort der Herr bekannt ist, gleicht dem Herzen und der Lunge eines jeden Menschen. Bekanntlich beziehen alle Eingeweide und Glieder des Körpers ihr Leben über verschiedene Ableitungen von Herz und Lunge; desgleichen auch der Teil des Menschengeschlechts, der außerhalb der Kirche des Wortes lebt und die Glieder jenes Großmenschen bildet. Die Verbindung des Himmels durch das Wort mit den Außenstehenden läßt sich auch mit dem Licht vergleichen, das sich von der Mitte aus nach allen Seiten verbreitet. Das göttliche Licht ist im Wort, und in ihm ist der Herr mit dem Himmel gegenwärtig. Infolge dieser Gegenwart sind auch die Außenstehenden im Licht. Anders wäre es, gäbe es kein Wort. All das wird noch deutlicher, wenn man bedenkt, was oben inbezug auf die Form des Himmels gesagt wurde, und wie die Zusammengesellungen und Mitteilungen im Himmel vor sich gehen. (308)

Ohne ein solches „Wort" wäre der Mensch dieser Erde vom Himmel getrennt worden. Denn dieser Mensch ist heutzutage so beschaffen, daß er keine unmittelbare Offenbarung empfangen und dadurch in den göttlichen Wahrheiten unterrichtet werden kann, wie dies bei den Bewohnern anderer Erdkörper der Fall ist, über die in einem besonderen kleinen Werk gehandelt wurde. Mehr als diese nämlich ist er im Weltlichen befangen, also im Äußeren, das Innere aber nimmt die Offenbarung auf. (309)

Ich habe mehrmals mit Engeln über das Wort gesprochen und gesagt, daß manche es wegen seines einfachen Stils verachteten und man überhaupt nichts von seinem inneren Sinn wüßte. Daher könne auch niemand glauben, daß in ihm eine so große

Weisheit verborgen liege. Dazu meinten die Engel, der Stil des Wortes erscheine zwar im Buchstabensinn als schlicht, dennoch aber gäbe es nichts, was ihm an Vortrefflichkeit gleich komme. Denn göttliche Weisheit liege nicht allein in jedem Gedanken verborgen, sondern auch in jedem einzelnen Wort (vgl. Nr. 132). Die Engel sagten ferner, ohne ein solches Wort hätten die Menschen unseres Erdkörpers keinerlei himmlisches Licht und somit auch keine Verbindung mit dem Himmel, denn diese komme nur soweit zustande, wie der Mensch himmlisches Licht hat. In eben dem Maße werde ihm auch eine Offenbarung des Göttlich-Wahren aus dem Wort zuteil. Und schließlich sagten die Engel, wenn der Mensch um diesen Sinn wüßte und beim Lesen des Wortes aus einer gewissen Kenntnis dieses Sinnes darüber nachdächte, würde er auf die tiefere Weisheit stoßen und noch inniger mit dem Himmel verbunden werden, weil er auf diese Weise zu ähnlichen Vorstellungen wie die Engel gelangte. (310)

## HIMMEL UND HÖLLE SIND AUS DEM MENSCHLICHEN GESCHLECHT

In der Christenheit ist völlig unbekannt, daß Himmel und Hölle aus dem menschlichen Geschlecht hervorgegangen sind. Vielmehr glaubt man allgemein, die Engel seien als solche erschaffen worden und daher stamme der Himmel. Der Teufel oder Satan aber sei ursprünglich ein Engel des Lichts gewesen, dann aber, weil er sich empört habe, mit seiner Rotte hinabgestoßen worden, und so sei die Hölle entstanden. Die Engel wundern sich sehr über diesen Glauben der Christenheit, noch mehr aber wundern sie sich darüber, daß man so gar nichts vom Himmel weiß, obwohl dies doch ein Hauptpunkt der Lehre der Kirche ist. Darum freuen sie sich von Herzen, daß es nun dem Herrn gefallen hat, vieles über den Himmel wie auch über die Hölle zu offenbaren und dadurch die herrschende Unwissenheit und Finsternis soweit als möglich zu zerstreuen. Diese wächst von Tag zu Tag, weil die Kirche an ihr Ende gelangt ist. Die Engel möchten daher, daß ich aus ihrem Munde verkünde, daß es im ganzen Himmel nicht einen einzigen Engel gibt, der von Anbeginn an als solcher erschaffen, noch in der Hölle irgendeinen Teufel, der einst als Engel des Lichts erschaffen und dann hinabgestoßen worden wäre. Vielmehr seien im Himmel wie in der Hölle alle aus dem menschlichen Geschlecht hervorgegangen. Wer in der Welt in himmlischer Liebe und im Glauben gelebt habe, befindet sich im Himmel, in der Hölle, wer in höllischer Liebe und höllischem Glauben befangen war. Die Hölle in ihrem Gesamtumfang ist das, was Teufel und Satan genannt wird. Die rückwärtige Hölle, deren Bewohner böse Engel (mali genii) genannt werden, ist der Teufel, die vordere Hölle, deren Bewohner böse Geister genannt werden, der Satan. Die Engel sagten, in der Christenheit habe sich deshalb ein solcher Glaube über die Bewohner des Himmels und der Hölle verbreitet, weil einige Stellen im Wort nur nach dem buchstäblichen Sinn verstanden und nicht durch die echte Lehre aus dem Wort beleuchtet und erklärt worden seien. (311)

Der Glaube der Kirche beruht auch auf der Meinung, daß der Mensch nicht eher in den Himmel oder in die Hölle komme als zur Zeit des letzten Gerichts. Unter diesem versteht man, daß dann alles Sichtbare vergehen, etwas ganz Neues entstehen und die Seele in ihren Körper zurückkehren werde. Erst aufgrund dieser Verbindung werde der Mensch wieder als Mensch leben. Um aber den Menschen zu überzeugen, daß dem nicht so ist, wurde mir der Umgang mit den Engeln gestattet und durfte ich auch – und zwar zuweilen pausenlos vom frühen Morgen bis zum Abend – mit denen reden, die nun schon viele Jahre lang in der Hölle sind. So konnte ich mich über Himmel und Hölle informieren, damit der Mensch der Kirche nicht länger in seinem irrigen Glauben hinsichtlich der Letzten Dinge verharre. Denn dieser Glaube enthält Finsternis, weil er ein Glaube an etwas

Falsches ist, und er bewirkt bei denen, die aus ihrem eigenen Verstand heraus darüber nachdenken, zuerst Zweifel und schließlich Leugnung. Sie sagen sich: Wie kann ein so großer Himmel mit so vielen Gestirnen, mit Sonne und Mond, zerstört und ins Nichts aufgelöst werden? Wie können die Sterne vom Himmel auf die Erde fallen, wo sie doch größer sind als die Erde? Und wie können die Körper, von Würmern aufgefressen und durch Fäulnis zerstört, in alle Winde zerstreut, wieder mit ihrer Seele vereinigt werden? Und wo ist inzwischen die Seele; wie ist sie überhaupt beschaffen, wenn sie der Sinne entbehrt, über die sie im Körper verfügte – und was dergleichen Behauptungen mehr sind, die infolge ihrer Unbegreiflichkeit nicht geglaubt werden können. Sie zerstören bei vielen den Glauben an ein Fortleben der Seele nach dem Tode, an Himmel und Hölle und damit auch an alles übrige, was zum Glauben der Kirche gehört. Wie groß die Zerstörung tatsächlich ist, zeigen folgende oft zu hörenden Bemerkungen: „Wer ist aus dem Himmel zurückgekommen und hat uns bestätigt, daß es ihn gibt? Was soll die Hölle sein, und gibt es sie überhaupt? Was soll es heißen, daß der Mensch dort mit ewigem Feuer gequält werde? Was ist der Tag des Gerichts? Hat man ihn nicht schon jahrhundertelang vergeblich erwartet?"

Damit nun die vielen, die so denken und aufgrund ihres weltlichen Wissens Gebildete und Gelehrte heißen, nicht länger die Menschen schlichten Glaubens und Herzens irre machen und verführen und damit eine höllische Finsternis verbreiten über Gott, den Himmel, das ewige Leben und alles übrige, was damit zusammenhängt, hat der Herr das Inwendige meines Geistes aufgeschlossen und mir gegeben, mit all denen, die ich je bei Leibes Leben gekannt hatte, nach ihrem Tode zu reden. Mit einigen sprach ich auch zwei Tage nach ihrem Hinschied und erzählte ihnen, daß man soeben Anstalten zu ihrer Einsargung und Bestattung treffe, worauf sie erwiderten, man tue wohl daran, das hinwegzuschaffen, was ihnen zu den Verrichtungen in der Welt gedient hätte. Sie baten mich zu sagen, daß sie nicht tot seien, sondern jetzt ebenso als Menschen lebten wie zuvor; sie seien nur von einer Welt in die andere hinübergegangen und wüßten nicht, daß sie dabei irgendetwas verloren hätten, da sie wie zuvor über einen Leib und alle Sinne verfügten. Auch hätten sie Verstand und Willen und ganz ähnliche Gedanken und Neigungen, Empfindungen und Wünsche wie in der Welt. Viele von denen, die erst kürzlich verstorben waren, empfanden neue Freude, als sie sahen, daß sie wie zuvor als Menschen lebten und sich in einem ähnlichen Zustand befanden. Sie sagten, sie hätten das nicht erwartet und wunderten sich sehr, daß sie darüber auf Erden in einer derartigen Unwissenheit und Blindheit gewesen waren. Die Ursache davon erkannten sie erst jetzt, nämlich daß das Äußere sie so eingenommen und ausgefüllt hatte, daß sie nicht ins Licht des Himmels hatten erhoben werden können, um die Lehren der Kirche von einem höheren (undogmatischen) Standpunkt aus betrachten zu können. (312)

Sehr viele unter den Gebildeten der Christenheit sind erstaunt, wenn sie sich nach ihrem Tode wie in der Welt in einem Leib, in Kleidern und in Häusern erblicken. Und wenn sie daran erinnert werden, was sie sich für Gedanken über das Leben nach dem Tode, über die Seele, die Geister und Himmel und Hölle gemacht hatten, so schämen sie sich und bekennen, daß sie töricht gedacht hätten. Die einfältig Glaubenden dagegen sind viel weiser als sie. (313)

Ein Beweis für die Tatsache, daß der Himmel aus dem menschlichen Geschlecht hervorgeht, liegt auch darin, daß die Gemüter von Engeln und Menschen ähnlich sind. Beide sind fähig zu verstehen, wahrzunehmen und zu wollen, beide sind zur Aufnahme des Himmels geschaffen, denn das menschliche Gemüt kann dieselbe Weisheit aufnehmen wie ein Engel. Nur in der Welt erreicht es nicht die gleiche Weisheit, weil es in einem irdischen Körper steckt. Das ändert sich, sobald das menschliche Gemüt von den körperlichen Banden befreit ist. Dann denkt es nicht mehr natürlich, sondern geistig, das heißt es denkt Dinge, die für den natürlichen Menschen unbegreiflich und unaussprechlich sind, ist folglich weise wie der Engel. Damit dürfte klar sein, daß das Innere des Menschen, das heißt sein Geist, dem Wesen nach ein Engel ist (vgl. Nr. 57). Nach der Ablösung vom irdischen Körper hat er ebenso eine menschliche Gestalt wie die Engel. (314)

Wer über die göttliche Ordnung unterrichtet ist, kann erkennen, daß der Mensch dazu geschaffen ist, ein Engel zu werden, weil in ihm das Letzte der Ordnung liegt (Nr. 304). In diesem Letzten kann, was zur Weisheit des Himmels und der Engel gehört, in eine Form gebracht, vervollständigt und vermehrt werden. Die göttliche Ordnung bleibt niemals in der Mitte stehen und bildet dort etwas ohne das Letzte, denn da ist sie nicht in ihrer Fülle und Vollkommenheit. Vielmehr dringt sie bis zum Letzten durch (vgl. Nr. 304). In diesem Letzten erst nimmt sie Form an, erneuert sich auch durch die hier zusammentreffenden Mittel und bringt durch Zeugungen Neues hervor. Deshalb ist hier die Pflanzschule des Himmels. (315)

Der Herr ist freilich nicht nur mit seinem Geist, sondern auch mit seinem Körper auferstanden, weil er in der Welt all sein Menschliches verherrlicht, das heißt göttlich gemacht hat. Die Seele nämlich, die er vom Vater hatte, war aus sich heraus das Göttliche selbst, und der Leib wurde zum Ebenbild der Seele, das heißt des Vaters, folglich ebenfalls göttlich. Aus diesem Grunde ist er im Unterschied zu jedem Menschen mit Leib und Seele auferstanden. Dies offenbarte er auch den Jüngern, die einen Geist zu sehen meinten, als sie ihn erblickten:

> „Sehet meine Hände und meine Füße, daß ich selbst es bin; betastet mich und sehet, ein Geist hat nicht Fleisch und Bein, wie ihr sehet, daß ich habe".(Luk. 24, 36-39) (316)

## DIE HEIDEN ODER DIE VÖLKER AUSSERHALB DER KIRCHE IM HIMMEL

Die allgemeine Meinung geht dahin, daß die außerhalb der Kirche Geborenen, die Nicht-Christen oder Heiden, die Seligkeit schon deshalb nicht erlangen könnten, weil sie das Wort nicht haben, somit nichts vom Herrn wissen, ohne den es kein Heil gebe. Aber auch sie werden gerettet, wie man schon deshalb wissen könnte, weil die Barmherzigkeit des Herrn allumfassend ist, das heißt sich auf alle Menschen erstreckt. Wer nur aus einer einigermaßen erleuchteten Vernunft heraus denkt, kann erkennen, daß kein Mensch für die Hölle geboren wird; denn der Herr ist die Liebe selbst, und seine Liebe besteht darin, alle erretten zu wollen. Daher hat er auch Vorsorge getroffen, daß alle Menschen eine Religion haben und durch sie Anerkennung des Göttlichen und ein inneres Leben. In Übereinstimmung mit der Religion leben, heißt nämlich innerlich leben, da der Mensch dann seinen Blick auf das Göttliche richtet. (318)

Der Himmel ist *im* Menschen, und in den Himmel kommt, wer den Himmel in sich trägt, wer das Göttliche anerkennt und sich von ihm führen läßt. Wenn dies im Gemüt des Menschen haftet, wird er vom Herrn geführt. Es ist ja bekannt, daß die Heiden ebenso ein sittliches Leben führen wie die Christen, ja viele von ihnen wohl ein besseres. Ein sittliches Leben führt man entweder um Gottes oder um der Welt willen. Lebt man es um des Göttlichen willen, so ist es ein geistiges Leben. Beide Arten erscheinen in der äußeren Form gleich, sind aber innerlich völlig verschieden. Die eine macht den Menschen selig, die andere nicht. Wer dem Nächsten nichts Böses zufügt, weil es der Religion, folglich dem Göttlichen widerspricht, der steht aus geistigem Beweggrund vom Tun des Bösen ab. Wer hingegen dem anderen nur deshalb nichts Böses tut, weil er sich vor dem Gesetz, dem Verlust des guten Rufes, der Ehre oder des Gewinns fürchtet, das heißt aus Rücksicht auf sich selbst und die Welt, der unterläßt die böse Tat lediglich aus einem natürlichen Beweggrund. Ein solcher Mensch wird von sich selbst geführt. Sein Leben ist bloß natürlich, das des ersteren geistig. Ein Mensch, dessen sittliches Leben geistiger Art ist, hat den Himmel in sich, nicht so ein Mensch, dessen sittliches Leben bloß natürlicher Art ist. Aus alledem kann man erkennen, welche Menschen den Himmel in sich aufnehmen und welche nicht. Wer um des Göttlichen willen in der Neigung zum Guten ist, liebt das göttliche Wahre, denn Gutes und Wahres lieben sich gegenseitig und wollen miteinander verbunden werden. Deshalb nehmen die Heiden die echten Wahrheiten im anderen Leben aus Liebe an, wenngleich sie sie in der Welt nicht kannten. (319)

Ich bin auf vielfältige Weise belehrt worden, daß Heiden, die einen gesitteten Lebenswandel geführt und ihrer Religion gemäß in Gehorsam und Unterordnung, sowie in gegenseitiger Liebe gelebt und daher etwas von einem Gewissen empfangen hatten, im anderen Leben willkommen sind und von den Engeln mit besonderer Sorgfalt über das Gute und die Glaubenswahrheiten unterrichtet werden. Sie benehmen sich dabei bescheiden, verständig und weise. Sie hatten sich keine falschen, im Gegensatz zu den Glaubenswahrheiten stehenden Grundsätze gebildet, die erst zu entfernen wären. Noch weniger hatten sie Anstoß an der Göttlichkeit des Herrn genommen, wie so viele Christen, die ihn für einen gewöhnlichen Menschen halten. Sobald die Heiden hören, daß Gott Mensch geworden ist und sich auf diese Weise in der Welt geoffenbart hat, erkennen sie es umgehend an und beten zum Herrn, indem sie sprechen: Gott hat sich allerdings geoffenbart, da er ja der Gott des Himmels und der Erde ist und die Menschheit ihm gehört. Es ist zwar eine göttliche Wahrheit, daß es ohne den Herrn kein Heil gibt, doch ist dies so zu verstehen, daß es kein Heil gibt außer *vom* Herrn. (321)

Es gibt unter den Heiden ebenso wie unter den Christen Weise und Einfältige. Um ihre Wesensart zu erkennen, durfte ich mich mit einigen von ihnen in ein vertrautes Gespräch einlassen. So war einmal einer bei mir, von dem ich mit gutem Grund annehmen durfte, daß es sich um *Cicero* handelte. Ich brachte das

Gespräch auf die Weisheit, Einsicht und Ordnung, auf das Wort und zuletzt auf den Herrn. Über die Weisheit sagte er, daß sich von nichts anderem Weisheit aussagen lasse als von der des Lebens; über die Einsicht, daß sie aus jener stamme, über die Ordnung, daß sie vom höchsten Gott herrühre und daß ein Leben nach dieser Ordnung weise und verständig zu nennen sei. Was das Wort anlangt, so empfand er sehr große Freude, als ich ihm einiges aus den prophetischen Büchern vorlas, vor allem darüber, daß die einzelnen Namen und Wörter innere Dinge bezeichneten. Er wunderte sich sehr, daß die Gebildeten heutzutage keine Freude an solchen Studien haben. Ich nahm deutlich wahr, daß die inneren Bereiche seines Denkens oder Gemüts aufgeschlossen waren. Schließlich erklärte er, er könne nicht länger bei diesem Gegenstand verweilen, weil er dabei Heiligeres empfinde, als er zu ertragen vermöge. (322)

Ich durfte auch mit anderen Geistern reden, die in den alten Zeiten gelebt und zu den weiseren gehört hatten, und als ich ihnen etwas aus dem Wort vorlas, freuten auch sie sich darüber aufs höchste. Ich empfand ihre Freude und Wonne, die hauptsächlich daher rührte, daß alles, was sie aus dem Wort hörten, bis in die Einzelheiten hinein Vorbildungen und Bezeichnungen himmlischer und geistiger Dinge darstellte. Sie sagten, zur Zeit ihres irdischen Lebens wäre die Art ihres Denkens und Redens wie auch ihres Schreibens ebenso gewesen, und darin habe ihr Studium der Weisheit bestanden. (323)

Die heute auf Erden lebenden Heiden sind aber nicht in gleicher Art weise, sondern meist einfältigen Herzens. Dennoch nehmen im anderen Leben jene von ihnen die Weisheit auf, die in gegenseitiger Liebe gelebt haben. Als ich das 17. und 18. Kapitel des Buches der Richter las, in dem von Micha berichtet wird, dem die Söhne Dans sein Götzenbild, die Teraphim und den Leviten wegnahmen, war ein Geist zugegen, der als Heide in seinem irdischen Leben ein Götzenbild angebetet hatte. Er hörte aufmerksam zu, was dem Micha widerfahren war und wie er um sein

Bild jammerte. Es ergriff ihn derart, daß er vor innerem Schmerz kaum wußte, was er denken sollte. Das Gefühl seines Schmerzes teilte sich mit, und zugleich empfand man auch die Unschuld in seinen einzelnen Gefühlen. Auch Geister aus den Christen waren zugegen, beobachteten dies und wunderten sich, daß ein Götzendiener von einem so tiefen Gefühl des Mitleids und der Unschuld ergriffen werden konnte. Nachher sprachen gute Geister mit ihm und sagten, ein Götzenbild dürfe nicht angebetet werden, und dies könne er selbst einsehen, da er ja ein Mensch sei. Er müsse sich vielmehr Gott ohne ein Götzenbild als den Schöpfer und Regenten des ganzen Himmels und der ganzen Erde denken, und daß der Herr dieser Gott sei. Ich durfte, als ihm dies gesagt wurde, die große Inbrunst wahrnehmen, mit der er anbetete, und die sich mir mitteilte. Sie war viel heiliger als bei den Christen. Damit dürfte feststehen, daß die Heiden leichter in den Himmel kommen als die heutigen Christen (vgl. Lukas 13, 29f.)

In dem Zustand nämlich, in dem jener Geist sich befand, konnte er in alle Wahrheiten des Glaubens eingeführt werden und sie mit innigem Gefühl ergreifen. Bei ihm fand sich die Barmherzigkeit, die der Liebe eigen ist, und seine Unwissenheit war mit Unschuld gepaart. Sind aber diese vorhanden, so wird alles, was zum Glauben gehört, wie von selbst, und zwar mit Freuden aufgenommen. Er wurde auch nachher unter die Engel versetzt. (324)

Eines Morgens ließ sich aus einiger Entfernung ein Chor vernehmen. Aufgrund seiner Vorbildungen durfte ich erkennen, daß es sich um Chinesen handelte. Sie stellten nämlich das Bild eines wolligen Bockes dar, sodann einen Hirsekuchen, einen Löffel aus Ebenholz und schließlich das Bild einer schwimmenden Stadt. Sie wünschten, näher an mich heranzukommen, und als sie bei mir waren, erklärten sie, sie wollten mit mir allein sein, um mir ihre Gedanken zu eröffnen. Es wurde ihnen jedoch bedeutet, einige der Anwesenden empfänden Unwillen darüber, daß sie allein zu sein wünschten, obwohl sie doch Gäste seien. Als sie diesen Unwillen wahrnahmen, begannen sie darüber nachzudenken, ob sie sich etwa ihren Nächsten gegenüber versündigt und sich etwas, das anderen gehörte, angeeignet hätten. Da sich die Gedanken im anderen Leben allesamt mitteilen, durfte ich ihre Gemütsbewegung wahrnehmen. Sie beruhte auf der Anerkennung, daß sie die Betreffenden möglicherweise beleidigt hätten, auf der Scham darüber und zugleich auf anderen gutherzigen Gefühlen. Daraus ließ sich erkennen, daß sie Nächstenliebe hatten. Gleich darauf war ich mit ihnen im Gespräch. Als ich Christus nannte, zeigte sich bei ihnen ein gewisses Widerstreben, das sie von der Welt her mitgebracht hatten, weil sie wußten, daß die Christen der Nächstenliebe ermangeln und einen schlimmeren Lebenswandel führen als sie selbst. Als ich ihn aber einfach den „Herrn" nannte, zeigten sie sich innerlich bewegt. Nachher wurden sie von den Engeln unterrichtet, daß die christliche Lehre mehr als jede andere in der Welt Liebe und Nächstenliebe vorschreibe, aber nur wenige entsprechend lebten. Sobald sie das einsehen, nehmen sie die Glaubenslehren auf und beten den Herrn an, doch zögern sie mehr als andere. (325)

Ich habe mit einigen Mitgliedern der Alten Kirche gesprochen. (Unter der Alten Kirche ist die Kirche zu verstehen, die nach der Sintflut bestand und sich damals über Assyrien, Mesopotamien, Syrien, Äthiopien, Arabien, Libyen, Ägypten, Philistäa bis nach Tyrus und Sidon und das Land Kanaan diesseits und jenseits des Jordans erstreckte.) Die Menschen dieser Kirche wußten damals vom Herrn, daß er kommen werde und waren in das Gute des Glaubens eingeweiht, fielen aber gleichwohl ab und wurden zu Götzendienern. Diese Geister waren vorn gegen links an einem finsteren Ort und in einem kläglichen Zustand. Ihre Rede tönte wie ein monotones Pfeifen, fast ohne Spur eines vernünftigen Denkens. Sie sagten, sie befänden sich dort schon viele Jahrhunderte und würden nur gelegentlich herausgenommen, um anderen geringfügige Dienste zu leisten. Sie gaben mir Anlaß, an die vielen Christen zu denken, die zwar nicht äußerlich, wohl aber innerlich Götzendiener sind, da sie Verehrer ihrer selbst und der Welt sind und den Herrn im Herzen leugnen. Welches Los mag sie im anderen Leben erwarten! (327)

## DIE KINDER IM HIMMEL

Manche glauben, nur Kinder, die innerhalb der christlichen Kirche geboren wurden, kämen in den Himmel, weil diese getauft seien und durch die Taufe in den Glauben der Kirche eingeweiht. Sie wissen nicht, daß niemand durch die Taufe den Himmel oder den Glauben erlangt. Denn die Taufe dient nur zum Zeichen und zur Erinnerung daran, daß der Mensch wiedergeboren werden soll. Man wisse also, daß jedes Kind, wo auch immer es geboren sein mag, ob innerhalb oder außerhalb der Kirche, ob von frommen oder gottlosen Eltern, sobald es stirbt, vom Herrn aufgenommen und im Himmel erzogen wird. Dort unterrichtet man es der göttlichen Ordnung gemäß und leitet es in Neigungen des Guten und durch diese in Erkenntnisse des Wahren ein, um es dann, wenn es an Einsicht und Weisheit zunimmt, in den Himmel einzuführen, wo es zum Engel wird. Wer nachdenkt, könnte wissen, daß niemand für die Hölle, sondern jeder für den Himmel geboren wird, der Mensch daher selbst die Schuld trägt, wenn er in die Hölle kommt, Kinder aber noch in keine Schuld fallen können.

Wenn Kinder sterben, sind sie im anderen Leben zunächst Kinder wie zuvor, haben das gleiche kindliche Gemüt, die gleiche Unschuld in der Unwissenheit und die gleiche Zartheit in allem. Sie befinden sich erst in dem Ausgangszustand, von dem aus sie Engel werden können, denn die Kinder *sind* nicht Engel, sondern *werden* Engel. Jeder nämlich, der diese Welt verläßt, betritt die andere in einem seinem bisherigen ähnlichen Zustand, das Kind also als Kind. Nachher jedoch ändert sich bei einem jeden der Zustand. Die Kinder haben freilich den übrigen voraus, daß sie im Zustand der Unschuld sind und das Böse bei ihnen noch nicht durch das wirkliche Leben eingewurzelt ist. Die Unschuld besitzt aber die Eigenschaft, daß ihr alles eingepflanzt werden kann, was zum Himmel gehört. (320)

Der Zustand der Kinder im anderen Leben übertrifft den der irdischen Kinder, weil sie nicht mit einem irdischen, sondern mit einem engelgleichen Leib bekleidet sind. Der irdische Körper ist an sich schwerfällig, er empfängt die ersten Empfindungen und Bewegungen nicht von innen oder von der geistigen Welt her, sondern von außen, von der natürlichen Welt. Daher müssen die irdischen Kinder zuerst gehen, sich ausdrücken und reden lernen, ja sogar die Sinne, wie Gesicht und Gehör, müssen bei ihnen zuerst durch Übung geschult werden. Ganz anders ist es bei den Kindern im anderen Leben: Als Geistwesen handeln sie sogleich in Übereinstimmung mit ihrem Inneren. Ohne Vorübung können sie gehen, reden, wenn auch zuerst nur aus allgemeinen Neigungen, die noch nicht in Denkvorstellungen unterschieden sind. Bald werden sie jedoch auch dazu angeleitet, und zwar weil ihr Äußeres gleichartig mit dem Inneren ist. Die Engelsprache geht aus den durch Denkvorstellungen variierten Neigungen hervor (vgl. Nr. 234-245), und so wird sie den aus der Neigung stammenden Gedanken ganz angeglichen. (331)

Die Kinder werden unmittelbar nach ihrem Tode auferweckt, in den Himmel erhoben und weiblichen Engeln übergeben, die in ihrem irdischen Leben zärtlich die Kinder und zugleich auch Gott geliebt hatten. Bei jeder Engelfrau sind so viele Kinder, wie sie in ihrer geistigen Mutterliebe begehrt. Dieser Himmel erscheint vorn in der Gegend der Stirn, gerade in der Linie oder Richtung, in der die Engel den Herrn schauen, weil alle Kinder unter der unmittelbaren Obhut des Herrn stehen. Bei ihnen fließt auch der Himmel der Unschuld, der dritte Himmel, ein. (332)

Alle Kinder im größten Menschen, im Himmel, befinden sich in der Gegend der Augen – beim linken Auge die Kinder mit geistiger, beim rechten die Kinder mit himmlischer Anlage. (333)

Unter Anleitung ihrer Erzieherin lernen sie sprechen, wobei es sich zunächst nur um Laute der Neigung handelt, die in dem

Maße bestimmter werden, als sich Denkvorstellungen damit verbinden. Die Denkvorstellungen aus den Neigungen bilden nämlich die ganze Engelsprache (vgl. Nr. 234-245). In ihre Neigungen, die alle der Unschuld entstammen, werden zuerst die Dinge eingeflößt, die vor ihren Augen erscheinen und ihnen Freude machen. Da sie geistigen Ursprungs sind, fließt zugleich mit ihnen auch Himmlisches ein, durch das ihr Inneres aufgeschlossen wird. Auf diese Weise werden sie von Tag zu Tag vervollkommnet. Haben sie dieses erste Alter überschritten, werden sie in einen anderen Himmel versetzt, in dem sie von Lehrern unterrichtet werden. (334)

Die Kinder werden vor allem durch Vorbildungen unterrichtet, die ihrer Gemütsart angemessen sind. Wie schön und wie reich diese von innen her mit Weisheit erfüllt sind, vermag niemand zu glauben. Auf diese Weise wird ihnen stufenweise der Verstand eingeflößt, der seine Seele vom Guten hat. (335)

Auch das Wesen des zarten Verstandes wurde mir gezeigt. Als ich das Gebet des Herrn betete und sie dann aus ihrer Verständigkeit heraus in die Vorstellungen meines Denkens einflossen, empfand ich das als so zart und weich, daß es mir aus lauter Neigung zu bestehen schien. Zugleich beobachtete ich dabei, daß der Bereich ihres Verstandes bis hin zum Herrn aufgeschlossen war, denn was von ihm kam, strömte gleichsam durch sie hindurch. Tatsächlich fließt auch der Herr hauptsächlich vom Innersten her in die Vorstellungen der Kinder ein, denn nichts verschließt diese, wie bei den Erwachsenen. Keine falschen Grundsätze schließen sie gegenüber dem Verständnis des Wahren ab, kein Böses gegenüber der Aufnahme des Guten und der Weisheit. Dem Herrn ist jede einzelne Anlage bei ihnen bekannt, daher werden sie jeder einzelnen ihrer Neigungen entsprechend zur Aufnahme der Wahrheiten des Guten und des Guten aus dem Wahren geführt. (336)

Es ist mir auch in der im anderen Leben üblichen Kommunikationsweise gezeigt worden, welche Vorstellungen die Kinder haben, wenn sie irgendwas sehen. Sie reagieren so, als ob alles bis ins letzte hinein lebendig sei, und daher ist auch jede Vorstellung in ihrem Denken voller Leben. Es wurde mir klar, daß auch die irdischen Kinder bei ihren Spielen ganz ähnliche Gedanken hegen, fragen sie doch noch nicht, wie die Erwachsenen, ob etwas beseelt oder unbeseelt sei. (338)

Die Unschuld ist das Aufnahmegefäß für alles Himmlische, die Unschuld der Kinder stellt somit die Grundlage aller Neigungen des Guten und Wahren dar. Schon daraus könnte bekannt sein, was oben (Nr. 276-283) über die Unschuld der Engel im Himmel offenbart wurde, nämlich daß sie darin besteht, daß man vom Herrn und nicht von sich selbst geführt werden will, daß der Mensch folglich in dem Maße Unschuld besitzt, als er von seinem Eigenen entfernt ist. Bei der Unschuld der Kinder handelt es sich jedoch nicht um die echte Unschuld, weil sie noch ohne Weisheit ist. Sie werden daher von ihrer anfänglichen äußerlichen Unschuld zur Unschuld der Weisheit geleitet. Diese ist das Endziel ihrer ganzen Unterweisung und Entwicklung. Hernach wurde mir auch die echte Unschuld bildhaft dargestellt, und zwar durch ein wunderschönes, lebensvolles nacktes Kind. Die wahrhaft Unschuldigen nämlich, die im innersten Himmel und somit dem Herrn am nächsten sind, erscheinen vor den Augen der anderen Engel als nackte Kinder, wird doch die Unschuld durch eine Nacktheit vorgebildet, über die man, wie es vom ersten Menschen und seinem Weibe im Paradies heißt (1. Mose 2, 25), nicht errötet. Darin liegt auch der Grund, daß die Kindheit (vgl. Nr. 278) im Wort die Unschuld bezeichnet. (341)

Ich habe mit Engeln darüber gesprochen, ob die Kinder ohne Böses seien, da sie es nicht, wie die Erwachsenen verwirklicht haben. Es wurde mir jedoch gesagt, sie befänden sich ebenso im Bösen, ja auch sie seien *an sich* nichts als Böses, würden aber, wie alle Engel, durch den Herrn vom Bösen abgehalten und im Guten erhalten – so sehr, daß es ihnen schiene, als ob sie aus sich selbst im Guten wären. Die im Himmel herangewachsenen Kinder werden daher auch, damit sie nicht dem Wahn verfallen, ihr Gutes stamme von ihnen selbst und nicht vom Herrn, gelegentlich in ihr erblich empfangenes Böses zurückgesetzt und solange darin belassen, bis sie wissen, anerkennen und glauben, daß sich die Sache wirklich so verhält. Ein gewisser Geist, als Kind gestorben, aber im Himmel herangewachsen, hatte sich auch jene Meinung gebildet. Es handelte sich um den Sohn eines Königs. Er wurde daher in das ihm angeborene Leben des Bösen zurückversetzt, und dann empfand ich aufgrund der Sphäre seines Lebens, daß er den Hang hatte, anderen zu befehlen und den Ehebruch für nichtig zu achten. Das waren die ihm von seinen Eltern vererbten Übel. Als er aber diese seine Natur erkannt hatte, wurde er wieder unter die Engel aufgenommen, zu denen er vorher gehört hatte. Im anderen Leben erleidet niemand Strafe für sein anererbtes Böses, da es ihm nicht angehört. (342)

Es geschah mehrfach, daß eine Schar von Kindern noch ganz kindlichen Wesens in Chören bei mir zusammen waren. Sie ließen sich als etwas Zartes, Ungeordnetes vernehmen, das noch nicht, wie es später bei mehr Herangewachsenen der Fall ist, als Einheit zusammenwirkte. Die Geister, die bei mir waren, konnten sich zu meiner Verwunderung nicht enthalten, ihnen Anleitung zu geben, wie sie sprechen sollten; dieser Hang ist den Geistern angeboren. Ebenso oft konnte ich aber auch bemerken, daß die Kinder widerstrebten und nicht so sprechen wollten. Solches Sich-weigern und Widerstreben, verbunden mit einer Art von Unwillen, habe ich öfter wahrgenommen. Und wenn ihnen Erlaubnis gegeben wurde, sich zu äußern, so sagten sie bloß, daß dem nicht so sei. Ich wurde belehrt, daß die Kinder auf diese Art versucht würden, damit sie sich daran gewöhnen und lernen, nicht allein dem Falschen und Bösen zu widerstehen, sondern auch nicht nach eines anderen Sinn zu denken, zu reden und zu handeln, sich also von niemand leiten zu lassen außer vom Herrn. (343)

Aus dem Gesagten läßt sich das Wesen der Kindererziehung im Himmel ersehen, nämlich daß sie durch die Erkenntnis des Wahren und durch die Weisheit des Guten ins Leben der Engel eingeführt werden, das heißt in die Liebe zum Herrn und in die gegenseitige Liebe, denen Unschuld innewohnt. Wie entgegengesetzt ist doch vielfach die Erziehung der Kinder auf Erden! Die Engel sagten, die Eltern löschten oftmals sogar schon im ersten Alter alle gegenseitige Liebe und Unschuld aus, die die Kinder vom Herrn her besitzen, und führten sie in Haß und Rachsucht ein, schlössen also ihre Kinder mit Fleiß vom Himmel aus, wo nichts als gegenseitige Liebe herrscht. Die Eltern, die ihren Kindern Gutes wünschen, mögen sich also davor hüten. (344)

Der Unterschied zwischen denen, die als Kinder, und denen, die als Erwachsene sterben, soll auch noch angedeutet werden. Letztere haben eine Grundlage, die sie von der irdischen und materiellen Welt her bekommen und mitnehmen. Diese Grundlage ist ihr Gedächtnis mitsamt seiner natürlichen körperlichen Neigung. Sie bleibt unverändert, und obwohl sie dann ruht, dient sie dennoch dem Denken nach dem Tode als eine letzte Grundlage, in die das Denken einfließt. Daraus ergibt sich, daß der Mensch nach dem Tode so beschaffen ist, wie diese Grundlage und so wie seine Vernunft mit dem darin Enthaltenen in Entsprechung steht. Engel, die als Kinder gestorben und im Himmel erzogen worden sind, besitzen aber eine andere, nämlich eine geistig-natürliche Grundlage, haben sie doch nichts von der materiellen Welt und vom irdischen Körper an sich. Daher können sie gar nicht in so groben Neigungen und daraus stammenden Gedanken sein, weil sie alles aus dem Himmel empfangen haben. Zudem wissen sie nicht, daß sie in der Welt geboren wurden, sondern nur von ihrer geistigen Geburt, die durch Erkenntnisse des Guten und Wahren und durch Einsicht und Weisheit geschieht, durch die der Mensch Mensch ist. Und weil diese vom Herrn stammen, glauben sie, daß sie dem Herrn selbst angehören und lieben diesen Gedanken. Dennoch kann der Zustand der Menschen, die auf Erden heranwachsen, ebenso vollkommen werden wie der Zustand der Kinder in den Himmeln, sofern sie nur die körperlichen und irdischen Triebe, die ihrer Eigen- und Weltliebe angehören, entfernen und an deren Stelle geistige Neigungen in sich aufnehmen. (345)

## WEISE UND EINFÄLTIGE IM HIMMEL

Man meint, die Weisen würden im Himmel Herrlichkeit und Vorrang vor den Einfältigen haben, weil es bei Daniel heißt:

> „Die Einsichtsvollen werden leuchten wie der Glanz des Himmels, und die, welche viele zur Gerechtigkeit führen, wie die Sterne immer und ewiglich" (12, 3).

Wenige wissen aber, was unter den Einsichtsvollen und unter denen, die zur Gerechtigkeit führen, zu verstehen ist. Man glaubt gewöhnlich, es handle sich dabei um die sogenannten Gebildeten und Gelehrten, vor allem um Theologen, die sich durch Lehre und Predigt vor anderen hervorgetan oder gar viele zum Glauben bekehrt hätten – solche Menschen hält man in der Welt für besonders einsichtsvoll. Sie sind aber keineswegs identisch mit den Einsichtsvollen im Himmel, von denen die angeführten Worte handeln – es sei denn, ihre Einsicht sei tatsächlich himmlischer Art. (346)

Himmlische Einsicht ist eine tiefergehende Einsicht. Sie entspringt der Liebe zur Wahrheit. Wer aber von der Wahrheit selbst angeregt und erfreut wird, der wird vom Licht des Himmels, also vom Göttlich-Wahren, d.h. letztlich vom Herrn angeregt und erfreut (vgl. Nr. 126-140). Dies Licht dringt nur ins Innere des Gemüts ein, das zu seiner Aufnahme geschaffen wurde; und so wie es eindringt, regt es an und erfreut. Alles nämlich, was vom Himmel her einfließt und aufgenommen wird, birgt Angenehmes und Liebliches in sich. Alle, die diese Neigung oder – was auf dasselbe hinausläuft – diese Liebe besitzen, sind in himmlischer

Einsicht und leuchten im Himmel wie vom Glanz des Himmelsgewölbes; denn wie oben Nr. 132 gezeigt wurde, leuchtet das Göttlich Wahre, wo immer es sich im Himmel zeigt. Das Himmelsgewölbe aber bedeutet aufgrund der Entsprechung jene Verstandesfähigkeit bei Engeln und Menschen, die Licht vom Himmel in sich hat. Menschen, deren Wahrheitsliebe auf weltlichen oder himmlischen Ruhm bedacht ist, können im Himmel nicht leuchten, da sie ja nur durch das Weltlicht erfreut und angeregt werden. Dies aber ist ohne das himmlische Licht lauter Finsternis. Für sie sind die Wahrheiten nur Mittel zum Zweck. (347)

Unter denen, die viele zur Gerechtigkeit führen, sind die Weisen zu verstehen. Im Himmel heißen diejenigen weise, die sich im Guten befinden. Im Guten aber sind dort die Engel, welche die göttlichen Wahrheiten sogleich ins Leben umsetzen. Wenn nämlich das göttliche Wahre zu einer Sache des Lebens wird, so wird es zum Guten, da zur Sache des Willens und der Liebe. So ist die Weisheit eine Angelegenheit des Lebens. Die anderen dagegen werden nur als Einsichtige bezeichnet, weil sie die göttlichen Wahrheiten nicht so leicht aufs Leben anwenden, sondern zuerst im Gedächtnis niederlegen, um sie später wieder daraus hervorzuholen und dem Leben zu übergeben. Die Angehörigen des himmlischen Reiches des Herrn heißen Gerechte, weil sie sich selbst keine, dem Herrn aber alle Gerechtigkeit zuschreiben. Im Himmel ist die Gerechtigkeit des Herrn das Gute, das vom Herrn herrührt. Deshalb werden diese hier unter denen verstanden, die viele zur Gerechtigkeit führen werden. Auf sie beziehen sich auch die Worte des Herrn (Matth. 13, 43):

„Die Gerechten werden leuchten wie die Sonne im Reiche meines Vaters". (348)

Im Himmel sind alle willkommen, die sich in der Welt Einsicht und Weisheit erworben haben. Jeder von ihnen wird zum Engel entsprechend der Art und Größe seiner Einsicht und Weisheit. Alles nämlich, was sich der Mensch in der Welt erwirbt, bleibt, und er nimmt es nach dem Tode mit sich. Es wird auch vermehrt und zur Fülle gebracht, jedoch nur soweit der Grad seiner Neigung und seines Verlangens nach dem Wahren und Guten reicht, nicht darüber hinaus. Wer wenig Neigung und Verlangen hatte, nimmt wenig auf, immerhin soviel, wie er innerhalb jenes Grades aufnehmen kann. Wer hingegen große Neigung und großes Verlangen danach hatte, nimmt viel auf, denn der eigentliche Grad der Neigung und des Verlangens ist wie ein Maß, das bis zur Neige angefüllt wird. Mehr erhält also, wer ein großes, weniger, wer ein kleines Maß besitzt. Dies meinen die Worte des Herrn (Mat 13, 12 und Luk 6, 38):

> „Denn wer da hat, dem wird gegeben, daß er die Fülle habe."
> „Ein vollgedrückt, gerüttelt und überfließend Maß wird man in euren Schoß geben". (349)

In den Himmel werden alle aufgenommen, die das Wahre und Gute um des Wahren und Guten willen geliebt hatten. Die viel geliebt hatten, werden Weise, die wenig geliebt hatten, Einfältige genannt. Im Himmel leben die Weisen in einem starken, die Einfältigen in einem schwächeren Licht, jeder nach dem Grad seiner Liebe zum Guten und Wahren. Das Wahre und Gute um seiner selbst willen lieben heißt, es wollen und tun, denn nur wer liebt, führt, was er will, auch wirklich aus. Die ersten sind es auch, die den Herrn lieben und vom Herrn geliebt werden, weil Gutes und Wahres vom Herrn stammen und darum auch der Herr darin ist. An sich betrachtet ist der Mensch nichts anderes als sein Gutes und Wahres. Damit ist klar, daß der Mensch soweit vom Herrn geliebt wird, wie sein Wille vom Guten und sein Verstand vom Wahren gebildet wird. (350)

In der Welt glaubt man, daß alle, die viel wissen, betreffe es nun die Lehren der Kirche, das Wort Gottes oder die Wissenschaften, die Wahrheiten tiefer und schärfer als andere erkennen könnten, also mehr Einsicht und Weisheit besäßen. Die Betreffenden selbst hegen auch die gleiche Meinung von sich selbst.

Im Folgenden soll nun aber gezeigt werden, wie sich die wahre, die unechte und die falsche Einsicht und Weisheit unterscheiden: Wahre Einsicht und Weisheit besteht darin, daß man erkennt und innewird, was wahr und gut und von daher auch, was falsch und böse ist, und daß man es aus Intuition und Innewerden gut voneinander unterscheidet. Bei jedem Menschen sind innere und äußere Dinge. Erstere gehören zum inneren oder geistigen Menschen, letztere zum äußeren oder natürlichen Menschen. Gemäß der Form dieser inneren Dinge und ihrer Übereinstimmung mit dem Äußeren sieht und empfindet der Mensch. Alles Innere des Menschen kann nur im Himmel gebildet werden, das Äußere aber formt sich in der Welt. Ist das Innere im Himmel gebildet, dann fließt das Himmlische ins Äußere ein und formt es zu seiner Entsprechung, das heißt dazu, daß es mit ihm einheitlich zusammenwirken kann. Ist dies geschehen, sieht und empfindet der Mensch aus dem Inneren heraus. Das einzige Mittel, dieses Innere auszubilden, besteht darin, daß der Mensch seinen Blick auf das Göttliche und den Himmel richtet, und dies geschieht, wenn er daran glaubt und es für die Quelle alles Wahren und Guten, mithin aller Einsicht und Weisheit hält. Ferner zeigt sich sein Glaube ans Göttliche, wenn er sich von ihm führen lassen will. Nur auf diese Weise wird das Innere des Menschen aufgeschlossen. Ein Mensch, der in solchem Glauben ein dementsprechendes Leben führt, hat auch die Fähigkeit und Kraft, einsichtsvoll und weise zu werden. Dazu muß er aber noch vieles lernen, und nicht nur Dinge, die den Himmel, sondern auch Dinge, die die Welt angehen – erstere aus dem Wort und durch die Kirche, letztere durch die Wissenschaft. Je besser der Mensch diese Dinge lernt und aufs Leben anwendet, desto einsichtsvoller und weiser wird er, desto mehr vervollkommnet sich sein inneres Sehen, das Sehen seines Verstandes, sowie seine innere Neigung, die Neigung seines Willens. Bei den Einfachen dieser Gruppe ist das Innere zwar geöffnet, doch nicht so kultiviert durch geistige, sittliche, bürgerliche und natürliche Wahrheiten. Sie empfinden zwar die Wahrheiten, sobald sie sie hören, aber sie sehen sie nicht in sich selbst. Bei den Weisen dieser Gruppe hingegen ist das Innere nicht nur aufgeschlossen, sondern auch ausgebildet, so daß sie die Wahrheiten zugleich empfinden und in sich selbst erblicken. Damit dürfte klar sein, worin wahre Einsicht und Weisheit besteht. (351)

Die unechte Einsicht und Weisheit beruht darauf, daß man nicht von Innen heraus sieht und empfindet, was wahr und gut, folglich auch, was falsch und böse ist, sondern bloß glaubt, wahr und gut bzw. falsch und böse sei, was von anderen dafür ausgegeben wird, und es dann begründet. Wer somit die Wahrheiten nicht aus der Wahrheit selbst, sondern mit den Augen eines anderen Menschen sieht, kann ebenso das Falsche wie das Wahre aufgreifen und glauben und es auch bis zu einem Punkt begründen, daß es als Wahrheit erscheint. Alles nämlich, was begründet wird, nimmt den Schein der Wahrheit an, und es gibt nichts, was man nicht begründen könnte. Das Innere solcher Menschen ist nicht aufgeschlossen, es sei denn von unten her, ihr Äußeres aber so weit, wie sie sich (in ihrer Haltung) bestärkt haben. Das Licht, aus dem sie sehen, ist daher nicht das Himmels-, sondern das Weltlicht, das Licht der Natur, in dem Irrtümer ebenso leuchten wie Wahrheiten. Ja, durch die Begründung können sie sogar Glanz gewinnen, doch nicht vom himmlischen Licht. Je mehr die Angehörigen dieser Gruppe sich in ihren Meinungen bestärkt haben, desto mehr verlieren sie an Einsicht und Weisheit. Damit dürfte klar sein, was unechte Einsicht und Weisheit ist. Zu dieser Gruppe gehören jedoch nicht jene, die als Knaben für wahr hielten, was sie von ihren Lehrern gehört hatten, als Jünglinge aber, sobald sie von einem eigenen Standpunkt aus dachten, nicht daran hängen blieben, sondern ein Verlangen nach den Wahrheiten hatten und aus diesem Verlangen heraus danach suchten und, sobald sie sie gefunden hatten, innerlich davon angeregt wurden. (352)

Falsch ist alle Einsicht und Weisheit, der die Anerkennung des Göttlichen fehlt. Wer das Göttliche nicht anerkennt, sondern stattdessen die Natur, denkt allein vom Körperlich-Sinnlichen her und ist, so sehr er auch in der Welt als gebildet und gelehrt gelten mag, rein sinnlich. Seine Bildung erhebt sich nicht über das, was in der Welt vor den Augen erscheint. Dies hält sein Gedächtnis fest und betrachtet es fast ausschließlich unter materiellen Gesichtspunkten, obwohl es sich dabei um dieselben Wissenschaften handelt, die den wahrhaft Verständigen zur Ausbildung ihrer Vernunft dienen. Auch Geistliche, die das Göttliche leugnen, erheben ihre Gedanken nicht über das Sinnliche. Sie betrachten den Inhalt des Göttlichen Wortes wie andere die Wissenschaft, machen ihn auch nicht zum Gegenstand ihres Nachdenkens oder der Betrachtung aus einer erleuchteten Vernunft, weil ihr Inneres verschlossen ist und damit zugleich auch das dem Inneren am nächsten liegende Äußere. All dies ist bei ihnen verschlossen, weil sie dem Himmel den Rücken zukehren. Deshalb können sie nichts Wahres und Gutes erkennen. Diese sinnlichen Menschen vermögen jedoch sehr gut zu vernünfteln, oft sogar gewandter und schärfer als andere Menschen, aber es geschieht aufgrund von Sinnestäuschungen, die sie durch ihr Wissen begründet haben. Dieser Fähigkeit wegen halten sie sich selbst auch für weiser als andere. Was ihren Erörterungen die Wärme des Gefühls verleiht, ist das Feuer der Eigen- und Weltliebe. Von ihnen, die sich in falscher Einsicht und Weisheit befinden, spricht der Herr bei Matthäus:

> „Denn mit sehenden Augen sehen sie nicht und mit hörenden Ohren hören sie nicht, und sie verstehen es nicht", (13, 13-15)

Und an anderer Stelle sagt er:

> „Ich preise Dich, Vater,... daß Du dies vor den Weisen und Klugen verborgen und den Unmündigen geoffenbart hast". (11, 25f.)

Es wurde mir gestattet, mit vielen Gebildeten nach ihrem Austritt aus der Welt zu sprechen. Einige hatten einen großen Ruf genossen und waren durch ihre Schriften in der literarischen Welt berühmt. Andere wiederum waren zwar weniger berühmt, besaßen aber doch eine tiefe Weisheit. Jene, die im Herzen das Göttliche leugneten, so sehr sie es auch mit dem Munde bekannt hatten, waren so dumm geworden, daß sie kaum imstande waren, auch nur eine Wahrheit des bürgerlichen Lebens, geschweige denn etwas Geistiges zu begreifen. Man spürte und sah auch, daß das Innere ihres Gemüts so völlig verschlossen war, daß es ganz schwarz erschien (dergleichen Dinge stellen sich in der geistigen Welt sichtbar dar). Sie konnten nicht das geringste Himmelslicht ertragen, folglich auch keinen Einfluß aus dem Himmel aufnehmen. Diese Schwärze des Inneren erschien intensiver und ausgedehnter bei denen, die sich auf Grund ihrer wissenschaftlichen Bildung gegen das Göttliche bestärkt hatten. Solche Menschen nehmen im anderen Leben mit Lust alles Falsche an und saugen es auf, wie ein Schwamm das Wasser, während sie alles Wahre zurückstoßen, wie eine elastische knöcherne Substanz das zurückstößt, mit dem sie zusammenprallt. Man sagt auch, daß ihr Inneres verknöchert sei, weil sie sich gegen das Göttliche und für die Natur bestärkt haben, und in der Tat erscheint das Haupt solcher Menschen zum Zeichen, daß sie kein Innewerden mehr besitzen, bis herab zur Nase hart wie von Ebenholz. Alle weltliche Bildung verwandelt sich in dieser Weise, wenn sie nicht durch Anerkennung des Göttlichen himmlisches Licht in sich aufgenommen hat. (354)

Der Mensch nimmt zwar sein ganzes natürliches Gedächtnis mit sich hinüber, doch das darin Enthaltene kommt ihm nicht mehr in den Sinn und vor Augen, wie seinerzeit in der Welt. Er kann nichts daraus schöpfen und ins geistige Licht stellen, weil es diesem nicht angehört. Nur die Vernunft- und Verstandeswahrheiten, die sich der Mensch während seines Lebens im Körper mithilfe der Wissenschaften erworben hatte, passen zum Lichte der geistigen Welt. So weit der Geist des Menschen durch Kenntnisse und Wissenschaften in der Welt vernünftig geworden ist, soweit bleibt er es auch nach der Trennung vom Körper. (355)

Menschen dieser Art hatten alles zum Nutzen des Lebens angewendet, zugleich das Göttliche anerkannt, das Wort Gottes geliebt und ein geistig-sittliches Lehen geführt (vgl. Nr. 319). Ihnen dienten die Wissenschaften als Mittel, um weise zu werden und alles zu stärken, was mit dem Glauben zusammenhängt. Ich habe das Innere ihres Gemüts wahrgenommen, ja sogar angeschaut: Es war durchlässig für ein Licht von glänzend weißer, flammend roter und himmelblauer Farbe, vergleichbar durchsichtigen Diamanten, Rubinen und Saphiren, und zwar je nach dem Grade ihrer Bestärkung für das Göttliche und die göttlichen Wahrheiten durch die Wissenschaften. Die Aufnahme-Ebene jenes Lichts, auf der sich etwas wie ein Farbenspiel zeigt, ist der innere Gemütsbereich. Die verschiedenen Begründungen der göttlichen Wahrheiten durch natürliche Ansichten aus dem Bereich der Wissenschaften bringen diese Farbenwechsel hervor. Das innere Gemüt des Menschen blickt nämlich in den Bereich des natürlichen Gedächtnisses hinein und hebt, was es dort an Bestätigungen findet, durch das Feuer der himmlischen Liebe gleichsam zur Höhe empor und läutert es zu geistigen Ideen. Solange der Mensch im Körper lebt, weiß er von alledem nichts, denn obwohl er in diesem Zustand sowohl geistig als auch natürlich denkt, wird er sich doch nur dessen bewußt, was er natürlich, nicht was er geistig gedacht hatte. Kommt er dann aber in die geistige Welt, hat er umgekehrt kein Bewußtsein mehr von dem, was er in der Welt natürlich, sondern nur noch von dem, was er geistig gedacht hatte – so sehr verändert sich der Zustand. All dies zeigt, daß der Mensch durch Kenntnisse und Wissenschaften geistig wird und sie ihm als Mittel dienen, weise zu werden, freilich nur wenn er das Göttliche im Glauben und Leben anerkannt hat. Die Einfältigen bestehen in der geistigen Welt aus denen, die zwar das Göttliche anerkannt, das Wort Gottes geliebt und ein geistig-sittliches Leben geführt, die inneren Bereiche ihres Gemüts jedoch nicht weiter durch Kenntnisse und Wissenschaften ausgebildet hatten. Das menschliche Gemüt ist nämlich wie ein Erdreich, dessen Beschaffenheit davon abhängt, wie es angebaut wird. (356)

# DIE REICHEN UND ARMEN IM HIMMEL

Über die Aufnahme in den Himmel bestehen verschiedene Ansichten. Während einige annehmen, daß nur die Armen, nicht aber die Reichen aufgenommen würden, glauben andere, sowohl Reiche als Arme würden eingelassen. Wieder andere meinen, die Reichen müßten zuerst ihren Gütern entsagen und den Armen gleich werden. Dabei begründet jeder seine Meinung durch das Wort. Doch wer zwischen Armen und Reichen bezüglich ihrer Aufnahme in den Himmel unterscheidet, versteht das Wort gar nicht. Es ist nämlich in seinem Schoße geistig und im Buchstaben natürlich. Wer es daher nur nach seinem buchstäblichen, nicht aber nach seinem geistigen Sinn versteht, der irrt sich in vieler Hinsicht, insbesondere hinsichtlich der Reichen und Armen, also wenn er meint, den Reichen falle es ebenso schwer, in den Himmel zu gelangen, wie einem Kamel, durch ein Nadelöhr hindurchzukommen, den Armen aber falle es leicht, weil sie arm seien, heiße es doch:

„Selig sind die Armen, denn das Himmelreich ist ihr." (Mat 5, 3)

Wer aber etwas vom geistigen Sinn des Wortes weiß, denkt darüber anders. Er weiß, daß der Himmel allen offen steht, die ein Leben des Glaubens und der Liebe leben, seien sie nun reich oder arm. Im Folgenden soll nun gezeigt werden, wer in Wirklichkeit unter den Reichen und unter den Armen im Wort zu verstehen ist. Aufgrund vieler Gespräche und meines Zusammenlebens mit den Engeln durfte ich zur Gewißheit gelangen, daß sich im Himmel Reiche wie Arme finden. Manche von den Reichen besitzen sogar größere Herrlichkeit und Glückseligkeit als die Armen. (357)

Gleich zu Beginn darf bemerkt werden, daß der Mensch Reichtümer erwerben und Vermögen ansammeln kann, soviel er Gelegenheit dazu hat – vorausgesetzt, es geschieht nicht mit List oder Betrug. Er darf gut essen und trinken, wenn er nur nicht sein Leben darein setzt, darf seinem Stande gemäß prächtig wohnen und geselligen Umgang pflegen, wie andere auch, Unterhaltungslokale aufsuchen und über weltliche Dinge sprechen. Er hat es nicht nötig, stets andächtig, mit niedergeschlagenen Augen, Seufzen und hängendem Kopf einherzugehen, sondern darf fröhlich und wohlgemut sein. Er muß auch nicht sein Eigentum den Armen verschenken, wenn ihn nicht Neigung dazu treibt. Mit einem Wort: Er kann äußerlich ganz wie ein Weltmensch leben, da diese Dinge den Menschen nicht im geringsten daran hindern, in den Himmel zu kommen, vorausgesetzt, daß er innerlich geziemend an Gott denkt und gegen den Nächsten aufrichtig und gerecht handelt. Der Mensch ist nämlich so beschaffen wie seine Neigung und sein Denken bzw. seine Liebe und sein Glaube. All sein äußeres Tun bezieht sein Leben von daher, denn Handeln ist Wollen und Reden ist Denken. Wenn es daher im Wort heißt, der Mensch werde nach seinen Taten gerichtet, und es solle ihm nach seinen Werken vergolten werden, so ist darunter zu verstehen, daß nach seinem Denken und seiner Gesinnung gefragt wird, denn die Taten sind ganz so wie das Denken und die Neigung. Damit ist klar, daß das Äußere des Menschen nichts zur Sache tut, sondern nur sein Inneres, der Ursprung des Äußeren. (358)

Es ist also nicht so schwer, den Weg des Himmels zu betreten, wie viele meinen. Die einzige Schwierigkeit besteht darin, der Selbstsucht und Weltliebe zu widerstehen und sie so zu zügeln, daß sie nicht vorherrschen. Denn sie sind der Ursprung alles Bösen. Die Worte des Herrn zeigen, daß es nicht so schwer ist, den Weg des Himmels zu gehen, wie man glaubt:

> „Lernet von mir, denn ich bin sanftmütig und von Herzen demütig, so werdet ihr Ruhe finden für eure Seelen, denn mein Joch ist sanft und meine Last ist leicht". (Mat 11, 29f.)

Sanft ist das Joch des Herrn und leicht ist seine Last, denn je wie der Mensch dem seiner Eigen- und Weltliebe entspringenden Bösen widerstrebt, wird er vom Herrn und nicht von sich selbst geführt. Der Herr widersteht dann dem Bösen beim Menschen und entfernt es. (359)

Ich sprach mit einigen nach ihrem Tode, die während ihres irdischen Lebens der Welt entsagt und sich einem einsamen Leben ergeben hatten. Sie meinten durch Abwendung ihrer Gedanken von weltlichen Dingen fromme Betrachtungen pflegen zu können, um auf diese Weise den Weg des Himmels zu betreten. Solche Menschen sind jedoch im anderen Leben von trauriger Gemütsart: sie verachten andere, die nicht sind wie sie und zeigen sich ungehalten darüber, daß ihnen kein glücklicheres Los zuteil wird als den anderen. Sie glauben nämlich, daß sie es verdient hätten. Dabei kümmern sie sich nicht um andere und beteiligen sich nicht an den Werken der Nächstenliebe, durch die allein eine Verbindung mit dem Himmel zustandekommt. Aber gerade sie verlangen mehr als andere nach dem Himmel. Wenn sie aber zu den Engeln erhoben werden, gehen Beängstigungen von ihnen aus, welche die Seligkeit der Engel stören. Deshalb werden sie abgesondert und begeben sich dann in öde Gegenden, um dort ein ähnliches Leben zu führen wie in der Welt. Der Mensch kann nämlich nur durch die Welt für den Himmel gebildet werden, denn in der Welt enden die letzten Wirkungen, welche die Neigung eines jeden abrunden müssen. Damit ist klar, daß nur ein Leben tätiger Liebe zum Himmel führt, keineswegs aber ein sogenanntes frommes Leben ohne tätige Liebe. Taten der Nächstenliebe sind eben nur möglich, je wie der Mensch an den Geschäften dieser Welt Teil hat, nicht aber, wenn er sich davon zurückzieht. (360)

Das Los vieler Reicher im Himmel ist, daß sie mehr als andere im Wohlstand leben. Einige von ihnen wohnen in Palästen, die im Inneren von Gold und Silber glänzen und haben Überfluß an allem. Aber sie hängen ihr Herz nicht an diese Dinge, sondern an die dadurch möglich werdenden Nutzwirkungen. Diese sehen sie in aller Klarheit und wie im Licht, das Gold und Silber aber im Vergleich dazu wie in der Dunkelheit oder im Schatten. Gute

Nutzwirkungen sind: Sich und die Seinen mit den Lebensnotwendigkeiten versehen, Reichtum erstreben zum Wohl des Vaterlandes und des einzelnen Nächsten, dem ein Reicher in vieler Hinsicht mehr wohltun kann als ein Armer. Er kann dann auf diese Weise auch sein Gemüt vor Untätigkeit bewahren. Untätigkeit ist verderblich, weil in einem solchen Leben der Mensch aus dem ihm eingepflanzten Bösen heraus böse denkt. Alle diese Nutzwirkungen sind gut, soweit sie das Göttliche in sich tragen, das heißt soweit der Mensch dabei auf das Göttliche und den Himmel blickt und sein Gutes darein setzt, im Reichtum aber nur das Mittel zu diesem Guten sieht. (361)

Den Reichen aber, die nicht an das Göttliche geglaubt und die alles aus ihrem Gemüt verbannt haben, was zum Himmel und zur Kirche gehört, wird das entgegengesetzte Los zuteil. Sie finden sich in der Hölle wieder, in Schmutz, Elend und Dürftigkeit. Darein verwandelt sich nämlich ein Reichtum, der als Endzweck geliebt wird. (362)

Einem jeden Menschen bleibt nach dem Tode seine Grundneigung oder herrschende Liebe. Sie wird in Ewigkeit nicht ausgerottet, weil der Geist des Menschen ganz so ist, wie diese seine Liebe und – was ein Geheimnis ist – weil der Leib jedes Geistes oder Engels die äußere Form seiner Liebe darstellt. Sie entspricht ganz und gar der inneren Gestalt, nämlich der seiner Gesinnung und seines Gemüts. So kommt es, daß die Art der Geister aus ihrem Angesicht, ihren Gebärden und ihrer Rede zu ersehen ist. Auch der Geist des irdischen Menschen ließe sich erkennen, hätte er es nicht gelernt, mit Gesicht, Gebärden und Worten etwas vorzutäuschen, was gar nicht sein eigen ist. Daraus ist ersichtlich, daß der Mensch in Ewigkeit so bleibt, wie seine Grundneigung oder vorherrschende Liebe ist. (363)

Die Armen kommen nicht ihrer Armut, sondern ihres Lebens wegen in den Himmel; denn einem jeden, er sei reich oder arm, folgt sein Leben nach. Es gibt keine besondere Barmherzigkeit, die dem einen mehr gewährt als dem anderen. Aufgenommen wird, wer einen guten, zurückgewiesen, wer einen schlechten Lebenswandel geführt hat. Zudem wird der Mensch durch Armut ebenso verführt und vom Himmel abgewendet, wie durch Reichtum. Unter den Armen gibt es sehr viele, die mit ihrem Schicksal unzufrieden, voller Begehrlichkeit sind und Reichtum für einen Segen halten. Erlangen sie ihn nicht, werden sie zornig, denken schlecht von der göttlichen Vorsehung und beneiden andere um ihre Güter. Außerdem betrügen sie ebenso wie die anderen, wenn sich die Gelegenheit dazu bietet, und leben auch genau wie sie in schmutzigen Wollüsten. Anders freilich die Armen, die nicht mit ihrem Geschick hadern, sorgsam und fleißig in ihrem Geschäft sind, Arbeit über Müßiggang stellen, gewissenhaft und treu handeln und dabei zugleich ein christliches Leben führen. (364)

Damit dürfte feststehen, daß die Reichen ebenso in den Himmel kommen wie die Armen, die einen so leicht wie die anderen. Die Meinung, Arme hätten es leichter als die Reichen, beruht auf einem mangelhaften Verständnis der Stellen, in denen das Wort Gottes von den Reichen und Armen spricht. Unter den „Reichen" werden im geistigen Sinne alle verstanden, bei denen Überfluß an Kenntnissen des Guten und Wahren herrscht, also die Angehörigen der Kirche, in der das Wort bekannt ist. Die „Armen" hingegen bezeichnen die, denen jene Kenntnisse fehlen, die aber gleichwohl danach verlangen, also die Menschen außerhalb der Kirche, wo das Wort nicht bekannt ist. Unter dem „Reichen", der sich in Purpur und Byssus kleidete und in die Hölle geworfen wurde (Luk 16, 19-31), ist das jüdische Volk zu verstehen. Es heißt reich, weil es Überfluß an Kenntnissen des Guten und Wahren durch das Wort besaß. Unter dem „Armen" hingegen, der vor der Tür des Reichen lag, sich von den Brosamen sättigen wollte, die von dessen Tisch fielen, und der von Engeln in den Himmel emporgetragen wurde, werden die Heiden verstanden. Sie besitzen keine Kenntnisse des Guten und Wahren, haben aber ein Verlangen danach.

Es soll auch erklärt werden, wer jener „Reiche" sein soll, von dem der Herr sagte:

„Es ist leichter, daß ein Kamel durch ein Nadelöhr gehe, als daß ein Reicher ins Reich Gottes komme". (Mat 19, 24)

Dieser „Reiche" bezeichnet die Reichen in beiderlei Sinn, im natürlichen wie im geistigen: Die Reichen im natürlichen Sinne, die ihr Herz an ihren materiellen Überfluß hängen, und die Reichen im geistigen Sinne, deren Überfluß an Kenntnissen und Wissen – denn darin bestehen die geistigen Reichtümer – sie dazu verführt, sich aus eigener Einsicht der Dinge im Himmel und in der Kirche zu bemächtigen. Weil das gegen die göttliche Ordnung verstößt, heißt es, daß ein Kamel eher durch ein Nadelöhr gehe. In jenem Sinn bezeichnet nämlich das „Kamel", das Erkennen und Wissen im allgemeinen, das „Nadelöhr" aber das geistige Wahre. (365)

## DIE EHEN IM HIMMEL

Weil der Himmel aus dem menschlichen Geschlecht stammt und daher die Engel beiderlei Geschlechts sind, und weil von der Schöpfung her die Frau für den Mann und der Mann für die Frau bestimmt ist, also einer dem anderen angehören soll, und weil schließlich beiden diese Liebe eingeboren ist, so folgt, daß es Ehen in den Himmeln ebenso wie auf Erden gibt. Aber die himmlischen Ehen unterscheiden sich sehr von den irdischen. (366)

Die Ehe in den Himmeln besteht in der Verbindung zweier zu einem Gemüt. Das Gemüt besteht aus zwei Bereichen, von denen der eine als Verstand, der andere als Wille bezeichnet wird. Wirken diese beiden als eines zusammen, werden sie als ein Gemüt bezeichnet. Im Himmel vertritt der Ehemann den Bereich des Gemüts, der als Verstand, die Gattin den Bereich, der als Wille bezeichnet wird. Wenn nun diese Verbindung aus dem Gebiet des Inneren in das des Körpers herabdringt, so wird sie als Liebe wahrgenommen und empfunden. Dies ist die eheliche Liebe. Daher werden im Himmel zwei Ehegatten nicht zwei, sondern ein Engel genannt. (367)

Diese Verbindung zwischen dem Ehemann und der Gattin im Gemüt beruht auf der Schöpfung selbst. Der Mann wird nämlich geboren, um verständig zu sein, also vom Verstand her, die Frau aber, um wohlwollend (voluntaria) zu sein und so aus dem Willen zu denken. Dies ist sowohl aus ihrer Neigung oder angeborenen Art wie aus ihrer Gestalt ersichtlich: Aus der angeborenen Art deshalb, weil der Mann aus Vernunft handelt, die Frau aber aus Neigung; an der Gestalt, insofern der Mann ein strengeres und weniger schönes Gesicht, eine rauhere Sprache und einen derberen Körper hat, die Frau dagegen ein zarteres und schöneres Antlitz, eine sanftere Sprache und einen weicheren Körper. Daher kommt es, daß im Wort durch den „Jüngling" und den „Mann" im geistigen Sinne das Verständnis des Wahren, durch die „Jungfrau" und das „Weib" hingegen die Neigung zum Guten bezeichnet wird. Aus dem gleichen Grund wird die Kirche als die Neigung zum Guten und Wahren „Weib" oder auch „Jungfrau" genannt und werden ferner alle die „Jungfrauen" geheißen, die in der Neigung zum Guten sind, wie Offb 14, 4. (368)

Ein jeder, Mann wie Frau, erfreut sich des Verstandes und des Willens, beim Manne jedoch dominiert der Verstand und bei der Frau der Wille, und danach richtet sich ihr Menschsein (et homo est secundum id quod praedominatur). Bei den Ehen im Himmel gibt es jedoch keinerlei Vorherrschaft, denn der Wille der Frau ist zugleich der des Mannes, und der Verstand des Mannes zugleich der der Frau, weil ja ein jedes gern so will und denkt wie das andere, und so wollen und denken sie in Gegen- und Wechselseitigkeit. Darauf beruht ihre Verbindung zu einem Wesen, dringt doch der Wille des Weibes in den Verstand des Mannes ein, der Verstand des Mannes aber in den Willen des Weibes, und dies vor allem, wenn sie einander ins Antlitz schauen. (369)

Von Engeln wurde mir gesagt, daß zwei Ehegatten im selben Maße, wie sie sich einer solchen Verbindung erfreuen, eheliche Liebe und zugleich Einsicht, Weisheit und Seligkeit genießen. Dem ist so, weil das göttliche Wahre und das göttliche Gute, aus denen alle Einsicht, Weisheit und Glückseligkeit stammt, zuerst in die eheliche Liebe einfließen. Die eheliche Liebe ist somit die eigentliche Grundlage des göttlichen Einflusses, weil sie zugleich eine Ehe des Wahren und Guten ist. Anders ausgedrückt: die Beschaffenheit des Engels hängt ab von der Verbindung der Liebe und des Glaubens bzw. des Glaubens und der Liebe in ihm. (370)

Das vom Herrn ausgehende Göttliche fließt aber deshalb zuerst in die eheliche Liebe ein, weil sie aus der Verbindung des Guten und Wahren stammt. Die Verbindung des Guten und Wahren hat ihren Ursprung in Gottes Liebe zu allen Geschöpfen im Himmel wie auf Erden. Aus der göttlichen Liebe geht das göttliche Gute hervor, das von Engeln und Menschen in Gestalt göttlicher Wahrheiten aufgenommen wird. Das einzige Gefäß des Guten aber ist das Wahre. Daher vermag niemand etwas vom Herrn und vom Himmel zu empfangen, der nicht in deren Wahrheiten ist. In dem Umfang, in dem die Wahrheiten beim Menschen mit dem Guten verbunden sind, ist er daher mit dem Herrn und dem Himmel verbunden. Eben deshalb heißt die Verbindung des Guten und Wahren in den Himmeln eine himmlische Ehe und wird der Himmel im Wort mit einer Ehe verglichen und auch so genannt. Vom Herrn aber heißt es, er sei der Bräutigam und Gatte, und vom Himmel und von der Kirche, sie seien die Braut oder auch das Weib. (371)

Das Gute und Wahre bilden, wenn sie beim Engel und Menschen verbunden sind, nicht mehr zwei, sondern eins, weil dann das Gute zum Wahren und das Wahre zum Guten gehört. Daher werden zwei Ehegatten im Himmel nicht zwei, sondern ein Engel genannt. Dies ist auch unter den Worten des Herrn zu verstehen:

> „Habt ihr nicht gelesen, daß sie der Schöpfer am Anfang als Mann und Weib schuf und sprach:»Darum wird ein Mensch Vater und Mutter verlassen und seinem Weibe anhangen; und die zwei werden *ein* Fleisch sein«? So sind sie nun nicht mehr zwei, sondern *ein* Fleisch. Was nun Gott verbunden hat, das soll der Mensch nicht scheiden."
> (Mat 19, 4-6 und Parallelen)

Hier wird die himmlische Ehe beschrieben, in der die Engel leben, und zugleich die Ehe des Guten und Wahren. Die Worte, „was Gott verbunden hat, das soll der Mensch nicht scheiden", sind so zu verstehen, daß das Gute nicht vom Wahren getrennt werden soll. (372)

Ich hörte einst einen Engel die wahre eheliche Liebe und ihre himmlischen Freuden folgendermaßen beschreiben: Sie sei das Göttliche des Herrn in den Himmeln, also das göttliche Gute und Wahre, die in zwei Engeln derart vereint seien, daß sie nicht mehr zwei, sondern eins bildeten. Daher rühre auch, daß alles im Himmel der ehelichen Liebe eingeschrieben ist und zugleich damit so viele Seligkeiten und Freuden, daß sie jede Zahl übersteigen. Er drückte die Zahl durch eine Bezeichnung aus, die Myriaden von Myriaden in sich schloß. Der Engel wunderte sich, daß der Mensch der Kirche nichts von alledem weiß, obwohl doch die Kirche der Himmel des Herrn auf Erden und die Ehe des Guten und Wahren sein soll. Er staune, sagte der Engel, wenn er bedenke, daß innerhalb der Kirche mehr Ehebrüche begangen und sogar gerechtfertigt würden als außerhalb von ihr. Denn das Vergnügen des Ehebruchs bestehe im geistigen Sinne – also in der geistigen Welt – in nichts anderem, als in dem Angenehmen der Liebe eines mit Bösem verbundenen Falschen und sei ein höllisches Vergnügen. (374)

Jeder Mensch weiß, daß zwei Ehegatten, die sich lieben, innerlich eins sind, und daß das Wesentliche der Ehe in der Vereinigung der Seelen oder Gemüter besteht. Das Gemüt aber bildet sich einzig und allein aus Wahrem und Gutem. Daher ist die Vereinigung der Seelen ebenso beschaffen, wie das Wahre und Gute, aus denen sie gebildet sind. Folglich ist die Vereinigung jener Seelen am vollkommensten, die aus echtem Wahren und Guten gebildet sind. Man muß wissen, daß nichts sich mehr gegenseitig liebt, als das Wahre und Gute; von dieser Liebe stammt daher die wahrhaft eheliche Liebe ab. Es lieben sich freilich auch das Falsche und das Böse, aber ihre Liebe verwandelt sich in der Folge in eine Hölle. (375)

Man kann daraus auch ableiten, daß die eheliche Liebe im gleichen Maße echt ist, wie die Wahrheiten, die mit dem Guten verbunden sind. Und weil alles Gute, das mit den Wahrheiten verbunden wird, vom Herrn stammt, so folgt, daß wahre eheliche Liebe nur haben kann, wer den Herrn und sein Göttliches anerkennt. (376)

Damit ist klar, daß alle, die sich im Falschen befinden, keine eheliche Liebe besitzen, ganz zu schweigen von denen, die im Falschen aus Bösem sind. Das Innere, das Gebiet des Gemüts, ist bei ihnen verschlossen. Es wurde mir gewährt, die Art ihrer infernalischen Ehen zu sehen. Sie sprechen zwar miteinander und vereinigen sich auch aus Lust, aber innerlich brennen sie von unbeschreiblichem, ja tödlichen Haß aufeinander. (377)

Eheliche Liebe kann nicht zwischen zwei Menschen (grund)verschiedener Religion bestehen, weil das Wahre des einen nicht mit dem Guten des anderen übereinstimmt. Der Ursprung ihrer Liebe ist ungeistig. Wenn sie zusammenleben und sich vertragen, so allein aus natürlichen Gründen. Deshalb werden Ehen im Himmel unter Angehörigen derselben Gesellschaft geschlossen, weil sie in ähnlichem Guten und Wahren sind, und nicht mit Angehörigen anderer Gesellschaften. Dasselbe wurde bei den Israeliten dadurch dargestellt, daß Ehen innerhalb der Stämme, insbesondere innerhalb der Sippen geschlossen wurden, und nicht außerhalb derselben. (378)

Die wahre eheliche Liebe ist auch nicht möglich zwischen einem Manne und mehreren Frauen (oder umgekehrt); denn der geistige Ursprung wird dadurch zerstört, der ja darauf beruht, daß aus zwei Gemütern eines gebildet wird, also die innerliche Verbindung, die des Guten und Wahren, aus der das eigentliche Wesen dieser Liebe stammt. Die Ehe mit mehr als einer Gattin gleicht einem auf mehrere Willen verteilten Verstand oder einem Menschen, der nicht einer, sondern mehreren Kirchen anhängt.

Sein Glaube würde derart zerrissen werden, daß er schließlich zu nichts würde. Die Engel sagen, mehrere Frauen zu heiraten sei ganz und gar gegen die göttliche Ordnung, und sie wüßten mehrere Gründe dagegen anzuführen. Sie sagten ferner, daß der Mensch dies nur schwer begreife, weil sich nur wenige in der wahren ehelichen Liebe befinden und jene, die nicht darin stehen, überhaupt nichts wissen von der inneren Freude, die jene Liebe in sich birgt, sondern nur von der ausschweifenden Lust, welche nach kurzem Beischlaf in Unlust umschlage. Die Freuden der wahrhaft ehelichen Liebe dagegen sind nicht nur beständig bis ins hohe irdische Alter, sondern wandeln sich auch nach dem Tode zu himmlischen Freuden, wobei sie mit einer innerlichen Freude erfüllt werden, die sich in Ewigkeit vervollkommnet. (379)

Die Sucht des einen Ehegatten, über den anderen zu herrschen, hebt die eheliche Liebe und ihre himmlische Freude völlig auf. Die Herrschsucht in der Ehe wirkt aber darum zerstörend, weil der Herrschende will, daß sein Wille allein beim anderen gelte, umgekehrt aber der des Partners nicht bei ihm. Folglich besteht keine Gegenseitigkeit und damit auch keine Gemeinsamkeit (communicatio ... cum altero). (380)

Wenn einer dasselbe will oder liebt wie der andere, sind beide frei. Wo aber Freiheit ist, da ist auch Liebe. Herrschsucht hingegen tötet die Freiheit. Der Beherrschte ist ein Sklave, wie übrigens auch der Herrschende selbst, weil er der Sklave seiner Herrschsucht ist. Doch das ist dem völlig unbegreiflich, der die Freiheit der himmlischen Liebe nicht kennt. Das Innere der Menschen aber, in deren Ehe die Herrschsucht regiert, prallt in gegenseitigem Kampf aufeinander, mag auch das Äußere um der Ruhe willen noch so sehr gezügelt und beschwichtigt werden. Der Zusammenprall und Kampf ihres Inneren zeigt sich nach ihrem Tod, wo sie meist zusammenkommen und dann einander wie Feinde bekämpfen und sich gegenseitig zerfleischen. (380)

Bei manchen findet sich etwas, das den Schein der ehelichen Liebe annimmt, und zwar aus mehreren Ursachen. Beispielsweise um zu Hause bedient zu werden, um in Sicherheit, in Ruhe oder Gemächlichkeit leben zu können, um in Tagen der Krankheit und im Alter Pflege zu haben, oder aus Sorge für die geliebten Kinder. Einige tun sich Zwang an, sei es aus Furcht vor dem Gatten, dem Verlust des guten Rufs oder üblen Folgen, andere bringt die Sinnlichkeit dazu. Es bestehen auch Unterschiede zwischen der ehelichen Liebe der Ehegatten: der eine kann mehr, der andere wenig oder nichts davon haben. Dieser Unterschied macht, daß den einen der Himmel, den anderen die Hölle erwarten kann. (381)

Die echte eheliche Liebe findet sich im innersten Himmel, weil dort die Engel in der Ehe des Guten und Wahren wie auch in der Unschuld sind. Die Engel der unteren Himmel sind zwar ebenfalls in der ehelichen Liebe, doch nur nach dem Maß ihrer Unschuld. Die eheliche Liebe ist nämlich an und für sich ein Zustand der Unschuld, weshalb sich zwischen Ehegatten, die einander wahrhaft ehelich lieben, himmlische Wonnen zeigen. Ihr Gemüt hat Freude an allem, da der Himmel mit seiner Freude bis in die Einzelheiten ihres Lebens einfließt. Im Himmel wird deshalb die eheliche Liebe durch die schönsten Dinge vorgebildet. Mit einem Wort: In ihr stellt sich der Himmel dar, weil dieser bei den Engeln die Verbindung des Guten und Wahren ist, welche die eheliche Liebe hervorbringt. (382)

Die irdischen Ehen unterscheiden sich von den himmlischen nicht zuletzt darin, daß sie der Zeugung der Nachkommenschaft dienen, was bei den Ehen im Himmel nicht der Fall ist. In ihnen tritt die Fortpflanzung des Guten und Wahren an die Stelle der Zeugung von Nachkommenschaft. Aus diesem Grund bezeichnen auch die im Wort erwähnten Geburten und Zeugungen geistige Geburten und Zeugungen, also solche des Guten und Wahren. Mutter und Vater stellen das mit dem Guten verbundene Wahre – das Zeugende –, die Söhne und Töchter aber jene Wahrheiten und Arten des Guten dar, welche daraus hervorgehen, die Schwiegersöhne und -töchter wiederum deren Verbindungen, usw. Damit ist klar, daß die himmlischen Ehen anders sind als die irdischen. Von hier aus läßt sich auch erkennen, wie die Worte des Herrn über das Heiraten der Auferstandenen (Luk 20, 35f) zu deuten sind. (382a)

Überall im Himmel werden die einander Ähnlichen zusammengesellt, die Verschiedenen aber voneinander getrennt. Nicht sie selbst, der Herr führt sie zusammen (vgl. Nr. 41, 43ff), und ebenso die Gatten, deren Gemüter in eins verbunden werden können. Sie lieben einander daher schon beim ersten Anblick aufs innigste, betrachten sich als Gatten und wollen eine Ehe eingehen. So ist denn der Herr allein der Stifter aller Ehen im Himmel. (383)

Weil nun die irdischen Ehen die Pflanzschulen des menschlichen Geschlechts wie auch der Engel des Himmels sind – denn der Himmel stammt, wie oben gezeigt wurde, aus dem menschlichen Geschlecht –, und weil die Ehen ihren geistigen Ursprung in der Ehe des Guten und Wahren haben, das Göttliche des Herrn aber vor allem in diese Liebe einfließt, so sind sie in den Augen der Engel des Himmels im höchsten Maße heilig. Ehebruch betrachten sie als gottlos, weil sie das Gegenteil der ehelichen Liebe darstellen. Daher wenden sie sich sogleich ab, wenn von Ehebruch auch nur gesprochen wird. Hierin liegt auch die Ursache, weshalb dem Menschen, wenn er mit Lust Ehebruch begeht, der Himmel verschlossen wird. Dann erkennt er das Göttliche und den Glauben der Kirche nicht mehr an. (384)

Es erschienen mir gewisse Geister, die mich aufgrund ihrer im irdischen Leben gewonnenen Erfahrung mit besonderer Gewandtheit angriffen, und zwar mittels eines ganz sanften, gleichsam wellenförmigen Einfließens, wie es von gutgesinnten Geistern zu kommen pflegt. Ich nahm jedoch wahr, daß Arglist dahinter steckte, und daß sie mich fangen und hintergehen wollen. Schließlich sprach ich einen von ihnen an, von dem mir gesagt worden war, er sei in der Welt ein Heerführer gewesen. Und weil ich wahrnahm, daß seinen Vorstellungen etwas Unzüchtiges anhaftete, sprach ich mit ihm über die Ehe, und zwar in der geistigen, mit Vorbildungen durchsetzten Sprache, durch welche sich der beabsichtigte Sinn vollständig ausdrücken läßt und in einem Augenblick mehrere Gedanken zugleich vermittelt werden. Er sagte, bei Leibesleben habe er Ehebrüche für nichts erachtet. Ich durfte ihm antworten, daß Ehebruch etwas Verruchtes sei. Er könne das schon daraus entnehmen, daß ja die Ehen die Pflanzschulen des menschlichen Geschlechts und somit auch des himmlischen Reiches seien und darum in keiner Weise verletzt, sondern im Gegenteil heilig gehalten werden müssen. Da er sich im anderen Leben und im Zustand des Bewußtseins befinde, müsse er wissen, daß die eheliche Liebe vom Herrn durch den Himmel herabsteigt und diese Liebe der Ursprung der gegenseitigen Liebe – der Basis des Himmels – ist, ebenso daß Ehebrecher, sobald sie sich den himmlischen Gesellschaften nähern, ihren eigenen Gestank riechen und sich darum in die Hölle hinabstürzen. Mindestens aber hätte er wissen können, daß die Verletzung der Ehe den göttlichen wie auch den bürgerlichen Gesetzen aller Staaten zuwider ist und deshalb auch dem echten Licht der Vernunft widerspricht. Er erwiderte, diese Dinge habe er während seines Erdenlebens nicht bedacht. Nun wolle er vernünftig überlegen, ob es sich tatsächlich so verhalte. Es wurde ihm jedoch gesagt, die Wahrheit lasse keine Vernünfteleien zu, da diese zugunsten des Vergnügens, mithin des Bösen und Falschen sprächen. Er müsse vielmehr zuerst über das, was man ihm gesagt habe, nachdenken, weil es die Wahrheit sei, sowie auch über den in der Welt bekannten Grundsatz: Was du nicht willst, das man dir tu, das füg' auch keinem andern zu. Hätte ihm jemand seine Gattin, die er ja wohl wie jedermann anfänglich geliebt habe, auf solche Weise weggestohlen, so hätte er den Ehebruch sicherlich auch verabscheut und sich als kluger Kopf sogleich und mehr als andere in dieser Meinung bestärkt, ja den Ehebruch zur Hölle gewünscht. (385)

Es wurde mir gezeigt, in welcher Weise sich die Freuden der ehelichen Liebe bis zum Himmel hin steigern, das Vergnügen des

Ehebruchs aber bis zur Hölle. Die Steigerung der Freuden ehelicher Liebe dem Himmel zu vollzog sich in immer größere Seligkeiten und Wonnen, bis sie zahllos und unaussprechlich waren. Dies alles geschah in der höchsten Freiheit, denn alle Freiheit stammt aus der Liebe, die höchste Freiheit somit aus der ehelichen Liebe, welche die himmlische Liebe selbst ist. Demgegenüber hat der Ehebruch die Tendenz, sich bis zur Hölle hin zu steigern, und zwar stufenweise bis zur untersten, wo nur noch Schrecken und Schauder herrschen. Ein solches Los erwartet Ehebrecher nach ihrem irdischen Leben. Unter den Ehebrechern sind jene zu verstehen, denen der Ehebruch Lust und die Ehe Unlust bereitet. (386)

## DIE TÄTIGKEITEN DER ENGEL IM HIMMEL

Die Tätigkeiten in den Himmeln lassen sich weder aufzählen noch im einzelnen beschreiben, sondern nur ganz allgemein andeuten, sind sie doch unzählig und je nach den Aufgaben der einzelnen Gesellschaften verschieden. Jede Gesellschaft hat nämlich ihre besondere Aufgabe; denn wie die Gesellschaften je nach ihrem Guten unterschieden werden (vgl. Nr. 41), so auch nach ihrer Nutzwirkung. Das Gute bei allen im Himmel ist nämlich ein Gutes der Tat, das heißt der Nutzwirkung. Jedermann schafft dort irgendeinen Nutzen, denn das Reich des Herrn ist ein Reich der Nutzwirkungen. (387)

In den Himmeln gibt es ebenso wie auf Erden viele verschiedene Verwaltungen, bestehen doch kirchliche, bürgerliche und häusliche Angelegenheiten. Damit ist klar, daß es innerhalb einer jeden himmlischen Gesellschaft mancherlei Tätigkeiten und Verwaltungen gibt. (388)

Alles in den Himmeln ist nach der göttlichen Ordnung eingerichtet, die seitens der Engel gehütet wird. Die Weiseren verwalten den Bereich des Gemeinwohls, die weniger Weisen die Angelegenheiten, die das Wohl eines engeren Kreises berühren, und so immer weiter hinab. Diese Bereiche sind einander ganz so untergeordnet, wie in der göttlichen Ordnung die Nutzwirkungen. Daher ist mit jeder Tätigkeit auch eine bestimmte Würde verbunden, je nach der Würde der Nutzwirkung. Gleichwohl schreibt der betreffende Engel die Würde nicht sich, sondern gänzlich seiner Nutzwirkung zu. Und weil die Nutzwirkung das Gute ist, das er leistet, alles Gute aber vom Herrn stammt, so gibt er in allem Ihm die Ehre. (389)

Hieraus kann man auf die himmlische Rangordnung schließen. In dem Maße nämlich, wie jemand die Nutzwirkung liebt, achtet und ehrt, liebt, achtet und ehrt er auch die damit verbundene Person. Daraus folgt auch, daß die Person in dem Maße geliebt, geachtet und geehrt wird, wie sie die Nutzwirkung nicht sich selbst, sondern dem Herrn zuschreibt. Geistige Liebe, Achtung und Ehre ist nichts anderes als Liebe, Achtung und Ehre, die einer Person aufgrund ihrer Nutzwirkung zukommt, nicht aber umgekehrt. Weise ist, wer die Nutzwirkung liebt, also das Beste des Mitbürgers, der Gesellschaft, des Vaterlandes und der Kirche. Eben darin besteht auch die Liebe zum Herrn, weil von Ihm alles Gute, alle Nutzwirkung stammt. (390)

Alle himmlischen Gesellschaften werden nach ihren Nutzwirkungen unterschieden, weil sie, wie oben (Nr. 41f) gezeigt wurde, nach ihrem Guten unterschieden sind, das ein Gutes der Tat oder tätige Liebe, also Nutzwirkung ist. Es gibt Gesellschaften, deren Tätigkeit in der Pflege kleiner Kinder besteht; andere nehmen sich der Heranwachsenden an, unterrichten und erziehen sie. Wieder andere arbeiten in dieser Weise mit gutartigen Knaben und Mädchen. Andere Gesellschaften befassen sich damit, die einfältig Guten aus der Christenheit zu lehren und auf den Weg zum Himmel zu leiten, und es gibt Gesellschaften, die in gleicher Weise die vielen heidnischen Völker unterrichten. Wieder andere Gesellschaften beschützen die Geister-Neulinge – diejenigen, die frisch von der Erde her kommen – vor den Anfechtungen böser Geister. Ferner gibt es Gesellschaften, die denen beistehen, die sich in der „unteren Erde" befinden, und andere, die den Bewohnern der Höllen helfen und sie im Zaum halten, damit sie einander nicht über die vorgezeichneten Grenzen hinaus peinigen. Schließlich gibt es Gesellschaften, die denen beistehen, welche von den Toten auferweckt werden. Überhaupt werden Engel aus jeder Gesellschaft zu den Menschen gesandt, um sie zu behüten und von bösen Neigungen und daher rührenden Gedanken abzulenken und ihnen stattdessen gute Neigungen einzuflößen, soviel sie nur in Freiheit aufnehmen mögen. Durch diese guten Neigungen leiten sie dann auch die Taten oder Werke der Menschen, indem sie die bösen Absichten so weit als möglich entfernen. Die Engel beim Menschen wohnen gleichsam in seinen Neigungen und sind umso näher bei ihm, als er sich im Guten aus den Wahrheiten befindet, umso entfernter jedoch, als sein Leben davon entfernt ist. Doch alle diese Tätigkeiten werden (in Wirklichkeit) vom Herrn durch die Engel verrichtet, weil die Engel nicht aus sich, sondern aus dem Herrn handeln. (391)

Die erwähnten Tätigkeiten der Engel betreffen jedoch nur die gemeinsamen Aufgaben. Darüber hinaus hat jeder Engel auch seine besondere Aufgabe. Jede gemeinsame Nutzwirkung setzt sich aus unzähligen einzelnen Nutzwirkungen zusammen, die man als vermittelnde, helfende und dienende bezeichnen kann. Sie alle sind nach der göttlichen Ordnung einander bei- und untergeordnet, und zusammen bilden und vollenden sie den allgemeinen Nutzen, das allgemeine Wohl. (392)

Kirchliche Ämter werden im Himmel von jenen bekleidet, die auf Erden das Wort Gottes geliebt und im Verlangen nach der Wahrheit, nicht um der Ehre oder des Gewinnes willen darin geforscht hatten. Sie versehen auch das Predigtamt. Diejenigen, die in der Welt das Vaterland und dessen allgemeines Wohl mehr als das eigene geliebt und Gerechtigkeit und Recht um dieser selbst willen geübt hatten, verwalten die bürgerlichen Ämter. In dem Maße, wie sie, vom Verlangen der Liebe getrieben, die Gesetze der Gerechtigkeit erforscht und dadurch Einsicht erlangt hatten, sind sie auch befähigt, Ämter im Himmel zu versehen. Sie üben sie in der Stellung oder auf der Stufe aus, die ihrer Einsicht angemessen ist und daher auch gleichen Schritt hält mit der Liebe zum Nutzen für das allgemeine Wohl. Überdies gibt es im Himmel so viele Ämter und Verwaltungen und auch so viele Beschäftigungen, daß sie gar nicht aufgezählt werden können. Im Vergleich damit sind es in der Welt nur wenige. Aber alle Engel haben Freude an ihrer Beschäftigung und Arbeit, weil sie von der Liebe zur Nutzwirkung erfüllt sind und nicht von Selbst- oder Gewinnsucht getrieben werden. Auch wird ihnen alles Lebensnotwendige umsonst gegeben. (393)

Im Himmel findet ein jeder seine Beschäftigung aufgrund der Entsprechung. Diese aber besteht nicht mit der Beschäftigung als solcher, sondern mit ihrem Nutzen (vgl. Nr. 112). Wer im Himmel eine Tätigkeit oder Beschäftigung gefunden hat, die seiner Brauchbarkeit entspricht, ist im selben Lebenszustand, in dem er auch in der Welt gewesen war. Geistiges und Natürliches wirken nämlich vermöge der Entsprechungen als Einheit, nur mit dem Unterschied, daß er sich jetzt in einer innerlicheren Freude, weil im geistigen Leben befindet, das innerlicher und daher empfänglicher für die himmlische Seligkeit ist. (394)

## DIE HIMMLISCHE FREUDE UND GLÜCKSELIGKEIT

Heutzutage weiß kaum jemand, worin eigentlich der Himmel und die himmlische Freude besteht. Von den Geistern, die aus der Welt ins andere Leben kommen, konnte ich am besten erfahren, welche Vorstellung sie vom Himmel und von der himmlischen Freude hatten. Denn wenn sie sich selbst überlassen sind, denken sie gerade so, als lebten sie noch in der Welt. Man weiß aber deshalb nicht, worin die himmlische Freude besteht, weil alle nur aufgrund der Freuden des natürlichen Menschen darüber nachdachten und urteilten und gar nicht wußten, was der innere oder geistige Mensch ist, folglich auch nicht, worauf dessen Lust und Seligkeit beruht. Selbst wenn es ihnen von den Engeln, die sich in der geistigen oder inneren Lust befanden, gesagt worden wäre, sie hätten es doch nicht begreifen können, weil es in keine ihnen bekannte Vorstellung, also in keine ihrer Erkenntnisse gefallen wäre und daher zu den Dingen gehört hätte, die der natürliche Mensch zu verwerfen pflegt. Gleichwohl könnte jeder wissen, daß er, wenn er den äußeren oder natürlichen Menschen verläßt, in den inneren oder geistigen Zustand eintritt. Schon aus dieser Überlegung kann jeder schließen, daß ihm im anderen Leben dasselbe angenehm sein wird, was ihm schon hier im Geist angenehm ist, und daß deshalb die Körperfreuden oder fleischlichen Lüste nicht himmlischer Natur sein können. Auch verbleibt dem Menschen, wenn er nach dem Tode seinen Körper verläßt, sein geistiger Besitz, weil er dann als ein Geistmensch lebt. (393)

Alles Angenehme entspringt einer bestimmten Liebe; denn was der Mensch liebt, empfindet er als angenehm. Bei niemandem findet sich eine andere Quelle der Lust. Daraus folgt, daß wie die Liebe, so die Lust ist. Alle körperlichen oder fleischlichen Lustempfindungen entstammen der Eigen- und Weltliebe. Dasselbe gilt für die Begierden und deren Wollust. Alles aber, was der Seele oder dem Geist angenehm ist, entspringt der Liebe zum Herrn und zum Nächsten, und von daher stammen auch die Neigungen zum Guten und Wahren, wie die Zustände innerer Freudigkeit. Diese beiden Liebesarten fließen auf einem inneren Weg vom Herrn und aus dem Himmel ein und regen das Innere an. Im Unterschied dazu fließen die beiden anderen Liebesarten mit ihren Lustempfindungen auf dem äußeren Weg oder aus dem Fleisch und aus der Welt ein und regen das Äußere an. In dem Maße nun, wie jene zweifache Liebe des Himmels aufgenommen wird und den Menschen anregt, wird sein Inneres aufgeschlossen. Umgekehrt aber wird das Äußere geöffnet, und zwar in dem Maße, wie der Mensch die beiden weltlichen Liebesarten aufnimmt und von ihnen angeregt wird. Im selben Maße, wie diese oder jene Liebe einfließt und aufgenommen wird, fließen damit zugleich auch ihre Freuden ein, die himmlischen ins Innere, die weltlichen ins Äußere. (396)

Der Himmel ist dermaßen mit Freuden angefüllt, daß er aus reinster Seligkeit besteht, bildet doch das aus der göttlichen Liebe des Herrn hervorgehende göttliche Gute bei jedem, der sich dort befindet, den Himmel im allgemeinen wie im besonderen. Die göttliche Liebe besteht eben darin, daß sie das vollkommene Heil und eine im Innersten empfundene Seligkeit für alle will. Darum macht es keinen Unterschied, ob man vom Himmel oder von der himmlischen Freude spricht. (397)

Die Unermeßlichkeit der Freude des Himmels wird schon durch die Tatsache belegt, daß es dort allen Freude macht, einander die eigenen Freuden und Seligkeiten mitzuteilen. Und da dies für alle Himmelsbewohner gilt, so ist offenbar, wie unermeßlich die Freude im Himmel sein muß. Oben (Nr. 268) wurde gezeigt, daß in den Himmeln eine Kommunikation zwischen allen mit jedem einzelnen und zwischen jedem einzelnen mit allen besteht. Diese gegenseitige Kommunikation beruht auf den beiden himmlischen Liebesarten, der Liebe zum Herrn und der Liebe zum Nächsten, die ihre Freude mitteilen möchten.

Anders verhält es sich mit der Eigen- und Weltliebe. Erstere entzieht und entreißt den anderen alle Freude, um sie auf sich selbst überzuleiten, will sie doch sich allein wohl. Und Letztere trachtet nach dem, was dem Nächsten gehört. Sind sie je mitteilsam, so um ihrer selbst, nicht um anderer willen. Sie sind daher in Wirklichkeit nicht kommunikativ, sondern zerstörerisch, es sei denn, daß die Freuden der anderen für sie selbst nützlich sind. Ich durfte oft die Erfahrung machen, daß die Eigen- und Weltliebe, sobald sie zur Herrschaft gelangen, diese Beschaffenheit zeigen. So oft sich mir Geister nahten, die als Menschen in der Welt in diesen Liebesarten gelebt hatten, wich alle Freude von mir. Man sagte mir, wenn sich diese Geister nur in Richtung auf eine himmlische Gesellschaft zubewegten, vermindere sich deren Freude mit dem Grad ihrer Annäherung, während umgekehrt jene bösen Geister erstaunlicherweise gerade dann Lust empfänden. Daraus konnte ich entnehmen, in welchem Zustand der Geist eines irdischen, körperlichen Menschen ist, gleicht er doch dem nach der Trennung vom Körper. (399)

Die aus der Welt ins andere Leben eingehenden Geister wünschen nichts sehnlicher als in den Himmel zu kommen. Fast alle trachten danach, in der Meinung, es komme nur darauf an, in den Himmel eingelassen und aufgenommen zu werden. Doch die der Eigen- und Weltliebe Verfallenen empfinden schon beim Betreten der ersten Schwelle dieses Himmels eine solche Beängstigung und innere Qual, daß sie in sich mehr die Hölle als den Himmel empfinden. Sie stürzen sich daher Hals über Kopf hinab und kommen nicht eher zur Ruhe, als bis sie in den Höllen zu Ihresgleichen gelangt sind. Des öfteren geschah es auch, daß derartige Geister erfahren wollten, worin die himmlische Freude bestehe. Wenn sie hörten, sie wohne im Inneren der Engel, verlangten sie, daß man ihnen dieselbe zu empfinden gebe, was denn auch geschah. Denn alles, wonach ein Geist verlangt, der noch nicht im Himmel oder in der Hölle ist, wird ihm, wenn irgend dienlich, gewährt. Sobald aber die Verbindung hergestellt war, empfanden sie eine solche Qual, daß sie vor lauter Schmerz nicht wußten, wie sie den Leib zusammendrücken sollten. Man sah, wie sie den Kopf bis zu den Füßen hinunterbeugten, sich zur Erde warfen und sich wie Schlangen kreisförmig zusammenkrümmten – all das vor inwendiger Qual. So sah die Wirkung der himmlischen Freude bei denen aus, die den Freuden der Eigen- und Weltliebe ergeben waren. Die Ursache liegt in dem absoluten Gegensatz dieser Liebesarten zu den himmlischen, denn wenn ein Gegensatz auf den anderen trifft, ist ein solcher Schmerz die Folge. (400)

Ergibt sich der Mensch der Eigen- und Weltliebe, so empfindet er, solange er im Körper lebt, den damit zusammenhängenden Lustreiz. Anders dagegen, wenn er sich der Liebe zu Gott und dem Nächsten ergibt. Solange er noch im Körper lebt, empfindet er das dieser Liebe entspringende Angenehme samt den damit zusammenhängenden guten Regungen nicht so deutlich, sondern nur als eine Art von Beseligung, beinahe unmerklich, weil in seinem Inneren verborgen, durch das leibliche Äußere verhüllt und durch irdische Sorgen abgeschwächt. Nach dem Tode aber verändern sich diese Zustände völlig: Was der Eigen- und Weltliebe angenehm war, verursacht dann Schmerz und Schrecken, weil es zu dem umgewandelt wird, was man das höllische Feuer nennt. Die verborgene Freude und beinahe unmerkliche Seligkeit von Menschen aber, die sich in der Welt der Liebe zu Gott und dem Nächsten ergeben hatten, verwandelt sich nach dem Tode zur himmlischen Freude, die nun auf jede Weise fühlbar und empfindbar wird. (401)

Alle Himmelsfreuden sind mit Nutzwirkungen verbunden und darin enthalten, sind doch Nutzwirkungen die guten Früchte der Liebe und Nächstenliebe, deren sich die Engel erfreuen. Deshalb sind die Freuden eines Geistwesens die seiner Nutzwirkungen, und ihre Intensität die gleiche wie seine Neigung zur Nutzwirkung. Dieser Zusammenhang läßt sich durch den Vergleich mit den fünf Körpersinnen des Menschen verdeutlichen. Jedem dieser Sinne sind nämlich je nach seiner Nutzwirkung bestimmte Freuden zugeordnet – Gesicht, Gehör, Geruch, Geschmack und Tastgefühl besitzen die ihnen eigenen Freuden. Die eheliche Freude, eine reinere und auserlesenere Freude des Tastsinns, überragt die genannten allesamt durch ihre Nutzwirkung, nämlich die Fortpflanzung des menschlichen Geschlechts, und somit auch der Engel des Himmels. Diese Freuden wohnen den genannten Sinnesorganen aufgrund eines Einflusses aus dem Himmel inne, wo jede Freude einer Nutzwirkung angehört und ihr gemäß ist. (402)

Einige Geister waren in der Welt der Meinung gewesen, die himmlische Seligkeit bestehe in einem Leben des Müßiggangs. Ihnen wurde ein solches Leben zu erfahren gegeben. Und in der Tat fühlten sie, daß es ein höchst trauriges Leben wäre und sie, weil auf diese Weise alle Freude erlahmt, nach kurzer Zeit anwidern würde. (403)

Einige Geister, die sich für besser unterrichtet hielten als andere, erklärten, sie hätten auf Erden geglaubt, die himmlische Freude bestehe allein im Lobpreis Gottes, und eben darin bestehe die Tätigkeit im anderen Leben. Ihnen wurde erwidert, Gott zu lobpreisen sei keineswegs ein tätiges Leben, und Gott habe auch kein Bedürfnis nach solchem Lobpreis. Er wolle vielmehr, daß man Nutzen schaffe, d.h. das Gute der Nächstenliebe bewirke. Sie vermochten damit freilich keinerlei Vorstellung himmlischer Freuden, sondern nur der Knechtschaft zu verbinden. Die Engel aber bezeugten, daß in jeder (uneigennützigen) Tätigkeit höchste Freiheit liege, weil sie aus innerem Streben entspringe und mit unaussprechlicher Wonne verbunden sei. (404)

Fast alle, die ins andere Leben eintreten, nehmen an, Hölle und Himmel fielen für jedermann gleich aus. In Wirklichkeit bestehen in beiden unendliche Mannigfaltigkeiten und Verschiedenheiten; auch sieht nirgends die Hölle oder der Himmel für den einen völlig gleich aus wie für den anderen. Es gibt ja auch nirgends einen Menschen, Geist oder Engel, der dem anderen vollkommen gliche, und wäre es auch nur in den Gesichtszügen. Als mir auch nur der Gedanke kam, zwei könnten einander vollkommen ähnlich oder gleich sein, entsetzten sich die Engel und sagten, jedes „Eine" werde durch die harmonische Übereinstimmung Vieler gebildet, und die Beschaffenheit dieses Einen richte sich nach der Art der Übereinstimmung. Auf diese Weise bilde auch jede himmlische Gesellschaft eine Einheit, und dasselbe gelte für alle Gesellschaften des Himmels. In gleicher Weise zeigten die Nutzwirkungen in den Himmeln jede Mannigfaltigkeit und Verschiedenheit, und nirgends gliche die Nutzwirkung des einen vollkommen der eines anderen. Dasselbe gilt auch für die damit zusammenhängenden Freuden. (405)

Mehrfach habe ich mit Geistern, die erst kurz zuvor aus der Welt angekommen waren, darüber gesprochen, wie das ewige Leben aussieht; insbesondere auch darüber, wie wichtig es sei zu wissen, wer der Herr dieses Reiches sei und in welcher Art und

Form die Regierung vor sich geht. Ebenso wichtig sei es für Menschen, die auf Erden in ein anderes Land reisen, zu wissen, wer dort der Herrscher ist und wie er, seine Regierung und viele Angelegenheiten in seinem Reich funktionieren. Wieviel mehr gilt dies für jenes Reich, wo sie in Ewigkeit leben sollen! Daher sollten sie wissen, daß es der Herr ist, der im Himmel und auch im Weltall herrscht, denn wer das eine regiert, regiert auch das andere. Mithin sei das Reich, in dem sie sich jetzt befänden, des Herrn, und die Gesetze dieses Reiches seien die ewigen Wahrheiten, die sich samt und sonders auf das eine Gesetz gründen, nämlich: Liebe den Herrn über alles und den Nächsten wie dich selbst – ja, mehr noch, wenn man wie die Engel sein wolle, müsse man den Nächsten sogar mehr lieben als sich selber. Sie wunderten sich über das Bestehen einer solchen Liebe im Himmel und daß es möglich sei, den Nächsten mehr zu lieben als sich selbst, wurden aber belehrt, daß im anderen Leben alles Gute unermeßlich zunimmt und es an der Art des irdischen Lebens liege, wenn man nicht weiter fortschreiten könne als bis zur Liebe des Nächsten, eben weil man noch im Körperlichen befangen sei. Nach dessen Entfernung aber werde die Liebe immer reiner und schließlich engelhaft, das heißt, man liebe dann den Nächsten mehr als sich selbst. Die Möglichkeiten einer solchen Liebe, erklärte man ihnen, hätten sie auf Erden an der ehelichen Liebe einiger Menschen erkennen können, die lieber selbst sterben als dem Gatten ein Leid geschehen lassen wollten, an der Elternliebe, welche die Mutter veranlasse, lieber selber Hunger zu leiden, als ihr Kind hungern zu sehen, an der aufrichtigen Freundschaft, bei der man sich für die Freunde in Gefahr begibt. Das war jedoch denen unbegreiflich, die sich selbst mehr als andere liebten und im Erdenleben bloß nach Gewinn getrachtet hatten, am allerwenigsten den Geizigen. (406)

Die eigentliche himmlische Freude kann in ihrem Wesen nicht beschrieben werden, weil sie zum Innersten des Lebens der Engel gehört. Es ist, als ob ihr Inneres völlig aufgeschlossen und geöffnet wäre, um Freude und Seligkeit in sich aufzunehmen, die sich bis in die einzelnen Fasern und somit durch das Ganze verbreiten. Die damit zusammenhängenden Empfindungen und Gefühle sind ganz unbeschreiblich, denn was im Innersten beginnt, das fließt in das vom Innersten abgeleitete Einzelne ein und erweitert sich, indem es nach außen mehr und mehr zunimmt. Geister, die zu wissen wünschten, was himmlische Freude sei, durften das mehrmals erfahren. (409).

Als es andere Geister ebenfalls zu wissen begehrten, ließ man sie die himmlische Freude bis zu dem Grade empfinden, daß sie es nicht mehr aushalten konnten. Und doch war es noch keineswegs die Freude der Engel, sondern nur ein Allergeringstes davon, so unbedeutend, daß es fast kalt zu nennen war. Sie aber bezeichneten es als höchst himmlisch, weil es ihre innerste Freude darstellte. Daraus ergab sich: Nicht allein Grade der himmlischen Freude gibt es, sondern das Innerste des einen erreicht kaum das Äußerste oder Mittlere eines anderen. Ferner: Jemand ist in *seiner* (ihm angemessenen) himmlischen Freude, wenn er seine innerste Freude empfängt; eine noch innerlichere wäre ihm unerträglich und schmerzhaft. (410)

Einige Geister – sie waren nicht böse – gerieten in eine Ruhe, die wie Schlaf schien, und wurden in diesem Zustand, soweit ihr Inneres es zuließ, in den Himmel versetzt. Ich sah sie während einer halben Stunde in dieser Ruhe verharren und dann in ihren vorigen Zustand zurückfallen. Sie behielten die Erinnerung an das Gesehene und sagten, sie seien unter den Engeln des Himmels gewesen und hätten dort erstaunliche Dinge gesehen und vernommen. Die Engel hätten aber ihre Freude nicht an den Dingen selbst gehabt, sondern an dem, was sie vorbildeten, nämlich unaussprechliche göttliche Dinge von unendlicher Weisheit. Auch hätten sie unzählige Dinge gesehen, die durch menschliche Worte nicht zum zehntausendsten Teil ausgedrückt werden noch mit irgendwelchen Vorstellungen zu fassen seien, denen etwas Materielles anhafte. (412)

Die meisten haben bloß einen Begriff von den körperlichen und weltlichen Genüssen und Freuden. Deshalb werden die Rechtschaffenen unter ihnen zuerst in paradiesische Gefilde gebracht, die jede Vorstellung ihrer Einbildungskraft übertreffen, damit sie wissen und erfahren, was himmlische Freude ist. Sie meinen dann, sie seien ins himmlische Paradies gelangt, werden aber belehrt, daß das noch nicht die himmlische Seligkeit sei. Ihnen wird nun gestattet, die innerlicheren Zustände der Freude bis an die Grenze dessen, was ihnen überhaupt wahrnehmbar ist, zu empfinden. Anschließend werden sie – wiederum bis zu ihrem Innersten – in einen Zustand des Friedens versetzt, wo sie dann bekennen, daß nichts davon jemals ausgedrückt oder auch nur in Gedanken erreicht werden könne. Abschließend versetzt man sie in den Zustand der Unschuld, ebenfalls bis zu ihrer innersten Empfindung. Auf diese Weise wird ihnen begreiflich gemacht, was das wahrhaft geistige und himmlische Gute ist. (412)

Um Wesen und Beschaffenheit des Himmels und der himmlischen Freude erkennen zu können, wurde mir vom Herrn verliehen, oft und lange die Wonnen der himmlischen Freuden zu empfinden, so daß ich sie aus lebendiger Erfahrung wohl kennen, freilich durchaus nicht beschreiben kann. Doch konnte ich beobachten, daß immer dann, wenn ich alle meine Freude auf einen anderen übertragen wollte, eine innigere und vollkommenere Freude in mich einströmte, und zwar im selben Maße, wie ich sie übertragen wollte. Ich ward inne, daß dies vom Herrn herrührte. (413)

Die Himmlischen schreiten fortwährend in den Frühling des Lebens voran. Je mehr Jahrtausende sie leben, desto wonnevoller und seliger wird dieser Frühling. Dies setzt sich in Ewigkeit fort, wobei die Zunahme den Fortschritten und Graden der Liebe, der Nächstenliebe und des Glaubens entspricht. Mit einem Wort: Alt werden heißt im Himmel jung werden. Diejenigen, die in der Liebe zum Herrn und in der Liebe zum Nächsten gelebt haben, werden im anderen Leben zu Gestalten der Schönheit, und zwar in unzähliger Mannigfaltigkeit. Aus ihnen besteht der Himmel.

## DIE UNERMESSLICHKEIT DES HIMMELS

Die unermeßliche Größe des Himmels des Herrn geht schon aus manchem hervor, was bisher dargelegt wurde, vor allem daraus, daß der Himmel aus dem menschlichen Geschlecht hervorgegangen ist, und zwar aus allen, die von der ersten Entstehung dieser Welt an im Guten gelebt haben. Wer eine Berechnung darüber anstellt, wird finden, daß jeden Tag viele Tausende wegsterben, innerhalb eines Jahres also viele Millionen, und das von den ersten Zeiten an. Alle gelangen nach ihrem Abscheiden in die geistige Welt, und dies geht beständig so weiter. Wieviele von ihnen aber Engel des Himmels geworden sind und noch werden, läßt sich nicht sagen. Ich hörte nur, daß es in den alten Zeiten sehr viele waren, weil die Menschen damals innerlicher und geistiger dachten und daher in himmlischer Neigung lebten. In den darauffolgenden Zeiten waren es dann nicht mehr so viele, weil der Mensch allmählich äußerlicher wurde und materieller zu denken begann. (415)

Auf die Unermeßlichkeit des Himmels kann man jedoch auch daraus schließen, daß alle Kinder, sie seien innerhalb oder außerhalb der Kirche geboren, vom Herrn angenommen und zu Engeln werden. Ihre Zahl beträgt aber den vierten oder fünften Teil der irdischen Menschheit. (416)

Man kann auf diese Unermeßlichkeit ferner daraus schließen, daß alle Planeten, die wir mit den Augen in unserem Sonnensystem erblicken können, Erden sind, und daß es außer ihnen noch unzählig viele andere im Weltall gibt, alle voller Bewohner*. Ich habe hierüber einige Male mit Geistern unseres

---

*Swedenborgs Bild von der raum-zeitlichen Welt war, den Erkenntnissen des 18. Jahrhunderts entsprechend, noch relativ bescheiden. Er rechnete mit rund einer Million Erdkörpern. Angesichts der Unendlichkeit Gottes und seiner Liebe zu den Menschen mußte ihm diese Zahl gering erscheinen. Daher konnte er sich nur vorstellen, daß sie *samt und sonders* bewohnt seien, damit die Zahl der menschlichen Wesen vor Gott und seiner unendlichen Liebe wenigstens etwas und nicht ein völliges Nichts sein, wie die Bewohner einer einzigen Erde.

Erdkörpers gesprochen und geäußert, daß ein intelligenter Mensch aus zahlreichen Tatsachen entnehmen könne, daß es viele Erden und auf ihnen Menschen gibt. Aufgrund der Vernunft kann er den Schluß ziehen, daß so große Massen wie die Planeten, von denen einige größer sind als die Erde, nicht nur als leere Klumpen bloß dazu geschaffen sein können, sich um die Sonne zu wälzen und mit ihrem schwachen Schimmer einem einzigen Erdkörper zu leuchten, ihr Nutzen vielmehr ein höherer sein müsse. (417)

Als ich mit den Engeln über diese Dinge sprach, versicherten sie mir, sie hätten die gleiche Vorstellung von der geringen Zahl des menschlichen Geschlechts gegenüber der Unendlichkeit des Schöpfers. Sie dächten jedoch nicht in Kategorien des Raumes, sondern der Zustände, und nach ihrer Vorstellung wären Erdkörper von so vielen Myriaden, wie man sie sich nur irgend vorstellen könne, dennoch vor dem Herrn wie ein Nichts.

Über die Erdkörper im Weltall und ihre Bewohner, sowie die von ihnen stammenden Geister und Engel lese man in dem Werk gleichen Titels nach. Sein Inhalt ist mir zu dem Zweck geoffenbart worden, damit man wissen möge, daß der Himmel des Herrn unermeßlich groß und ganz und gar aus dem menschlichen Geschlecht hervorgegangen ist, ferner, daß unser Herr überall als Gott des Himmels und der Erde anerkannt wird. (417)

Schließlich läßt sich die Unermeßlichkeit des Himmels auch daraus ersehen, daß er in seinem Gesamtumfang einen einzigen größten Menschen darstellt und auch allen Einzelheiten beim individuellen Menschen entspricht. Diese Entsprechung kann niemals vollständig dargestellt werden, weil sie sich nicht nur auf die einzelnen Glieder, Organe und Eingeweide des Körpers im allgemeinen erstreckt, sondern auch auf jedes kleinste Teilchen

---

Heute rechnen wir mit ganz anderen Größenordnungen und nehmen an, daß menschliches Leben im All zwar sehr viel dünner gesät, dabei aber doch kaum weniger zahlreich ist, als Swedenborg annahm.

innerhalb derselben, ja sogar auf die einzelnen Gefäße und Fasern, bis hin zu den organischen Substanzen, die von innen her den Einfluß aus dem Himmel aufnehmen und Quelle aller inneren Tätigkeiten des Menschen sind, die dem Wirken seiner Seele dienen. Alles nämlich, was mehr im Inneren des Menschen lebendig ist, besteht in Form von Substanzen, denn ohne diese als Trägern (des inneren Lebens) hätte es kein Dasein. All dies hat eine Entsprechung mit dem Himmel (vgl. Nr. 87-102). Der Grund, weshalb die Entfaltung dieser Entsprechung niemals zu Ende gelangen kann, liegt darin, daß der Himmel umso vollkommener wird, je mehr Engel-Vereinigungen entstehen, die einem einzigen Glied entsprechen. In den Himmeln wächst nämlich jede Vollkommenheit mit der Größe der Zahl, weil dort alle dasselbe Endziel haben und alle einmütig dahin streben. Dieses Endziel ist das allgemeine Wohl. (418)

II. TEIL

# DIE GEISTERWELT
## UND DER ZUSTAND DES MENSCHEN UNMITTELBAR NACH DEM TOD

## WAS IST DIE GEISTERWELT?

Die Geisterwelt ist weder der Himmel noch die Hölle, vielmehr ein Mittelort oder besser: ein Zwischenzustand zwischen beiden. Dahin gelangt der Mensch nach dem Tode zuerst, um dann nach vollbrachter Zeit, je nach seinem Leben in der Welt, entweder in den Himmel erhoben oder in die Hölle geworfen zu werden. (421)

Mir wurde offenbar, daß sie ein Zwischenzustand ist, weil der Mensch, solange er sich dort aufhält, weder im Himmel noch in der Hölle ist. Der Zustand des Himmels beim Menschen ist die Verbindung des Guten und Wahren, der Zustand der Hölle dagegen die Verbindung des Bösen und Falschen in ihm. Wird bei einem Geistmenschen sein Gutes und Wahres verbunden, so gelangt er in den Himmel. Anders wenn beim Geistmenschen Böses und Falsches verbunden wird, dann kommt er in die Hölle. Diese Verbindung aber vollzieht sich in der Geisterwelt. (422)

Dem Menschen eignet Verstand und Wille; aufgrund seines Verstandes kann er denken und daher auch begreifen, was wahr und was gut ist. Er denkt es jedoch nicht aus dem Willen, außer er will und tut es auch. Sobald er es will und aus dem Wollen heraus tut, gründet es sowohl im Verstand wie im Willen, das heißt im Menschen selbst, denn weder der Verstand noch der Wille allein macht den Menschen aus, sondern nur beide zusammen. Was daher in beiden gründet, das ist im Menschen und zu einem Teil von ihm geworden. Was hingegen nur dem Verstand angehört, ist zwar beim Menschen, aber nicht in ihm, bleibt also eine Angelegenheit des Gedächtnisses und der Kenntnisse, an die er denken, über die er reden und Betrachtungen anstellen und für die er auch Gefühle und Gebärden heucheln kann. (423)

Die Fähigkeit des Menschen, aus dem Verstande und nicht zugleich aus dem Willen zu denken, ist vorgesehen worden, damit er umgebildet werden kann. Denn dies geschieht durch das Wahre, das Sache des Verstandes ist. Der Mensch wird nämlich, was seinen Willen angeht, in alles Böse hineingeboren und will daher niemandem wohl als sich selbst. Zur Besserung und Umbildung dieses Wollens ist dem Menschen die Fähigkeit gegeben, das Wahre einzusehen und so die Neigungen zum Bösen, die seinem Willen entstammen, zu zähmen. Dies ist der Grund, weshalb der Mensch mit Hilfe des Verstandes denken, aussprechen und tun kann, was wahr ist, auch wenn es solange nicht aus dem Willen geschieht, bevor er zu einem Menschen geworden ist, der es aus sich, das heißt von Herzen will und tut. Erst dann sind die Gedanken, die seinem Verstand entspringen, Angehör seines Glaubens, und die seinem Willen entstammen, Angehör seiner Liebe. (424)

Der Mensch hat also den Himmel in sich, soweit das Wahre seines Verstandes sich mit dem Guten seines Willens verbindet, das heißt soweit er die Wahrheiten will und tut. Denn oben wurde gesagt, in der Verbindung des Guten und Wahren bestehe der Himmel. Umgekehrt hat der Mensch die Hölle in sich, soweit sich das Falsche im Verstand mit dem Bösen im Willen verbindet. Im Zwischenzustand ist der Mensch jedoch nur solange, wie beides noch unverbunden ist. In diesem Zustand lebt heutzutage fast jeder Mensch. Man kennt nämlich viele Wahrheiten und denkt sie auch aufgrund seines Wissens und Verstandes, bringt aber nur wenig, zuweilen auch gar nichts zur Anwendung, oder aber man handelt aus Liebe zum Bösen und dem damit zusammenhängenden Glauben an Falsches wider besseres Wissen. Damit dem Menschen nun entweder der Himmel oder die Hölle zuteil werde, wird er nach dem Tode zuerst in die Geisterwelt versetzt. Dort vollzieht sich die Verbindung des Guten und Wahren bei denen, die in den Himmel erhoben und die Verbindung des Bösen und Falschen bei den anderen, die in die Hölle geworfen werden sollen . Weder im Himmel noch in der Hölle darf jemand ein geteiltes Gemüt haben, d.h. etwas anderes erkennen als wollen. Was der Mensch will, das soll er auch erkennen, und was er erkennt, das soll er auch wollen. Darum wird in der Geisterwelt bei den Guten das Falsche entfernt und ihnen das mit ihrem Guten übereinstimmende und dazu passende Wahre geschenkt. Bei den Bösen hingegen wird das bei ihnen befindliche Wahre hinweggeschafft und ihnen das mit ihrem Bösen übereinstimmende und zusammenpassende Falsche zugeteilt. (425)

In der Geisterwelt befinden sich ungeheuer viele Geister, weil dort für alle der erste Sammelplatz ist, alle dort geprüft und vorbereitet werden. Die Zeit des Aufenthaltes ist nicht festgesetzt. Einige werden, kaum daß sie dort eingetroffen sind, entweder in den Himmel erhoben oder in die Hölle hinabgeworfen; einige verweilen nur etliche Wochen, andere viele Jahre, jedoch nicht über 30. Die Unterschiede der Aufenthaltsdauer ergeben sich aus der Entsprechung oder Nichtentsprechung des Inneren und Äußeren beim Menschen. (426)

Nach ihrem Tode werden die Menschen, sobald sie in die Geisterwelt kommen, vom Herrn aufs genaueste unterschieden. Die Bösen werden umgehend an die höllische Gesellschaft gebunden, zu der sie ihrer herrschenden Liebe nach bereits in der Welt gehört hatten. Die Guten aber werden sogleich mit der himmlischen Gesellschaft verbunden, zu der sie hinsichtlich der Liebe, der Nächstenliebe und des Glaubens auch schon auf Erden gehört hatten. Trotz dieser Unterscheidung kommen sie doch in der Geisterwelt zusammen, und wenn sie es wünschen, können sich dort alle sprechen, die bei Leibesleben miteinander befreundet und bekannt waren, namentlich die Ehefrauen und -männer, wie auch Brüder und Schwestern. Wenn sie aber aufgrund ihres Lebens in der Welt verschiedener Gesinnung waren, trennen sie sich nach kurzer Zeit wieder voneinander. Wer aus der Geisterwelt in den Himmel gelangt, sieht nachher die in die Hölle Kommenden nicht wieder, und sie erkennen einander auch nicht. Die Ähnlichkeit verbindet, die Unähnlichkeit trennt. (427)

Unterhalb der Geisterwelt befinden sich die Höllen, oberhalb die Himmel. Alle Höllen sind gegen die Geisterwelt hin abgesperrt. Zugänglich sind sie nur durch Löcher und Spalten oder durch breitere Klüfte, die jedoch bewacht werden, daß niemand ohne Erlaubnis herauskommen kann. Auch der Himmel ist auf allen Seiten „eingezäunt", und der Zugang zu irgendeiner himmlischen Gesellschaft wird ebenfalls bewacht. Diese Aus- und Eingänge heißen im Wort Höllen- oder Himmelspforten bzw. -tore. (428)

Die Geisterwelt gleicht einem Tal zwischen Bergen und Felsen. Da und dort fällt es ab und steigt dann wieder an. Die Tore und Pforten zu den himmlischen Gesellschaften werden nur denen sichtbar, die für den Himmel gerüstet sind, die anderen finden sie nicht. Auch die Tore und Eingänge zu den Höllen sind nur für diejenigen sichtbar, die hineingehen sollen und denen sie dann geöffnet werden. Wenn das geschieht, erblickt man finstere, wie mit Ruß überzogene Höhlen, die sich schräg abwärts in die Tiefe ziehen, wo sich wieder mehrere Eingänge finden. Diesen Höhlen entsteigen ekelhafte Gerüche, vor denen die guten Geister aus Abscheu fliehen. Den bösen Geistern dagegen behagen sie, sie fühlen sich von ihnen angezogen. Ich hörte jemanden wie von innerer Pein laut aufschreien, als ihn ein Hauch des Himmels berührte, während er rundum vergnügt blieb, als ihn höllischer Dunst traf. (429)

Auch bei jedem einzelnen Menschen gibt es zwei Pforten. Die eine ist offen zur Hölle und für alles von daher kommende Böse und Falsche, die andere zum Himmel mit seinem Guten und Wahren. Die höllische Pforte steht bei allen offen, die im Bösen und hieraus im Falschen leben. Nur durch einen Spalt fließt bei ihnen von oben her gerade noch soviel Himmelslicht ein, daß sie denken, Schlüsse ziehen und reden können. Es gibt in der Tat zwei Wege, die zum vernünftigen Gemüt des Menschen führen, einen oberen oder inneren, durch den vom Herrn her Gutes und Wahres einfließt, und einen unteren oder äußeren, durch den von der Hölle her Böses und Falsches eindringt. Das vernünftige Gemüt selbst ist in der Mitte. Der Mensch ist daher soweit vernünftig, wie himmlisches Licht bei ihm einfließt. Soweit er sich diesem verschließt, ist er unvernünftig, wenn er sich auch selber für vernünftig hält. Diese Bezüge wurden erwähnt, um zu zeigen , worin die Entsprechung des Menschen mit Himmel und Hölle besteht. Solange sich sein vernünftiges Gemüt bildet, entspricht es der Geisterwelt; was über ihm ist, dem Himmel, was unterhalb, der Hölle. (430)

## JEDER MENSCH IST SEINEM INNEREN NACH EIN GEIST

Wer gründlich darüber nachdenkt, kann wissen, daß nicht der Körper denkt, sondern die Seele, da sie geistig ist. Die Seele des Menschen, über deren Unsterblichkeit viele geschrieben haben, ist sein Geist. Dieser ist in der Tat unsterblich, und zwar mit allem, was zu ihm gehört. Er ist es auch, der im Körper denkt, eben weil er geistig ist und das Geistige in sich aufnimmt und geistig lebt, das heißt denkt und will. Daher gehört alles geistige Leben, das im Körper erscheint, dem Geist, und auch nicht im mindesten dem Körper an. Wie bereits gesagt: Der Körper ist stofflich, und das dem Körper eigentümliche Stoffliche ist dem Geist nur hinzugefügt und fast etwas wie eine Nebensache, wenn auch unerläßlich für den Geist des Menschen in der natürlichen Welt, in der alles stofflich und an sich leblos ist, damit er hier leben und Nutzen schaffen kann. Da nun das Stoffliche nicht lebt, sondern nur das Geistige, können wir es als eine feststehende Tatsache betrachten, daß alles, was beim Menschen lebt, seinem Geist angehört und der Körper diesem nur dient – ganz wie ein Werkzeug der lebendig wirkenden Kraft. Zwar sagt man von einem Werkzeug, daß es wirke, bewege oder stoße, doch anzunehmen, daß es wirklich das Werkzeug sei und nicht vielmehr der Mensch, der durch dasselbe wirkt, ist eine Täuschung.

Wenn nun alles, was im Körper lebt und aus dem Leben wirkt und fühlt, einzig dem Geist und nicht dem Körper angehört, so muß folglich der Geist der Mensch selbst oder – was auf dasselbe hinausläuft – der Mensch an sich betrachtet ein

Geist sein. Und dieser muß auch die gleiche Form aufweisen. Da es nun vom Haupt bis zur Fußsohle nichts im Menschen gibt, das nicht lebt und empfindet, so muß der Mensch folglich im Tode, wenn der Körper von seinem Geist abgetrennt wird, dennoch Mensch bleiben und leben. Aus dem Himmel habe ich vernommen, daß manche der Gestorbenen, die auf der Totenbahre liegen und noch nicht auferweckt sind, in ihrem erkalteten Körper fortdenken und das Bewußtsein haben, als lebten sie noch, freilich mit dem Unterschied, daß sie kein einziges stoffliches Teilchen bewegen können, das zu ihrem Körper gehört.* (433)

Der Mensch kann weder denken noch wollen, außer es sei eine substantielle Unterlage vorhanden, aus der und in der es geschieht. Was angeblich existieren soll ohne eine substantielle Unterlage, ist ein Nichts. Das geht schon aus der bekannten Tatsache hervor, daß der Mensch ohne ein Organ als Unterlage seines Gesichtssinnes nichts sehen, und ohne ein Organ als Basis seines Gehörsinnes nichts hören kann. Dasselbe gilt für das Denken, das innere Sehen, sowie für das Innewerden (apperceptio), das innere Hören. Bestünden diese nicht in und aus Substanzen als ihren organischen Formen und Unterlagen, sie würden nicht existieren. Aufgrund dieser Überlegungen kann festgehalten werden, daß der Geist des Menschen in gleicher Weise eine Gestalt hat, und zwar die menschliche, und daß er ebenso über Sinnesorgane und Sinne verfügt wie zu der Zeit, als er noch im materiellen Körper lebte. (434)

Diese Überlegungen sollten jeden vernünftigen Menschen davon überzeugen, daß der Mensch an und für sich ein Geist ist und das Körperliche, das ihm hinzugefügt wurde, um seine Funktionen in der natürlichen und stofflichen Welt zu versehen, nicht den Menschen, sondern nur ein Werkzeug seines Geistes darstellt. Doch haben Erfahrungsbelege mehr Beweiskraft, weil

---

*Man denke an die Berichte derer, die aus klinischem Tod reanimiert wurden! (Vgl. die Bücher von R. Moody, Kübler-Ross u.a.)

von vielen die Vernunftgründe nicht erfaßt und von denen in Zweifel gezogen werden können, die sich aufs Gegenteil versteift haben, weil sie ihre Folgerungen aus Sinnestäuschungen zu ziehen pflegen. Sie denken meist, die Tiere lebten und empfänden ja auf gleiche Weise und hätten demnach ebenso ein Geistiges wie der Mensch, und doch werde behauptet, es sterbe mit dem Körper. Aber das Geistige der Tiere ist anders als das der Menschen. Der Mensch besitzt nämlich im Unterschied zu den Tieren ein Innerstes, in welches das Göttliche einfließt, es zu sich erhebt und so mit sich verbindet. Daher hat der Mensch den Tieren voraus, daß er sich über Gott und die göttlichen Dinge, das heißt Belange des Himmels und der Kirche, Gedanken machen und Gott lieben und so mit Ihm verbunden werden kann. Was aber (in dieser Weise) mit dem Göttlichen verbunden werden kann, das vermag unmöglich ins Nichts zu zerfallen. (435)

Ich darf noch hinzufügen, daß jeder Mensch, auch während er noch im Körper lebt, soweit es seinen Geist betrifft, sich in der Gesellschaft von Geistern befindet, obwohl ihm dies unbewußt bleibt. Durch diese Geister gehört der Gute einer Gesellschaft von Engeln an, der Böse aber einer höllischen Gesellschaft, und jeder kommt nach dem Tode in eben diese seine Gesellschaft. (438)

Zur Verdeutlichung der Tatsache, daß der Mensch hinsichtlich seiner innerlicheren Regionen ein Geist ist, will ich aus Erfahrung berichten, wie es zugeht, wenn der Mensch aus dem Körper herausgeführt und dann vom Geist an einen anderen Ort versetzt wird. (439)

Was das erste betrifft, nämlich das Herausgeführtwerden aus dem Körper, so verhält es sich damit folgendermaßen: Der Mensch wird in einen Zustand zwischen Schlafen und Wachen versetzt. Alle seine Sinne sind aber so klar, wie bei höchster körperlicher Wachheit. In diesem Zustand habe ich auch Geister und Engel ganz leibhaftig gesehen und gehört, ja merkwürdigerweise sogar berührt, obwohl damals fast nichts vom Körper mit dabei war. Von diesem Zustand heißt es, man werde aus dem

Körper herausgeführt und wisse nicht, ob man im Körper oder außerhalb des Körpers sei. In diesen Zustand wurde ich nur drei oder viermal versetzt, lediglich um zu erfahren, wie es sich damit verhält, und zugleich auch um zu wissen, daß die Geister und Engel alle Sinne besitzen, ebenso wie auch der Mensch als Geist, wenn er dem Körper entrückt ist. (440)

Was das zweite betrifft, nämlich das Entrücktwerden vom Geist an einen anderen Ort, so will ich lediglich folgende Erfahrung anführen: Während ich durch die Straßen einer Stadt und die angrenzenden Felder spazieren ging und dabei gleichzeitig mit Geistern sprach, war ich mir lediglich bewußt, daß ich ebenso wie zu anderen Zeiten wache und sehe. So ging ich, ohne mich zu verirren und war doch dabei in einer Vision, die mir Wälder, Flüsse, Schlösser, Häuser, Menschen und anderes mehr zeigte. Nachdem ich nun so stundenlang gewandert war, kehrte ich mit einemmal wieder in den körperlichen Gesichtssinn zurück und erkannte, daß ich inzwischen am anderen Orte angelangt war. Ich war darüber sehr erstaunt und merkte nun erst, daß ich mich in dem Zustand befunden hatte, von dem es heißt, man sei „vom Geist an einen anderen Ort entrückt worden". Solange dieser Zustand andauert, denkt man nämlich nicht an den Weg, und wäre er mehrere Meilen weit; auch empfindet man keinerlei Ermüdung und wird, ohne sich zu verirren, auf Wegen, die man selbst nicht kennt, an den vorgesetzten Ort geführt. (441)

Diese beiden Zustände des Menschen sind außergewöhnlicher Art. Sie wurden mir nur gezeigt, damit ich wüßte, wie es sich mit ihnen verhält, denn in der Kirche sind sie bekannt. Allein, mit Geistern zu reden und bei ihnen zu sein, als ob man zu ihnen gehörte, ist mir auch bei vollem Wachen des Körpers gewährt worden, und dies nun schon seit vielen Jahren. (442)

Wenn es heißt, der Mensch sei hinsichtlich seines Inneren ein Geist, so ist darunter zu verstehen: was sein Denken und Wollen ausmacht, denn diese sind das Innere, das den Menschen zum Menschen macht. (444)

# DIE AUFERWECKUNG DES MENSCHEN VON DEN TOTEN UND SEIN EINTRITT INS EWIGE LEBEN

Wenn der Körper seine Funktionen in der natürlichen Welt nicht länger erfüllen kann, sagt man, der Mensch sterbe. Das geschieht, wenn Lunge und Herz ihre Tätigkeit einstellen. Dennoch stirbt der Mensch nicht, sondern wird nur von dem Körperlichen getrennt, das ihm in der Welt gedient hatte. Der Mensch selbst lebt. Ich sagte, der Mensch selbst, denn der Mensch ist nicht Mensch durch seinen Körper, sondern durch seinen Geist. Hieraus geht hervor, daß der Mensch im Tode nur von der einen Welt in die andere hinübergeht. Aus diesem Grunde bedeutet der „Tod" im inneren Sinn des Wortes die Auferstehung und das Fortleben. (445)

Der Geist steht in der allerengsten Gemeinschaft mit Atem und Herzschlag. Sobald diese Bewegungen im Körper aufhören, tritt sogleich die Trennung ein. Atmung und Pulsschlag bilden die eigentlichen Bande, nach deren Zerreißung der Geist sich selbst überlassen ist und der Körper, weil er dann ohne das Leben seines Geistes ist, erkaltet und verwest. (446)

Nach der Lostrennung bleibt der Geist noch eine Weile im Körper, jedoch nicht länger als bis zum völligen Stillstand des Herzens, der je nach dem Zustand der Krankheit, an welcher der Mensch stirbt, unterschiedlich eintritt. Die Ursache, weshalb der Geist des Menschen nicht vor dem Stillstand des Herzens vom Körper getrennt wird, beruht darauf, daß das Herz der aus der Liebe stammenden Neigung entspricht, die das eigentliche Leben des Menschen darstellt. Jeder bezieht nämlich seine Lebenswärme aus der Liebe. Solange daher diese Verbindung besteht, besteht auch diese Entsprechung und fließt von daher geistiges Leben im Körper. (447)

Auf welche Weise die Auferweckung vor sich geht, ist mir nicht allein gesagt, sondern auch durch lebendige Erfahrung gezeigt worden. Die Erfahrung geschah am eigenen Leibe (ipsa experientia mecum facta est), damit ich ganz genau wüßte, wie es sich damit verhält. (448)

Ich wurde hinsichtlich der körperlichen Sinne in einen Zustand der Empfindungslosigkeit gebracht, mithin beinahe in den Zustand der Sterbenden. Dabei blieb jedoch das innerlichere Leben samt dem Denken unversehrt, da ich ja wahrnehmen und im Gedächtnis behalten sollte, was geschah. Ich nahm wahr, daß die Körperatmung beinahe aufgehört hatte, während die innerlichere Atmung – die des Geistes, verbunden mit einer schwachen und leisen des Körpers – verblieb. Zuerst wurde nun hinsichtlich des Herzschlags eine Gemeinschaft mit dem himmlischen Reich bewirkt, weil dieses Reich dem Herzen des Menschen entspricht. Ich sah auch Engel von daher, einige weiter weg, zwei nahe beim Haupt, wo sie sich niederließen. Dies führte zu einer Entfernung aller eigenen Gemütsregungen, obgleich Denken und Wahrnehmung erhalten blieben. In diesem Zustand verharrte ich einige Stunden. Dann entfernten sich die Geister, die um mich gewesen waren. Sie meinten, ich sei nun gestorben. Auch ließ sich ein aromatischer Geruch wahrnehmen, wie von einem einbalsamierten Leichnam. Denn Leichenartiges wird in der Gegenwart himmlischer Engel als etwas Aromatisches empfunden, und wenn die Geister dies riechen, können sie nicht nahen. Dadurch werden auch die bösen Geister bei der ersten Einführung des Menschen ins ewige Leben von dessen Geist ferngehalten. Die Engel bei meinem Haupt verhielten sich still, nur ihre Gedanken suchten sie mit den meinigen zu vereinigen. Werden ihre Gedanken aufgenommen, so wissen sie, daß nun der Geist des Menschen aus dem Körper herausgeführt werden kann. Die Mitteilung ihrer Gedanken geschah dadurch, daß sie mir ins Gesicht schauten; denn so geschieht in der Tat die Mitteilung von Gedanken im Himmel.

Nun nahm ich wahr, daß die Engel zuerst mein Denken daraufhin untersuchten, ob es dem von Sterbenden gliche, welche gewöhnlich ans ewige Leben denken. Sie wollten meine Seele bei diesem Gedanken festhalten. Insbesondere durfte ich wahrnehmen und auch empfinden, daß da etwas wie ein Ziehen oder Herausreißen der innerlicheren Teile meines Gemüts, also meines Geistes, aus dem Körper stattfand. Es wurde mir gesagt, dies geschehe vom Herrn und sei die Auferstehung. (449)

Die himmlischen Engel beim Auferweckten verlassen ihn nicht, da sie jeden Menschen lieben. Ist sein Geist aber so geartet, daß er sie nicht länger ertragen kann, so sehnt er sich von ihnen hinweg. Danach treten Engel aus dem geistigen Reich des Herrn herzu und versetzen ihn in den Genuß des Lichtes. Zuvor hatte er nämlich nichts gesehen, sondern nur gedacht. Auch das wurde mir gezeigt. Es hatte den Anschein, als ob jene Engel am linken Auge eine Hülle zur Scheidewand der Nase hin aufwickelten, um auf diese Weise das Sehen zu ermöglichen. Der Geist nimmt es zwar so wahr, doch ist es nur ein Schein. Ist dies geschehen, dringt etwas Helligkeit ein, jedoch noch schwach, etwa wie wenn der Mensch beim Erwachen durch die Augenlider blickt. Dieses Helldunkel schien mir von himmlischer Farbe zu sein, doch mir wurde gesagt, daß es variiere. Hierauf fühlte ich, wie von meinem Gesicht etwas sanft abgewickelt wurde; sobald es geschehen war, wurde dadurch geistiges Denken veranlaßt. Auch diese Ablösung vom Gesicht ist nur ein Schein, nämlich die Vorbildung davon, daß der Mensch vom natürlichen zum geistigen Denken gelangt. Die Engel suchen dann mit größter Sorgfalt zu verhindern, daß von dem Auferweckten eine andere Vorstellung ausgeht, als eine, die den Eindruck von Liebe vermittelt (sapit ex amore). Dann erklären sie dem Menschen, daß er nun ein Geist sei.

Nachdem ihm der Genuß des Lichtes geschenkt worden ist, erweisen die geistigen Engel dem neuen Geist alle Dienste, die er in diesem Zustand nur irgend wünschen kann und unterrichten ihn auch über alles, was er im anderen Leben vorfinden wird, freilich nur soweit er es fassen kann. Befindet er sich in einem Zustand, daß er gar nicht unterrichtet werden will, so sehnt er sich auch aus der Gesellschaft dieser Engel hinweg. Der Geist aber, nachdem er sich auf diese Weise entfremdet hat, wird nun von guten Geistern aufgenommen, und in ihrer Gemeinschaft werden ihm ebenfalls alle Dienste geleistet. Hat er aber ein Leben von der Art geführt, die ein Zusammenleben mit den Guten nicht erlaubt, so sehnt er sich auch von diesen hinweg. Dieser Vorgang wiederholt sich so lange und so oft, bis er sich solchen Geistern beigesellt, die vollständig mit seinem in der Welt geführten Leben übereinstimmen und bei denen er sein Leben findet. Dann führt er erstaunlicherweise das gleiche Leben wie in der Welt. (450)

Doch dieser Beginn des Lebens eines Menschen nach dem Tode dauert nicht länger als einige Tage. Ich sprach mit einigen am dritten Tag nach ihrem Tode, zu einer Zeit, wo das oben (Nr. 449f) Geschilderte vollendet war. Drei von ihnen kannte ich von der Welt her. Ihnen erzählte ich, daß man soeben Anstalten zu ihrem Begräbnis treffe, um ihren Körper zu bestatten. Ich hatte aber gesagt: „daß sie begraben würden". Als sie das hörten, waren sie einigermaßen erstaunt. Sie erklärten, sie seien ja lebendig, und man beerdige nur, was ihnen in der Welt gedient habe. Nachher drückten sie ihre Verwunderung darüber aus, daß sie während ihres Lebens im Körper nicht an ein Leben nach dem Tode geglaubt hatten, besonders auch darüber, daß das beinahe die allgemeine Anschauung in der Kirche sei. Alle, die in der Welt nicht an ein Fortleben der Seele nach dem Tode des Körpers geglaubt hatten, sind sehr beschämt, wenn sie merken, daß sie dennoch leben. Doch wer sich darauf versteift hatte, wird mit Seinesgleichen zusammengesellt und von den Gläubigen getrennt. (451, 452)

## DER MENSCH HAT NACH DEM TODE EINE VOLLKOMMENE MENSCHLICHE GESTALT

Die Geistgestalt des Menschen ist, wie gesagt, die menschliche. Der Mensch ist Mensch aufgrund seines Geistes, nicht weil er einen Körper hat. Dieser wird dem Geist gemäß dessen

Gestalt beigefügt, nicht umgekehrt. Deshalb vermag auch der Geist des Menschen auf die einzelnen, ja die allereinzelnsten Teilchen des Körpers einzuwirken. Das geht so weit, daß ein Teil, der nicht vom Geist in Bewegung gesetzt wird, bzw. in dem der Geist nicht das Bewegende ist, auch nicht lebt. Diese Tatsache ist schon allein daran zu erkennen, daß Gedanke und Wille den ganzen Körper in allen seinen Teilen aktivieren, und daß es nichts gibt, was nicht auf ihren Wink sogleich herbeieilte.

Der Geist aber, er sei nun von seinem Körper getrennt oder noch mit demselben verbunden, erscheint dem irdischen Menschen nur deshalb nicht in menschlicher Gestalt, weil das körperliche Auge, soweit es in die Welt blickt, aus Materie besteht, das Materielle aber nur Materielles wahrnehmen kann. Erst wenn das materielle Auge verhüllt und seines Zusammenwirkens mit dem geistigen Auge beraubt wird, werden daher die Geister in ihrer eigenen Gestalt sichtbar, welche die menschliche ist. Das gilt nicht nur für die Geister, die sich in der geistigen Welt befinden, sondern auch für den Geist, der sich in einem anderen, noch in seinem Körper befindlichen Menschen aufhält. (453)

Die Gestalt des Geistes ist deshalb die menschliche, weil der Mensch, was seinen Geist betrifft, in die Form des Himmels erschaffen worden ist. Denn alles, was zum Himmel und seiner Ordnung gehört, ist in der Seele des Menschen zusammengetragen worden. Daher hat der Mensch die Fähigkeit, Einsicht und Weisheit in sich aufzunehmen. Man kann ebenso gut auch sagen, er hat die Fähigkeit, den Himmel in sich aufzunehmen. Das geht klar aus Nr. 126-140, 200-212, 265-275, 59-77 und 78-86 hervor. (454)

Der vernünftige Mensch kann die eben angeführten Tatsachen verstehen, weil er sie aus dem Zusammenhang der Ursachen und aus dem Wahren in seiner Ordnung zu sehen vermag. Der unvernünftige Mensch aber versteht sie nicht, und zwar hauptsächlich weil er sie nicht verstehen will, widersprechen sie doch seinen falschen Grundsätzen, die für ihn wahr sind. Wer aus diesem Grunde nicht verstehen will, hat den Weg des Himmels zum Bereich seiner Vernunft verschlossen. Dieser Weg kann jedoch stets wieder geöffnet werden, wenn nur sein Wille dem nicht widersteht.

Ich hörte auch, wie einige höllische Geister erklärten, sie wüßten und fühlten, daß ihr Tun böse und ihr Denken falsch sei, doch könnten sie dem Angenehmen ihrer Liebe, also ihrem Willen, nicht widerstehen. Von diesem würden aber ihre Gedanken bestimmt, so daß sie das Böse als etwas Gutes und das Falsche als etwas Wahres betrachteten. Das zeigte deutlich, daß Geister, die aus bösem Hang im Falschen sind, durchaus Einsicht und Vernunft besitzen konnten, es aber nicht wollten. Lieben und Wollen ist dasselbe, denn was der Mensch will, das liebt er, und was er liebt, das will er.

Eben weil die Menschen einsehen können, was wahr ist, wenn sie nur wollen, wurde mir gestattet, das Kirche und Himmel betreffende Wahre auch durch Vernunftgründe zu bestätigen. Die Absicht dabei ist, das Falsche, das bei vielen Menschen den Bereich der Vernunft verschlossen hat, durch vernünftige Überlegungen zu zerstreuen und so vielleicht ihr Auge so weit als möglich aufzuschließen. Wer in der Wahrheit steht, darf die geistigen Wahrheiten durch Vernünftiges begründen. (455)

Die tägliche Erfahrung vieler Jahre hat mich gelehrt, daß der Geist des Menschen nach der Trennung vom Körper Mensch ist, und zwar in derselben Gestalt. Ich habe sie tausendmal gesehen, gehört und mit ihnen gesprochen – auch darüber, daß die Menschen in der Welt nicht glauben, daß sie so beschaffen sind und daß alle, die es glauben, von den Gebildeten für einfältig gehalten werden. Die Geister waren herzlich betrübt darüber, daß solche Unwissenheit auf Erden immer weiter besteht, und vor allem auch innerhalb der Kirche. Darum sind auch fast alle, die von der Welt her ankommen, sehr erstaunt darüber, daß sie leben und genau wie zuvor Menschen sind, also sehen und reden und ihr Körper einen Tastsinn besitzt (vgl Nr. 74). Wenn sie aber einmal aufgehört haben, sich über sich selbst zu wundern, so beginnen sie darüber zu staunen, daß die Kirche nichts von diesem Zustand der Menschen nach dem Tode weiß. Weil sie sich aber darüber wunderten, fragten sie sich, weshalb dem Menschen ein so wesentlicher Glaubensartikel der Kirche nicht durch Visionen geoffenbart worden ist. Es wurde ihnen aus dem Himmel bedeutet, nichts wäre dem Herrn leichter gewesen als das, aber es hätte jene Menschen, die sich aufs Gegenteil, also auf das Falsche, versteifen, doch nicht überzeugt, selbst wenn sie es gesehen hätten. Ferner sei es gefährlich, den Anhängern des Falschen etwas durch Visionen beweisen zu wollen, weil sie daraufhin zwar zuerst einmal zum Glauben gebracht würden, bald aber wieder leugnen und so jene Wahrheit selbst entweihen würden. Die Entweiher des Wahren werden in die unterste und härteste aller Höllen hinabgestoßen. Diese Gefahr wird durch die Worte des Herrn bezeichnet:

> „Er hat ihre Augen verblendet und ihr Herz verstockt, damit sie mit den Augen nicht sehen noch mit dem Herzen verstehen und sich bekehren, und ich sie heilte". (Joh 12, 40)  (456)

Wenn der Geist des Menschen kurz nach seiner Auferweckung zuerst die Geisterwelt betritt, sind Antlitz und Ton seiner Rede noch ähnlich wie in der Welt. In diesem Zustand herrscht sein Äußeres vor, weil das Innere noch nicht aufgedeckt ist. Dies ist der erste Zustand des Menschen nach dem Tode. Später verändert sich aber sein Angesicht und wird völlig anders, weil es sich seiner herrschenden Neigung oder Liebe angleicht, der sein Geist im Körper gedient hatte. Denn das geistige Antlitz eines Menschen unterscheidet sich sehr von seinem leiblichen. Letzteres stammt von den Eltern, das geistige Angesicht aber aus seiner Neigung, deren Bild es ist. Zu diesem gelangt der Geist nach dem Leben im Körper, wenn das Äußere entfernt und das Innere enthüllt wird. Dies ist dann der zweite Zustand des Menschen. Eine weitere Ursache für die Veränderung besteht darin, daß niemand im anderen Leben Gefühle heucheln darf, die er nicht hat. Folglich darf auch niemand Gesichtszüge annehmen, die seiner Liebe entgegengesetzt sind. Alle ohne Ausnahme werden in einen Zustand versetzt, daß sie reden wie sie denken und in Mienen und Gebärden zeigen, was sie wirklich wollen; so kommt es, daß ihr Angesicht zur Form und zum Ebenbild ihrer Neigungen wird. Darin liegt auch der Grund, daß alle, die einander in der Welt gekannt hatten, sich auch in der Geisterwelt wiedererkennen, jedoch nicht mehr im Himmel und in der Hölle, wie oben (Nr. 427) festgestellt wurde. (457)

Die Gesichter der Heuchler verändern sich später als die der anderen, weil sie eine Haltung eingeübt haben, die es ihnen erlaubt, die Vorgänge in ihrem Inneren so zurechtzubiegen, daß sie gute Neigungen vortäuschen. Lange Zeit sehen sie daher nicht unschön aus. Da sie aber nach und nach der erheuchelten Miene beraubt werden, sind sie hernach häßlicher als andere. (458)

Man sollte wissen, daß die menschliche Gestalt eines Geistes nach dem Tode umso schöner ist, je innerlicher er die göttlichen Wahrheiten geliebt und danach gelebt hatte. Bei jedem werden nämlich die inneren Bereiche aufgeschlossen und gebildet je nach seiner Liebe zu den göttlichen Wahrheiten und seinem dementsprechenden Leben. Je innerlicher daher die Neigung, desto mehr hat sie Anteil an der Form des Himmels und desto schöner ist infolgedessen das Antlitz. Die Engel des innersten Himmels sind deshalb die schönsten, sind sie doch Formen der himmlischen Liebe. Wer aber die göttlichen Wahrheiten nur in einer mehr äußerlichen Art geliebt und danach gelebt hatte, ist weniger schön. Mit einem Wort: die Schönheit nimmt nach innen zu und nach außen ab, und wie die Vollkommenheit, so wächst und schwindet auch sie. Ich habe Engel des dritten Himmels gesehen, deren Antlitz so schön war, daß kein Maler mit aller Kunst seinen Farben je eine solche Leuchtkraft verleihen könnte, um auch nur den tausendsten Teil von dem wiederzugeben, was als Licht und Leben auf ihrem Antlitz erscheint. Dagegen lassen sich die Gesichter der Engel des untersten Himmels bis zu einem gewissen Grade darstellen. (459)

## DER MENSCH HAT NACH DEM TOD ALLE SINNE, GEDÄCHTNIS, DENKEN UND NEIGUNG, WIE ZUVOR; ER LÄSST NUR SEINEN KÖRPER ZURÜCK

Wenn der Mensch im Tode aus der natürlichen in die geistige Welt hinüberwechselt, so nimmt er alles mit, was ihn als Menschen ausmacht, ausgenommen seinen irdischen Leib. Das ist mir aufgrund vielfacher Erfahrung zur Gewißheit geworden. Wenn der Mensch in die geistige Welt oder das Leben nach dem Tode eintritt, so lebt er dort ebenso in einem Leib wie in der Welt. Scheinbar besteht gar kein Unterschied, jedenfalls fühlt und empfindet er ihn nicht. Doch ist sein Leib dann geistig, also vom Irdischen geschieden oder gereinigt; und wenn das Geistige Geistiges berührt und anschaut, so ist das ebenso, wie wenn das Natürliche Natürliches berührt und anschaut. Wenn daher der Mensch ein Geist geworden ist, ist ihm (zunächst) nur bewußt, daß er noch in demselben Körper lebt, den er in der Welt hatte. Er weiß also (von sich aus) gar nicht, daß er gestorben ist, und er besitzt auch alle äußeren und inneren Sinne, die er in der Welt hatte. Er sieht wie zuvor, er hört und spricht wie zuvor, er riecht und schmeckt, und wenn er berührt wird, fühlt er es auch – ganz wie zuvor. Ebenso begehrt er, verlangt, wünscht, denkt, überlegt, fühlt sich angeregt, liebt und will – ganz wie zuvor. Wer Freude an wissenschaftlicher Betätigung hatte, liest und schreibt wie zuvor – mit einem Wort: wenn der Mensch von einem Leben ins andere hinüberwechselt, ist es, als ob er von einem Raum in den anderen schritte. Er nimmt auch alles mit, was er als Mensch in sich besitzt, der Tod betrifft also lediglich seinen irdischen Körper. Er nimmt auch sein natürliches Gedächtnis mit und behält alles, was er in der Welt gehört, gesehen, gelesen, gelernt und gedacht hat, von der ersten Kindheit an bis zum Ende seines Lebens. Weil aber die natürlichen Vorstellungen, die sein Gedächtnis bewahrt, in der geistigen Welt nicht hervorgerufen werden können, ruhen sie – ähnlich wie das auch beim Menschen der Fall ist, wenn er über etwas nicht nachdenkt. Gefällt es aber dem

Herrn, so werden sie dennoch ans Licht gebracht. Der sinnliche Mensch vermag absolut nicht zu glauben, daß der Mensch nach dem Tode in einem solchen Zustand lebt, weil er es nicht begreift. Der sinnliche Mensch kann nämlich selbst über geistige Dinge nur natürlich denken. (461)

Und dennoch: Der Unterschied zwischen dem Leben, das die Menschen in der geistigen Welt und das sie in der natürlichen Welt führen, ist groß. Er betrifft sowohl die äußeren als auch die inneren Sinne und deren Eindrücke. Im Himmel sehen und hören sie viel schärfer und denken auch weiser als in ihrem irdischen Leben. Sie sehen ja nun alles im himmlischen Licht, welches das irdische um viele Grade übertrifft (vgl Nr. 126); auch hören sie nun durch die geistige Atmosphäre, die ebenfalls viel intensiver ist als die irdische (Nr. 235). Es besteht ein ähnlicher Unterschied wie zwischen einem klaren Himmel und dichtem Nebel in der Welt. Das Himmelslicht als das göttliche Wahre bewirkt in der Tat, daß der Gesichtssinn der Engel die allerfeinsten Dinge bemerkt und unterscheidet. Dazu kommt, daß ihr äußeres Sehen dem inneren, ihrem Verstand, entspricht. Denn bei den Engeln fließt eins ins andere ein, weshalb sie einheitlich zusammenwirken. Daher die große Schärfe ihres Sehvermögens. Ebenso entspricht bei ihnen das Gehör ihrem Innewerden (perceptioni), das sowohl dem Verstande wie dem Willen angehört. Daher nehmen sie im Tonfall und in den Worten eines Redners die kleinsten Einzelheiten seiner Neigung und seines Denkens wahr – im Tonfall die Einzelheiten der Neigung, in den Worten die des Denkens (vgl. Nr. 234-245). Die übrigen Sinne bei ihnen sind freilich nicht so scharf ausgeprägt. Wären sie das, sie würden ihnen das Licht und die Freude an der Weisheit entziehen und stattdessen die Freude an den mit den verschiedenartigen körperlichen Begierden verbundenen Vergnügungen einflößen. Diese aber verdunkeln und schwächen den Verstand soweit, wie sie überwiegen, was auch bei den irdischen Menschen der Fall ist, die im Hinblick auf das geistige Wahre umso stumpfsinniger und dümmer sind, je mehr sie sich dem Geschmack und den Reizen des Körpers hingeben. (462)

Mir ist aber auch an vielen Beispielen gezeigt worden, daß der Mensch sein ganzes Gedächtnis aus der Welt mitbringt (secum habeat). Ich habe diesbezüglich viel Denkwürdiges gesehen und gehört, wovon ich einiges berichten will. Da waren zum Beispiel Leute, die ihre in der Welt begangenen Schandtaten und Verbrechen leugneten. Damit man sie nicht für schuldlos halte, wurde alles enthüllt und aus ihrem eigenen Gedächtnis von ihrem ersten Lebensalter an bis zum letzten der Reihe nach aufgezählt. Es handelte sich hauptsächlich um Ehebrüche und Verbrechen der Unzucht. Andere hatten ihre Mitmenschen mithilfe arglistiger Kunstgriffe betrogen, wieder andere hatten sie bestohlen. Ihre Finten und Gaunereien wurden der Reihe nach aufgezählt, darunter viele, von denen außer ihnen selbst kaum jemand in der Welt gewußt hatte. Sie erkannten auch alles an, weil es – zugleich mit einem jeden Gedanken, jeder Absicht, Lust und Befürchtung, zwischen denen damals ihr Gemüt hin und hergeschwankt hatte – wie ins Licht gestellt erschien. Andere hatten Geschenke angenommen und aus dem Richterberuf eine Erwerbsquelle gemacht. Auch sie wurden aufgrund ihres eigenen Gedächtnisses überführt, aus dem vom Beginn ihrer Amtsführung an bis zuletzt alles aufgezählt wurde: die einzelnen Bestechungen nach Art und Umfang, dazu die Zeit, ihr Gemütszustand und ihre Absicht – alles zugleich wurde ihnen wieder in Erinnerung gerufen und sichtbar vorgestellt. Die Fälle gingen in die Hunderte. Bei einigen wurden erstaunlicherweise selbst ihre Tagebücher, in denen sie dergleichen Dinge notiert hatten, aufgeschlagen und ihnen Seite für Seite vorgelesen. Diese Enthüllungen dauerten zuweilen stundenlang. Jemand hatte noch kurz vor dem Tode seinen Nachbarn heimlich mit Gift getötet. Das wurde auf folgende Weise enthüllt: Es schien, als ob unter seinen Füßen eine Grube gegraben würde, aus der wie aus einem Grab ein Mann hervorkam, der ihn anschrie: „Was hast Du mir angetan?!" Und nun wurde alles offenbar, wie nämlich der Giftmischer freundlich mit ihm geredet und ihm einen Becher gereicht, ferner was er vorher gedacht hatte und was nachher geschah. Als das alles aufgedeckt war, wurde er zur Hölle verurteilt. Mit einem Wort: jedem bösen Geist werden all seine bösen, ruchlosen Taten, Räubereien, Kunstgriffe und Betrügereien handgreiflich vorgeführt. Aufgrund dieser Beispiele dürfte klar sein, daß der Mensch sein ganzes Gedächtnis mit hinüber nimmt, und daß in der Welt nichts so gut verborgen ist, daß es nicht nach dem Tode offenbar würde, und zwar gemäß den Worten des Herrn in aller Öffentlichkeit:

> „Nichts ist verborgen, was nicht aufgedeckt, und nichts heimlich, was man nicht wissen werde. Darum, was ihr im Finstern gesprochen habt, das wird man im Licht hören, und was ihr ins Ohr gesagt habt, wird auf den Dächern ausgerufen werden."  (Luk 12, 2f.)

Wenn dem Menschen seine Taten nach dem Tode aufgedeckt werden, so betrachten die Engel, denen die Untersuchung obliegt, genau sein Gesicht. Ihre Untersuchung ergreift dann den ganzen Leib, beginnt bei den Fingern der einen, dann der anderen Hand und erstreckt sich von da aus über den ganzen Körper. Da ich mich wunderte, was das solle, wurde es mir erklärt: Ebenso wie die Einzelheiten des Denkens und Wollens im Gehirn verankert sind – denn im Gehirn liegen die Anfänge – so sind sie auch dem ganzen Leib eingeprägt, weil sich nämlich von ihren Anfängen aus alle Einzelheiten des Denkens und Wollens durch diesen ausbreiten und in ihm als Letztem endigen. Was daher dem Gedächtnis aus dem Wollen und dem daraus hervorgehenden Denken eingeprägt ist, das ist nicht allein dem Gehirn, sondern auch dem ganzen Menschen eingeprägt und existiert dort in einer Ordnung, die der Anordnung der Körperteile entspricht. Daraus wurde mir klar, daß der Mensch im Ganzen so ist wie sein Wollen und das daraus hervorgehende Denken, bis zu dem Punkt, daß der böse Mensch identisch ist mit seinem Bösen, und der gute mit seinem Guten. Damit ist auch klar, was man unter dem „Lebensbuch" des Menschen zu verstehen hat; daß nämlich alle Einzelheiten der Taten wie der Gedanken dem ganzen Menschen eingeprägt sind, so daß es scheint, als würden sie aus einem Buche vorgelesen, wenn sie aus dem Gedächtnis abgerufen werden und wie im Bilde sichtbar werden, sobald der betreffende Geist im Himmelslicht betrachtet wird. Die Einzelheiten, die der Mensch gedacht, gewollt, geredet, getan, ja selbst die er gehört und gesehen hat, sind seinem inneren oder geistigen Gedächtnis eingeschrieben. Was einmal darin ist, kann niemals ausgelöscht werden, weil es, wie oben gezeigt wurde, zugleich dem Geist selbst wie auch den Gliedern seines Leibes eingeprägt ist. Der Geist ist demnach ein Abbild seiner Gedanken und Handlungen seines Willens. Ich bin mir bewußt, daß diese Dinge als unsinnig erscheinen und daher kaum geglaubt werden. Dennoch sind sie wahr. Es nehme also niemand an, daß irgendetwas von dem, was er bei sich gedacht und im Verborgenen getan hat, nach dem Tode verborgen bleibe, vielmehr glaube der Mensch, daß alles und jedes sich dann wie am hellichten Tage zeigen werde. (463)

Doch das äußere oder natürliche Gedächtnis dient, soweit sein Inhalt etwas vom Materiellen sowie von Zeit und Raum und allem anderen an sich hat, was der Natur eignet, dem Geist nicht zum gleichen Zweck wie in der Welt. Als Mensch in der Welt hatte er ja aus dem äußeren Sinnlichen, nicht aber zugleich aus dem inneren oder verstandesmäßigen Sinnlichen, folglich natürlich und nicht geistig gedacht. Als Geist aber denkt er nicht mehr natürlich, sondern geistig. Und geistig denken heißt, verstandes- oder vernunftmäßig denken. Die Folge davon ist, daß das äußere oder natürliche Gedächtnis, was die materiellen Dinge betrifft, ruht und von seinem Inhalt nur das gebraucht wird, was der Mensch dadurch in der Welt in sich aufgenommen und seiner Vernunft einverleibt hatte (vgl. Nr. 234-257).

Darum ist der Mensch nach dem Tode in dem Maße vernünftig, wie er durch Sprachen und Wissenschaften in der Welt seine Vernunft gebildet hat, keineswegs aber soweit er Sprachen und Wissenschaften beherrscht hat. Ich habe mit vielen gesprochen, die in der Welt als gebildet galten, weil sie die alten Sprachen – Hebräisch, Griechisch und Lateinisch – beherrschten. Da sie aber ihre Vernunft nicht durch den Inhalt dieser Sprachen ausgebildet hatten, so erschienen einige von ihnen ebenso einfältig wie andere, die keine Kenntnis dieser Sprachen besaßen; einige wirkten geradezu dumm, obwohl sich bei ihnen der Dünkel erhalten hatte, weiser zu sein als andere. Auch sprach ich mit einigen, die in der Welt geglaubt hatten, die Weisheit des Menschen hänge von seinem guten Gedächtnis ab. Sie hatten auch tatsächlich ihr Gedächtnis mit vielem vollgestopft und sprachen fast nur daraus, also letztlich nicht aus sich selbst, sondern aus anderen. Tatsächlich können Menschen dieser Art von sich selbst aus nicht erkennen, wie etwas wirklich ist und können folglich auch nichts von dem, was sie von anderen hören, vernünftig beurteilen.

Die Vernunft des Menschen gleicht einem Garten oder Blumenbeet oder auch einem Acker. Das Gedächtnis ist das Erdreich, die wissenschaftlichen Wahrheiten und Erkenntnisse sind die Samen. Licht und Wärme des Himmels bringen sie zum Wachsen. Ohne sie gibt es kein Keimen. Dies zeigt sich auch, wenn das Himmelslicht der göttlichen Wahrheit und die himmlische Wärme der göttlichen Liebe nicht zugelassen werden – ohne sie gibt es keine Vernunft. Die Engel klagen sehr darüber, daß die meisten Gebildeten alles auf die Natur zurückführen und sich die innerlicheren Bereiche ihres Gemüts dadurch so verschlossen haben, daß sie nichts Wahres mehr aus dem Licht des Wahren – dem Himmelslicht – sehen können. Im anderen Leben werden sie deshalb der Fähigkeit zum vernünftigen Denken beraubt, um sie daran zu hindern, durch diese Fähigkeit unter den einfältig Guten Falsches zu verbreiten und sie zu verführen. Sie selbst aber werden in Einöden verbannt. (464)

Die Beschaffenheit der Gedächtnisse stellt sich im anderen Leben zuweilen sichtbar in Gestalten dar, wie sie nur dort zur Erscheinung kommen (es kommt aber dort mancherlei zur Erscheinung, was sonst bei den Menschen nur als Idee auftritt). Das mehr äußerliche Gedächtnis erscheint dort wie eine dicke Haut, das innerlichere hingegen als Marksubstanz, wie wir sie im menschlichen Gehirn finden. Aus diesen Bildern läßt sich auf ihre Beschaffenheit schließen. (466)

Menschen, die in der Liebe zum Herrn stehen und sich liebevoll um den Nächsten kümmern, haben schon im irdischen Leben Engelseinsicht und -weisheit in und um sich, jedoch verborgen im Innersten ihres inwendigen Gedächtnisses. (467)

In kurzen Worten soll auch gesagt werden, wie die Vernunftfähigkeit ausgebildet werden kann: die echte Vernunftfähigkeit besteht aus Wahrem und nicht aus Falschem. Was aus Falschem besteht, ist nicht vernünftig. Es gibt aber dreifache Wahrheiten: bürgerliche, sittliche und geistige. Die bürgerlichen beziehen sich auf alles, was mit dem Rechtswesen und der Regierung oder, allgemein gesagt, mit der entsprechenden Gerechtigkeit und Billigkeit zusammenhängt. Die sittlichen Wahrheiten betreffen das persönliche Leben des Einzelnen in seiner Beziehung zur Gesellschaft und Gemeinschaft und hängen, allgemein gesprochen, mit Redlichkeit und Aufrichtigkeit und besonders mit jeder Art von Tugend zusammen. Die geistigen Wahrheiten hingegen beziehen sich auf den Himmel und die Kirche, also allgemein auf das Gute, das zur Liebe, und das Wahre, das zum Glauben gehört.

Es gibt drei Grade des Lebens in jedem Menschen (vgl. Nr. 267). Seine Vernunftfähigkeit wird bis zum ersten Grad erschlossen durch das bürgerliche Wahre, bis zum zweiten durch das sittliche und bis zum dritten durch das geistig Wahre. Man muß jedoch wissen, daß die Vernunftfähigkeit nicht dadurch gebildet und erschlossen wird, daß der Mensch die verschiedenen Arten des Wahren kennt, sondern nur wenn er nach ihnen lebt. „Nach ihnen leben" heißt, sie aufgrund geistiger Neigung lieben, und das bedeutet wiederum, Recht und Billigkeit darum lieben, weil sie gerecht und billig sind, auch Redlichkeit und Aufrichtigkeit um ihrer selbst willen, sowie das Gute und Wahre, weil es gut und wahr ist. Wer hingegen zwar nach ihnen lebt, sie aber nur aus fleischlicher Neigung liebt, der liebt sie um seiner selbst, seines Rufes, seiner Ehre oder um seines Vorteils willen. Ein solcher Mensch wird nicht vernünftig, weil er dann in Wirklichkeit nicht sie, sondern sich selbst liebt und die Wahrheiten ihm wie Knechte ihrem Herrn dienen. Wenn aber die Wahrheiten zu dienstbaren Werkzeugen der Eigenliebe gemacht werden, so dringen sie nicht in den Menschen ein und schließen keinen einzigen Grad seines Lebens bei ihm auf, nicht einmal den ersten. Als Kenntnisse natürlicher Art ruhen sie lediglich im Gedächtnis, wo sie sich mit der Eigenliebe verbinden, deren Natur fleischlich ist. (468)

Geister und Engel besitzen ebenso wie die Menschen ein Gedächtnis. Was immer sie hören, sehen, denken, wollen und tun, verbleibt ihnen, auch bildet sich dadurch ihre Vernunftfähigkeit immer weiter aus, und zwar in Ewigkeit. Hierauf beruht, daß Geister und Engel ebenso wie Menschen durch Erkenntnisse des Wahren und Guten in ihrer Einsicht und Weisheit vollkommnet werden. Ich sah auch Geister, die durch schlichte Güte (ex simplici bono) über ein wenig Wahrheit verfügten, mit Erkenntnissen und dadurch mit Einsicht ausgestattet und hierauf in den Himmel erhoben wurden. Man muß jedoch wissen, daß diese Ausstattung nur bis zu jenem Grad der Neigung zum Guten und Wahren geht, in dem sie in der Welt standen, nicht darüber hinaus. In der Tat behält jeder Geist und Engel seine Neigung in dem Umfang und in der Weise, wie sie in der Welt war. Hernach wird sie angereichert und so vervollkommnet, was sich in Ewigkeit fortsetzt. Alles kann nämlich in Ewigkeit immer weiter angereichert werden, weil jedes Ding unendlich variiert, also durch Variationen bereichert und so vervielfältigt und fruchtbar gemacht werden kann. Nichts Gutes hat je ein Ende, entstammt es doch dem Unendlichen. (469)

## DER MENSCH IST NACH DEM TODE SO, WIE SEIN LEBEN IN DER WELT WAR

Das ist jedem Christen aus dem Worte Gottes bekannt, wird doch darin an vielen Stellen gesagt, daß der Mensch nach seinen Taten und Werken gerichtet und belohnt werde. Zudem kann jedermann, dessen Denken auf der Grundlage jenes Guten beruht, das wirklich gut und wahr ist, klar sein, daß in den Himmel kommt, wer ein gutes Leben führt, in die Hölle aber, wer böse lebt. Doch wer dem Bösen verhaftet ist, will nicht glauben, daß sein nachtodlicher Zustand dem Leben entspricht, das er in der Welt geführt hatte. Er denkt vielmehr – und zwar vor allem wenn er krank wird – jedermann komme, wenn schon, dann aus purer Barmherzigkeit in den Himmel, unabhängig von seinem Leben. Es hänge vielmehr vom Glauben ab, der nichts mit dem Leben zu tun habe. (470)

Von den vielen Stellen im Wort, in denen gesagt wird, daß der Mensch nach seinen Taten und Werken gerichtet und belohnt werde, möchte ich hier einige anführen:

> „Des Menschen Sohn wird kommen in der Herrlichkeit seines Vaters mit seinen Engeln und dann einem jeden vergelten nach seinen Werken". (Mat 16, 27)
> „Selig sind die Toten, die im Herrn sterben . . . Ja, spricht der Geist, sie sollen ruhen von ihren Arbeiten; . . . ihre Werke aber folgen ihnen nach". (Offb 14, l3)
> „Ich werde einem jeglichen unter euch nach seinen Werken geben" (Offb 2, 23). Man vgl. auch Offb 20, 12; 22 , 12; Mat 7, 24ff.; 7, 21-23; Luk 13, 26f; Jer 25, 14; 32, 19; Hos 4, 9; Sach 1, 6.

Wo der Herr das letzte Gericht voraussagt, spricht er bloß von den Werken und daß diejenigen ins ewige Leben eingehen würden, die gute Werke getan haben, in die Verdammnis hingegen, die keine Werke getan haben (Mat 25, 32-46).

Ebenso lautet es an vielen anderen Stellen, die von der Erlösung und von der Verdammnis des Menschen handeln. Es ist offenkundig, daß Werke und Taten das äußere Leben des Menschen bezeichnen, daß sich aber in ihnen die Beschaffenheit seines inneren Lebens ausdrückt. (471)

Jedermann weiß ja, daß jede Tat und jedes Werk dem Wollen und Denken des Menschen entspringt. Das bedeutet, daß Tat und Werk genauso beschaffen sind wie das Wollen und Denken, die sie hervorgebracht haben. Waren Gedanken und Wille gut, so sind es auch die Taten, waren sie böse, gilt dasselbe für die Taten und Werke, wenn sie auch in ihrer äußeren Form vollkommen gleich erscheinen mögen. Tausend Menschen können das gleiche tun, das heißt uns vor die gleichen Handlungen stellen – so gleich, daß sie äußerlich kaum unterschieden werden können – und doch ist jede Handlung an sich verschieden, weil unterschiedlichem Wollen entsprungen.

Menschen, die wirklich Liebe zur Aufrichtigkeit und Gerechtigkeit hegen, unterscheiden sich äußerlich scheinbar nicht in ihren Taten von den anderen. Einige von ihnen handeln aus dem Wahren des Glaubens oder aus Gehorsam gegenüber den Geboten im Worte Gottes, manche aus dem Guten des Glaubens oder aus ihrem Gewissen, weil das zur Religion gehört, andere aus dem Guten der Nächstenliebe, weil man für seinen Nächsten sorgen soll. Bei einigen entspringen ihre Taten der Liebe zum Herrn, weil man das Gute um des Guten willen tun soll. Diese Menschen handeln folglich auch ehrlich und gerecht um der Ehrlichkeit und Gerechtigkeit willen, die sie lieben, weil sie vom Herrn stammen und daher an sich eigentlich göttlich sind. Die Taten oder Werke dieser Menschen sind innerlich gut. (472)

Wissen muß man jedoch, daß der Mensch vom Willen bestimmt wird. Vom Denken gilt dies nur in dem Maße, wie es dem Willen entspringt. Taten oder Werke entspringen beiden. Man kann ebenso gut sagen, daß die Liebe den Menschen ausmacht, während das vom Glauben nur in dem Maße gilt, als dieser seinen Ursprung in der Liebe hat, und daß Taten oder Werke aus beiden hervorgehen. Damit steht fest, daß ein von der Liebe getrennter Glaube überhaupt kein Glaube, sondern nur totes Wissen ist. (474)

Ferner muß man wissen, daß in seinen Taten oder Werken der ganze Mensch erscheint. Sein Wollen und Denken bzw. Liebe und Glaube, die sein Inneres bilden, sind nicht vollendet, ehe sie sich in Taten oder Werken ausdrücken. Diese stellen sein Äußeres dar. Jeder kann auch wissen, daß wollen, aber trotz bestehender Möglichkeit nicht handeln dasselbe ist wie nicht wollen, und daß lieben und das Gute, obgleich man könnte, nicht ausführen darauf hinausläuft, daß man gar nicht liebt. Denn der bloße Gedanke, daß man wolle und liebe, verschwindet und vergeht, weil es ein vom Dasein getrenntes Denken ist. Die Liebe, die Absicht, ist die eigentliche Seele der Tat oder des Werkes. Diese Seele bildet ihren Leib in den aufrichtigen und gerechten Handlungen des Menschen. Der geistige Leib, der Leib des Menschengeistes, hat nur darin seinen Ursprung, das heißt er wird lediglich aus dem gebildet, was der Mensch aus Liebe oder freiem Willen auch ausführt (vgl. Nr. 463). Mit einem Wort: alles, was den Menschen und seinen Geist bildet, liegt in seinen Taten oder Werken. (475)

Damit dürfte feststehen, welches Leben den Menschen nach dem Tode erwartet. Es besteht in seiner Liebe und dem daraus entspringenden Glauben, nicht nur der Möglichkeit nach, sondern auch in der Verwirklichung. So sind es also die Taten oder Werke, weil diese alles in sich enthalten, was zur Liebe oder zum Glauben des Menschen gehört. (476)

Die herrschende Liebe erwartet den Menschen nach dem Tode und wird in Ewigkeit niemals verändert. Zwar hat jeder eine ganze Anzahl von Neigungen (amores), doch beziehen sich alle auf seine herrschende Liebe und bilden zusammen mit ihr eine Einheit. Einige dieser Neigungen sind innerlicher, andere äußerlicher; einige sind unmittelbarer, andere mittelbarer mit der herrschenden Liebe verbunden, stehen ihr näher oder ferner und dienen ihr in verschiedener Weise. Alle zusammen bilden gleichsam ein Reich. In der Tat sind sie beim Menschen in dieser Weise geordnet, obwohl der Mensch davon keine Ahnung hat. Im anderen Leben wird ihm jedoch etwas davon offenbar, weil dort die Verbreitung des Denkens und der Neigung von ihrer Ordnung abhängt: die Verbreitung in himmlische Gesellschaften, wenn seine herrschende Liebe aus himmlischen Liebesarten, in höllische Gesellschaften dagegen, wenn sie aus höllischen Neigungen besteht. (477)

Was bisher ausgeführt worden ist, spricht jedoch nur das Denken des vernünftigen Menschen an. Um es auch den Sinnen faßbar zu machen, will ich Erfahrungen anführen, durch die diese Ausführungen verdeutlicht und bestätigt werden. (478)

Erstens: *Der Mensch ist nach dem Tode seine Liebe bzw. sein Wille*. Dies ist mir durch häufige Erfahrung zur Gewißheit geworden. Der ganze Himmel ist je nach den Unterschieden des Guten der Liebe in Gesellschaften eingeteilt. Jeder Geist, der in den Himmel erhoben und zu einem Engel wird, wird der Gesellschaft zugeführt, in der seine Liebe herrscht. Wenn er dort ist, fühlt er sich wie daheim. Ein Engel nimmt das deutlich wahr und gesellt sich hier zu den ihm Ähnlichen. Geht er von da fort und kommt anderswohin, widerstrebt es ihm fortwährend, und er sehnt sich, zu den ihm Ähnlichen, mithin zu seiner herrschenden Liebe zurückzukehren. Auf diese Weise entstehen die Gesellschaften im Himmel. Ähnliches gilt für die Hölle, wo sich die Geister ebenfalls aufgrund ihrer den himmlischen entgegengesetzten Liebesarten vereinen (vgl. Nr. 4-50 und 200-212).

Auch daraus können wir entnehmen, daß der Mensch nach dem Tode aus seiner Liebe besteht, weil dann alles entfernt und ihm gleichsam genommen wird, was nicht mit seiner herrschenden Liebe übereinstimmt. Wenn jemand gut ist, so wird alles von ihm abgerückt, was nicht damit übereinstimmt, und so wird er ganz und gar in seine Liebe versetzt. Dasselbe geschieht dem, der böse ist, nur mit dem Unterschied, daß ihm die Wahrheiten genommen werden, dem Guten hingegen das Falsche – bis zu dem Punkt, daß schließlich jeder nur noch aus seiner Liebe besteht.

Man kann alle Geister führen, wohin man will, solange man sie nur bei ihrer herrschenden Liebe packt; sie können nicht widerstehen, selbst wenn sie sich bewußt sind, was ihnen geschieht, und wie sehr sie auch auf Widerstand sinnen. Ihre Liebe ist wie ein Band oder Seil, das sie gleichsam umschlingt und an dem sie gezogen werden können, ohne daß sie sich loszumachen vermögen. Schon den Menschen in der Welt widerfährt ja ähnliches.

Jede Gemeinschaft im anderen Leben zeigt deutlich, daß der Geist des Menschen aus seiner herrschenden Liebe besteht. Soweit nämlich jemand in Übereinstimmung mit der Liebe eines anderen Geistes handelt und spricht, erscheint der Betreffende ganz wie er ist, mit vollem, heiteren und lebendigen Gesicht. Sobald dagegen jemand im Widerspruch zur Liebe eines anderen handelt und spricht, beginnt sich dessen Gesicht zu verändern. Es wird finster und schließlich unsichtbar, so als ob der Betreffende nie zugegen gewesen wäre. Ich habe mich oft darüber gewundert. Auch daraus wurde mir klar, daß der Geist seine herrschende Liebe ist, weil er alles an sich zieht und sich aneignet, was mit seiner Liebe übereinstimmt, alles andere aber zurückweist. Es wurde mir mehrmals zu beobachten erlaubt, wie etliche einfältig gute Geister die bösen über das Wahre und Gute unterrichten wollten, diese aber das Weite suchten und, sobald sie zu Ihresgleichen kamen, das mit ihrer Liebe übereinstimmende Falsche voller Begier ergriffen. Ich durfte auch mit ansehen, wie gute Geister über die Wahrheiten miteinander sprachen. Die anwesenden Guten hörten mit großem Interesse zu, die Bösen aber, die ebenfalls zugegen waren, achteten gar nicht darauf, gerade als ob sie nichts hörten. In der Geisterwelt erscheinen Wege, von denen einige zum Himmel, andere zur Hölle führen, jeder zu einer ganz bestimmten Gesellschaft. Die guten Geister wählen nur die Wege, die zum Himmel und zu der Gesellschaft führen, in der das Gute ihrer Liebe herrscht. Die bösen Geister hingegen suchen nur solche Wege, die zur Hölle und darin zu der Gesellschaft führen, in der das Böse ihrer eigenen Liebe herrscht. Andere Wege sehen sie entweder nicht, oder wollen sie doch nicht beschreiten. (479)

Zweitens: *Der Mensch bleibt nach den Tode in Ewigkeit so, wie er hinsichtlich seines Willens oder seiner herrschenden Liebe beschaffen ist.* Auch das wurde mir durch viele Erfahrungen bestätigt. Ich durfte mit einigen Menschen reden, die vor 2000 Jahren gelebt hatten, und deren Leben aus den Beschreibungen der Geschichtsquellen bekannt ist. Es zeigte sich, daß sie sich gleich geblieben waren und noch ganz so sind, wie sie beschrieben wurden. Hinsichtlich der Liebe, die ihr Leben hervorbrachte und der es entsprach, bestand keinerlei Unterschied, nur hatte sich das, was ihrer Liebe angenehm gewesen war, jetzt in Entsprechendes verwandelt. Engel erklärten, das Leben der herrschenden Liebe werde in Ewigkeit bei niemandem verändert, weil jeder identisch ist mit seiner Liebe und jede Veränderung bedeuten würde, den betreffenden Geist seines Lebens zu berauben oder ihn zu vernichten. Sie nannten auch die Ursache, nämlich daß der Mensch nach dem Tode nicht mehr auf dieselbe Weise wie in der Welt durch Belehrung umgebildet werden könne, weil dann die letzte Grundlage fehlt, die aus natürlichen Erkenntnissen und Neigungen besteht. Sie ist gleichsam eingeschläfert und kann nicht wieder erweckt werden, weil sie nicht geistig ist (vgl. Nr. 464). Die innerlicheren Bereiche des Gemüts oder der Gesinnung ruhen aber auf dieser Grundlage, ähnlich wie ein Haus auf seinem Fundament. Daher bleibt der Mensch in Ewigkeit so, wie das Leben seiner Liebe in der Welt gewesen war. Die Engel wundern sich sehr darüber, daß der Mensch nicht weiß, daß jeder so beschaffen ist wie seine herrschende Liebe. Ebenfalls erstaunt sie der weit verbreitete Glaube, man könne aufgrund unmittelbarer Barmherzigkeit und bloßen Glaubens erlöst werden, ohne Rücksicht auf das Leben, das man geführt habe. Und schließlich war ihnen das Fehlen der Erkenntnis verwunderlich, daß die göttliche Barmherzigkeit eine mittelbare ist und darin besteht, daß man vom Herrn geführt wird, in der Welt ebenso wie hernach in der Ewigkeit, und daß diejenigen durch die Barmherzigkeit geführt werden, die nicht ins Böse verstrickt sind. Viele Menschen wissen auch nicht, daß der Glaube eine Neigung zum Wahren ist, die aus der himmlischen, vom Herrn stammenden Neigung hervorgeht. (480)

Drittens: *In den Himmel kommt, wer von himmlischer und geistiger Liebe beseelt ist, in die Hölle, wer von fleischlicher und weltlicher Liebe beherrscht ist.* Dies bestätigte sich mir an all denen, die ich in den Himmel erhoben bzw. in die Hölle geworfen sah. Die himmlische Liebe besteht in der Liebe dessen, was gut, aufrichtig und gerecht ist, und im Tun desselben aus Liebe. Wer die genannten Dinge um ihrer selbst willen liebt und sie im Leben tut oder übt, liebt damit auch den Herrn über alles, von dem ja diese Dinge stammen, und zugleich liebt er auch den Nächsten, denn das Gute ist der Nächste, den man lieben soll. Fleischliche Liebe hingegen besteht darin, daß man Güte, Aufrichtigkeit und Gerechtigkeit nicht um ihret-, sondern um seiner selbst willen liebt, d.h. um sich dadurch einen guten Ruf, Auszeichnungen und Vorteile zu verschaffen.

Da nun die Art der Liebe das Leben eines jeden Menschen in dieser Weise bestimmt, werden alle, sobald sie nach dem Tode in die Geisterwelt gelangen, auf ihre Beschaffenheit hin geprüft und mit denen in Verbindung gebracht, die von gleicher Liebe beseelt sind, d.h. mit Himmel oder Hölle. Sobald sie den ersten und zweiten Zustand durchlaufen haben, werden sie endgültig getrennt. Sie sehen und erkennen einander dann nicht mehr. Jeder wird nämlich nun zu seiner Liebe – nicht nur was sein inwendiges Gemüt betrifft, sondern auch äußerlich, das heißt nach Gesicht, Körper und Sprache. Jeder wird so zum Abbild seiner Liebe: Schwerfällig, dunkel, schwarz und mißgestaltet jene, die Ausbilder ihrer fleischlichen Liebe sind, lebhaft, strahlend, weiß und schön hingegen alle, die himmlische Liebe darstellen. Auch hinsichtlich ihrer Gesinnungen und Gedanken unterscheiden sie sich völlig voneinander. Die Verkörperungen himmlischer Liebe sind zugleich auch einsichtig und weise, die der fleischlichen Liebe dumm und wie vor den Kopf geschlagen.

Die der fleischlichen Liebe Verfallenen können in der Wärme des Himmels, d.h. in der himmlischen Liebe, gar nicht leben, sondern nur in der Wärme der Hölle, die eine Liebe zur Grausamkeit gegenüber all denen ist, die ihnen nicht geneigt sind. Geringschätzung anderer, Feindschaften, Haßausbrüche, Rache bereiten dieser Liebe Vergnügen, und wenn die Geister sich ihnen ergeben, empfinden sie das als ihr Leben und wissen überhaupt nicht, was es bedeutet, anderen Gutes zu tun aus dem Guten selbst und um des Guten willen, vielmehr nur, was es heißt, Gutes aus böser Absicht und um des Bösen willen zu tun. Wer der fleischlichen Liebe verfallen ist, kann im Himmel auch nicht atmen. Wird ein solcher böser Geist dahin gebracht, schnappt er nach Luft, wie jemand, der mit dem Tode ringt. Umgekehrt atmen die von himmlischer Liebe Erfüllten umso freier und leben umso mehr aus dem Vollen des Lebens, je innerlicher sie im Himmel sind. (481)

Viertens: *Der Mensch behält seinen Glauben nicht, wenn dessen Ursprung nicht die himmlische Liebe ist.* Ich kann bezeugen, daß sich bei denen, die der fleischlichen und weltlichen Liebe verfallen sind, die himmlische und geistige jedoch mißachten, gar kein Glaube findet. Bei ihnen kann auch kein Glaube sein, sondern stattdessen nur Wissen oder Überredung, daß etwas wahr sei, weil es ihrer Liebe dient. Mehrere, die den Glauben zu haben meinten, wurden zu wirklichen Gläubigen gebracht und mußten nun, nachdem sie mit ihnen verkehren konnten, erkennen, daß sie selber gar keinen Glauben besaßen. Sie bekannten nachher auch, daß das bloße Für-wahr-halten (credere) eines Wahren oder des Wortes Gottes nicht Glaube (fides) bedeute; glauben heiße vielmehr, das Wahre aus himmlischer Liebe lieben und aus innerer Neigung wollen und tun. Es wurde mir auch gezeigt, daß ihre Überredung, die sie fälschlich als Glauben bezeichneten, dem winterlichen Lichte glich, bei dem infolge der mangelnden Wärme alles auf Erden gefriert, im Eis erstarrt und unter Schnee begraben wird. Das Licht ihres Überredungsglaubens wird denn auch, sobald die Strahlen himmlischen Lichtes darauf fallen, nicht allein sogleich ausgelöscht, sondern sogar in dichte Finsternis verwandelt, in der sich niemand erkennt. Gleichzeitig verfinstert sich dann ihr Inneres derart, daß sie überhaupt nichts mehr verstehen und schließlich aufgrund des Falschen wahnsinnig werden. Ihnen wird daher alles Wahre, das sie aus dem Wort und aus der Lehre der Kirche gewußt und an das sie zu glauben vorgegeben hatten, entzogen. Stattdessen werden sie mit allem Falschen vertraut gemacht, das zum Bösen ihres Lebens paßt. Tatsächlich werden sie alle in ihre Grundneigungen und zu gleicher Zeit in das damit übereinstimmende Falsche versetzt, und weil das Wahre dem Falschen ihres Bösen widerspricht, verabscheuen sie es und stoßen es von sich. Aufgrund all meiner Himmel und Hölle betreffenden Erfahrungen kann ich bezeugen, daß Menschen, die nach der herrschenden Lehre den Glauben allein bekannt hatten, in ihrem Leben jedoch dem Bösen ergeben waren, sich in der Hölle befinden. Ich habe gesehen, wie sie zu vielen Tausenden hinabgestürzt wurden, worüber in dem Buch „Vom Jüngsten Gericht und vom zerstörten Babylon" berichtet wurde. (482)

Fünftens: *Die tätige Liebe ist es, welche bleibt, folglich ist sie das Leben des Menschen.* Das geht ebenso aus den angeführten Erfahrungsbelegen hervor wie auch aus dem, was oben über die Taten und Werke dargelegt wurde. Die tätige Liebe ist das Werk und die Tat. (483)

## BEI JEDEM MENSCHEN VERWANDELN SICH NACH DEM TODE DIE FREUDEN DES LEBENS IN IHRE ENTSPRECHUNGEN

Im vorhergehenden Abschnitt wurde gezeigt, daß die herrschende Neigung oder Liebe bei jedem Menschen in Ewigkeit fortdauert. Hier soll nun gezeigt werden, daß sich die Freuden seiner Neigung oder Liebe in etwas Geistiges, dem Natürlichen

Entsprechendes umwandeln. Dies darum, weil der Mensch, solange er in der natürlichen Welt lebt, einen irdischen Leib besitzt, dann aber, wenn er diesen Leib verläßt und in die geistige Welt kommt, einen geistigen Leib anzieht. (485)

Als Freude empfindet der Mensch nur, was er liebt, folglich am meisten das, was er über alles liebt. Die Freuden sind von großer Vielfalt. Allgemein gesprochen, gibt es ihrer ebensoviele wie Arten der herrschenden Liebe, ebensoviele also wie es Menschen, Geister und Engel gibt. Denn bei keinem gleicht die herrschende Liebe vollkommen der irgendeines anderen. Im einzelnen sind die Freuden eines jeden ebenfalls von unendlicher Mannigfaltigkeit, und es findet sich bei niemandem auch nur eine einzige Freude, die mit einer anderen völlig identisch wäre. Nicht eine gleicht der anderen, und dennoch beziehen sich die Freuden bei einem jeden insbesondere auf die eine herrschende Liebe bei ihm. In der Tat setzen sie diese Liebe zusammen und sind so eins mit ihr. Auf ähnliche Weise gehen auch alle Freuden insgesamt auf eine einzige, universell herrschende Liebe zurück – im Himmel auf die Liebe zum Herrn, in der Hölle auf die Liebe zu sich selbst. (486)

Nur aufgrund der Wissenschaft von den Entsprechungen kann man erkennen, in welche Art von geistigen Freuden die natürlichen Freuden eines jeden Menschen nach dem Tode umgewandelt werden. Wer sich daher in dieser Wissenschaft auskennt, kann sich auch eine Vorstellung von seinem eigenen Zustand nach dem Tod machen, vorausgesetzt, er erkennt die Beschaffenheit seiner herrschenden Liebe.

Das ist freilich denen unmöglich, die in der Eigenliebe befangen sind. Sie lieben nur sich selbst und heißen ihr Böses gut. Gleichzeitig bezeichnen sie das Falsche, das sie begünstigt und mit dessen Hilfe sie ihr Böses begründen, als wahr. Sie könnten es freilich, wenn sie nur hören wollten, von anderen erfahren. Diese sehen nämlich, falls sie weise sind, was jene selbst nicht zu sehen vermögen. Sie lehnen nämlich jede Belehrung weiserer

Menschen ab. Anders diejenigen, die der himmlischen Liebe ergeben sind. Sie nehmen Belehrungen an und erkennen das Böse, in das sie hineingeboren wurden. In der Tat vermag jeder aufgrund des Wahren aus dem Guten das Böse und dessen Falsches zu erkennen, umgekehrt kann aber niemand vom Bösen her das Gute und Wahre sehen. Denn das dem Bösen entspringende Falsche ist Finsternis, und ihm entspricht auch die Finsternis. Deshalb gleichen alle, die dem aus Bösem entsprungenen Falschen anhangen, den Blinden. Doch das dem Guten entspringende Wahre ist Licht und entspricht auch dem Licht (vgl. Nr. 126-134). Menschen, die ihm anhangen, sind Sehende mit offenen Augen und wissen die Dinge des Lichts von denen zu unterscheiden, die im Schatten liegen.

Das alles wurde erwähnt, damit sich ein jeder prüfe und anhand seiner Freuden seine Liebe erkenne und daraus – soweit seine Erkenntnis der Entsprechungen reicht – den Zustand seines Lebens nach dem Tode erfahre. (487)

Weil aber die Wissenschaft von den Entsprechungen noch nicht (wieder) allgemein verbreitet ist, so will ich sie durch einige Beispiele aus meiner Erfahrung ein wenig beleuchten. Alle Menschen, die vom Bösen beherrscht sind und sich gegen die Wahrheiten der Kirche im Falschen begründen, besonders auch solche, die das Wort Gottes verworfen haben, fliehen das Licht des Himmels und stürzen sich in unterirdische Höhlen, um sich darin zu verbergen. Sie tun es, weil sie das Falsche geliebt und das Wahre gehaßt hatten, denn solche unterirdischen Höhlen und Felsenklüfte entsprechen dem Falschen der Finsternis, ebenso wie das Licht dem Wahren entspricht. Sich darin aufzuhalten, bereitet ihnen Behagen, Unlust dagegen, auf dem freien Felde zu sein. Ebenso verhalten sich jene, denen es Freude gemacht hatte, heimlich anderen nachzustellen und Ränke im Verborgenen zu schmieden. Auch sie halten sich in unterirdischen Höhlen auf und verkriechen sich in Gewölbe, die so dunkel sind, daß nicht einmal einer den anderen erkennt. In den Winkeln raunen sie einander ins Ohr. In solche Zustände verwandelt sich, was die Freude ihrer Liebe war. Menschen, die sich nur deshalb auf die Wissenschaften geworfen hatten, um als Gelehrte berühmt zu werden, ihre Vernunft aber nicht dadurch ausgebildet hatten, lieben sandige Plätze. Diese ziehen sie Feld und Garten vor, weil das Sandige solchen Studien entspricht.

Menschen, welche göttliche Wahrheiten ihren eigenen Neigungen angepaßt und damit verfälscht hatten, lieben harnartige Dinge, weil diese den Freuden einer solchen Liebe entsprechen. Andere, die von schmutzigem Geiz besessen waren, wohnen in Kellern und lieben den Schmutz der Schweine, ebenso den üblen Geruch, wie er aus unverdautem Mageninhalt aufsteigt. Bei anderen verhält es sich wieder anders. (488)

Umgekehrt verwandeln sich die Lebensfreuden der Menschen, die in der Welt in himmlischer Liebe gelebt hatten, in etwas Entsprechendes in den Himmeln, das aus der Sonne des Himmels und ihrem Licht entspringt. Dies Licht bringt Dinge zur Erscheinung, die Göttliches in sich bergen. Sie regen gleichzeitig die innerlicheren Gemüts-Bereiche der Engel wie die äußerlicheren, ihrer Leiblichkeit zugehörigen Bereiche an. Weil nun das göttliche Licht, also das vom Herrn ausgehende göttliche Wahre, in ihre durch die himmlische Liebe aufgeschlossenen Gemüter einfließt, bringt es im Äußeren Formen zur Erscheinung, die den Freuden ihrer Liebe entsprechen. Da ich einmal damit begonnen habe, diese Ausführungen durch Beispiele aus der Erfahrung zu beleuchten, will ich nun auch etwas über die himmlischen Freuden herausheben, in welche die natürlichen Freuden bei denen verwandelt werden, die auf Erden in himmlischer Liebe leben. Alle Menschen, die das Göttlich-Wahre und das Wort aus einer inneren Neigung oder aus einer Neigung zur Wahrheit selbst geliebt haben, wohnen im anderen Leben auf Anhöhen, die wie Berge erscheinen. Dort sind sie fortwährend im himmlischen Licht. Sie wissen gar nicht, was Finsternis – etwa die irdische Nacht – ist und leben auch in einem frühlinghaften Klima. Ihren

Blicken stellen sich gleichsam Äcker, Erntefelder und Weinberge dar. In ihren Häusern blitzt alles wie von Edelsteinen; die Fenster, durch die sie hinausblicken, sind wie von reinem Kristall. Soweit über ihre visuellen Freuden.

Die Engel, welche die aus dem Wort geschöpften Lehren der Kirche sofort ins Leben umgesetzt hatten, befinden sich im innersten Himmel und dort besonders in den Freuden der Weisheit. Sie erblicken in den einzelnen Dingen Göttliches, das heißt sie sehen zwar die Gegenstände, doch das diesen entsprechende Göttliche fließt sogleich in ihre Gemüter ein, sie mit einer Seligkeit erfüllend, die alle ihre Empfindungen anregt. So kommt es, daß vor ihren Augen alles gleichsam lacht, spielt und lebt (vgl. Nr. 270). Bei denen, die die Wissenschaften geliebt und dadurch ihre Vernunft ausgebildet, sich Einsicht erworben und zugleich das Göttliche anerkannt hatten, wird ihr Vergnügen an den Wissenschaften und ihre Lust am Vernunftgemäßen im anderen Leben in geistige Freuden verwandelt, nämlich in die an den Erkenntnissen des Guten und Wahren. Sie wohnen in Gärten, die aufs schönste in Blumenanlagen und Rasenplätze unterteilt sind, umgeben von Baumgruppen mit Bogengängen und Alleen. Die Bäume und Blumen variieren von einem Tag zum anderen. Der Anblick des Ganzen bereitet ihren Gemütern eine Freude, die durch die Variationen im einzelnen fortwährend erneuert wird.

Menschen, die alles auf das Göttliche zurückführten und die Natur als etwas an sich Totes betrachteten, das nur dem Geistigen dient, und die sich in dieser Ansicht bestärkt hatten, sind in himmlischem Licht. Alles, was ihren Augen erscheint, wird von diesem Licht her transparent, und in dieser Durchsichtigkeit erblicken sie unzählige Wechselspiele des Lichts, die ihr inneres Auge gleichsam unmittelbar einsaugt; daran haben sie ihre innere Freude. Die Gegenstände in ihren Häusern sind wie von Diamant und zeigen ein ähnliches Spiel des Lichts. Man sagte mir, die Wände ihrer Häuser seien wie aus Kristall, also ebenfalls durchsichtig, und daß darin gleichsam fließende Bilder erschienen, die – ebenfalls in beständigem Wechsel – Himmlisches vorbildeten. Das geschieht, weil solche Durchsichtigkeit dem vom Herrn erleuchteten Verstand entspricht, nachdem der Schatten, den der Glaube und die Liebe zu den bloß natürlichen Dingen wirft, hinwegfällt. Menschen, die nie etwas heimlich taten, sondern alle Gedanken offen aussprachen, soweit es das bürgerliche Leben zuließ, haben im Himmel, weil sie aufrichtig und gerecht aus dem Göttlichen dachten, ein leuchtendes Gesicht. In diesem Licht erscheinen die einzelnen Gefühle und Gedanken darauf wie im Bilde, und auch ihre Reden und Handlungen sind gleichsam Abbildungen ihrer Neigungen. Sie werden daher mehr als andere geliebt. Reden sie, so trübt sich ihr Gesicht zunächst ein wenig, doch wenn sie fertig sind, erscheint alles Gesprochene gleichzeitig deutlich sichtbar auf ihrem Antlitz.

Menschen, die den Ehebruch für etwas Schändliches gehalten und in keuscher ehelicher Liebe gelebt hatten, fügen sich ganz besonders gut in Ordnung und Form des Himmels ein und stehen darum in vollkommener Schönheit und fortwährender jugendlicher Blüte. Die Wonnen ihrer Liebe sind unaussprechlich und wachsen in Ewigkeit, strömen in sie doch alle Wonnen und Freuden des Himmels ein. Ihre äußeren Freuden sind mit menschlichen Worten überhaupt nicht zu beschreiben. – Doch dies ist nur ein kleiner Teil von den Entsprechungen der Freuden der Engel, die der himmlischen Liebe ergeben sind. (489)

## DER ERSTE ZUSTAND DES MENSCHEN NACH DEM TODE

Der Mensch durchläuft nach dem Tode drei Zustände, ehe er entweder in den Himmel oder in die Hölle kommt. Im ersten Zustand ist er noch in seinem Äußerlichen, im zweiten Zustand tritt sein Inneres hervor, der dritte Zustand aber besteht in der Vorbereitung. Der Mensch durchläuft diese Zustände in der Geisterwelt. Es gibt jedoch einige, die eine Ausnahme davon machen und unmittelbar nach dem Tode entweder in den Himmel erhoben oder in die Hölle geworfen werden. Sogleich in den Himmel erhoben werden die Wiedergeborenen, die bereits in der Welt auf den Himmel vorbereitet waren. Wiedergeboren und vorbereitet, wie sie sind, müssen sie nur noch die natürlichen Unreinigkeiten zugleich mit dem Körper abwerfen und werden dann von Engeln sogleich in den Himmel geführt. Ich habe gesehen, wie sie in der Stunde nach ihrem Tode dahin erhoben werden. Umgekehrt aber werden Menschen, die innerlich bösartig und äußerlich scheinbar gut waren, also ihre Bosheit durch Hinterlist voll gemacht und sich des Guten aus trügerischer Absicht bedient hatten, unverzüglich in die Hölle geworfen. Ich habe das bei einigen Menschen dieser Art mit angesehen. Es gibt aber von den einen wie den anderen wenige, verglichen mit denen, die in der Geisterwelt behalten und hier nach der göttlichen Ordnung auf Himmel oder Hölle vorbereitet werden. (491)

Was nun den ersten Zustand betrifft, in dem der Mensch noch in seinem Äußeren ist, so tritt er unmittelbar nach dem Tode ein. Jeder Mensch hat in seinem Geist äußerlichere und innerlichere Bereiche. Mithilfe der äußerlichen paßt er seinen irdischen Körper, vor allem Gesicht, Redeweise und Gebärden, den Erfordernissen des Umgangs mit anderen Menschen an. Die inneren Bereiche aber gehören zu seinem eigenen Willen und dem daraus entspringenden Denken. Sie stellen sich im Gesicht, in Redeweise und Gebärden selten offen dar. Von Kindheit an gewöhnt sich der Mensch daran, Freundschaft, Wohlwollen und Aufrichtigkeit zur Schau zu tragen und die eigentlichen Absichten seines Willens zu verbergen. Daher führt er äußerlich gewohnheitsmäßig ein sittlich und bürgerlich gutes Leben, gleichgültig wie er innerlich beschaffen sein mag. Diese Gewohnheit hat zur Folge, daß der Mensch sein Inneres kaum kennt und auch gar nicht darauf achtet. (492)

Der erste Zustand des Menschen nach dem Tod ähnelt seinem Zustand in der Welt, weil er sich dann in ähnlicher Weise im

Äußeren befindet. Fast unverändert sind sein Gesicht, seine Ausdrucks- und Denkweise, folglich auch sein sittliches und bürgerliches Leben. Wenn er nicht darauf achtet, was ihm jetzt begegnet und was ihm die Engel bei seiner Auferweckung darüber sagen, daß er jetzt ein Geist sei, dann nimmt er an, er lebe noch in der Welt (vgl. Nr. 450). So setzt sich das eine Leben ins andere fort, und der Tod ist bloß ein Übergang. (493)

Weil der Geist des Menschen unmittelbar nach dem Abscheiden aus dem irdischen Leben diese Beschaffenheit hat, werden alle, sobald sie hinübergehen, von ihren Freunden, Verwandten und mehr oder weniger nahen Bekannten wiedererkannt. Sie reden dann auch miteinander und tun sich – je nach ihren freundschaftlichen Verbindungen in der Welt – zusammen. Ich hörte oft, wie aus der Welt Eintreffende sich darüber freuten, ihre Freunde wiederzusehen, und wie diese ihre Freude teilten. Es ist die Regel, daß Ehegatten wieder zusammenkommen und einander mit großer Freude begrüßen. Sie bleiben auch für längere oder kürzere Zeit beieinander, je nachdem wie groß die Freude ihres Zusammenlebens in der Welt war. Wenn aber, was sie miteinander verbunden hatte, nicht die wahrhaft eheliche Liebe war, die eine Verbindung der Gemüter aus himmlischer Liebe ist, so trennen sie sich nach einer gewissen Zeit des Zusammenlebens. Gleichwohl trennen sie sich nicht eher, als bis sie in den zweiten Zustand eintreten. (494)

Weil nun das Leben der neuangekommenen Geister ihrem Leben in der natürlichen Welt nicht unähnlich ist, und weil sie – abgesehen von dem, was sie aus dem Buchstabensinn des Wortes und den Predigten darüber gelernt hatten – nichts vom Zustand ihres Lebens nach dem Tode wissen, sie sich aber doch darüber wundern, daß sie ganz wie in der Welt einen Leib und alle Sinne besitzen, daß sie auch ähnliche Gegenstände erblicken, so möchten sie schließlich wissen, wie Himmel und Hölle beschaffen sind, und wo sie zu finden sind. Ihre Freunde belehren sie daher über den Zustand des ewigen Lebens und führen sie auch umher, so daß sie verschiedenartige Orte und Gesellschaften kennenlernen. Einigen werden auch Städte, Gärten und Parkanlagen gezeigt, meistens die prächtigsten, weil an ihnen das Äußere, in dem sich die Ankömmlinge noch befinden, besondere Freude hat. Von Zeit zu Zeit werden sie dann auch in die Gedanken zurückversetzt, die sie sich im irdischen Leben über den Zustand ihrer Seele nach dem Tode und über Himmel und Hölle gemacht hatten. Dies geschieht so lange, bis sie unwillig darüber werden, daß sie in diesen Angelegenheiten so vollkommen unwissend waren und auch die Kirche nichts davon weiß. Fast alle möchten natürlich erfahren, ob sie in den Himmel kommen würden. Die meisten glauben auch, daß es geschehen werde, weil sie in der Welt sittlich und bürgerlich einwandfrei gelebt hatten. Sie bedenken nicht, daß Böse wie Gute äußerlich ein ganz ähnliches Leben führen, in ähnlicher Weise anderen Gutes tun, die Kirche besuchen, die Predigt hören und beten. Sie wissen nicht, daß es nicht auf die äußeren Handlungen und auf den äußeren Gottesdienst ankommt, sondern auf das Innere, das das Äußere beseelt. Wenn man sie entsprechend belehrt, so begreifen sie nicht, daß es aufs Denken und Wollen mehr ankommt, als aufs Reden und Handeln. Die meisten Menschen, die heutzutage aus der Christenheit ins andere Leben eintreten, sind so geartet. (495)

Sie werden jedoch von guten Geistern auf ihre Wesensart hin geprüft, und zwar in verschiedener Weise, weil in diesem ersten Zustand die Bösen ebenso wie die Guten Wahres reden und Gutes tun. Denn da sie als Staatsbürger unter dem Gesetz gelebt hatten, waren sie der äußeren Form nach ebenso sittlich und gut und hatten sich den Ruf erworben, aufrichtig und gerecht zu sein. Die bösen Geister werden aber gegenüber den guten vor allem daran erkannt, daß sie begierig auf alles achten, was über äußerliche Dinge, wenig dagegen auf das, was über die inneren Dinge – über die Wahrheiten und das Gute der Kirche und des Himmels – gelehrt wird. Sie hören sich das zwar an, doch nicht mit Aufmerksamkeit und Freude. (496)

Alle aus der Welt ankommenden Geister stehen zwar in Verbindung mit einer bestimmten Gesellschaft im Himmel oder in der Hölle, aber das gilt nur für ihr Inneres. Dies jedoch ist niemandem zugänglich, solange die Betreffenden in ihrem Äußeren sind. Das Äußere verdeckt und verbirgt nämlich das Innere, besonders bei denen, deren Böses von einer innerlicheren Art ist. Wenn sie aber später in den zweiten Zustand kommen, tritt es offen zutage, weil dann ihr Inneres aufgeschlossen und ihr Äußeres eingeschläfert wird. (497)

Dieser erste Zustand nach dem Tode dauert bei einigen Menschen mehrere Tage, bei anderen mehrere Monate und wieder bei anderen ein Jahr lang. Die Unterschiede beruhen darauf, wie weit Inneres und Äußeres bei ihnen übereinstimmen oder nicht. Sie müssen nämlich bei jedem eine Einheit bilden und einander entsprechen. In der geistigen Welt darf niemand anders denken und wollen, als er redet und handelt. Jeder muß dort das Abbild seiner Neigung oder Liebe sein. (498)

## DER ZWEITE ZUSTAND DES MENSCHEN NACH DEM TODE

Der zweite Zustand des Menschen nach dem Tode wird als Zustand seines Inneren bezeichnet, wird er doch dann in die inneren, seinem Gemüt bzw. seinem Wollen und Denken zugehörigen Bereiche versetzt, während die mehr äußeren, die in seinem ersten Zustand vorherrschten, eingeschläfert werden. Wer auf das Leben des Menschen, seine Redeweise und Handlungen achtet, kann erkennen, daß sich bei jedem Inneres und Äußeres findet. Wer im bürgerlichen Leben steht, beurteilt zwar andere danach, was er entweder durch Gerücht oder persönlichen Umgang von ihnen gehört und erfahren hat, aber wenn er mit ihnen redet, läßt er es sie nicht merken. Obgleich sie schlecht sein mögen, benimmt er sich ihnen gegenüber doch höflich. Diese Verhaltensweise ist besonders von Schwindlern und Schmeichlern bekannt, die ganz anders reden und handeln, als sie denken und wollen. Es gibt also ein doppeltes Denken, ein äußerliches und ein innerliches. Die Genannten reden aus dem Äußeren heraus, wobei sie innerlich ganz anders denken. Und doch ist der Mensch von der Schöpfung her so angelegt, daß sein inneres Denken aufgrund der Entsprechung in Einklang wirken soll mit dem äußeren. Bei Menschen, die im Guten sind, ist das auch tatsächlich der Fall; sie denken und reden nur Gutes. Anders bei den Bösen; ihr inneres Denken wirkt nicht im Einklang mit dem äußeren, sie denken Böses und reden Gutes. Bei ihnen ist also die Ordnung umgekehrt, das Gute ist außerhalb und das Böse innerhalb. So herrscht bei ihnen das Böse über das Gute und unterwirft es sich wie einen Knecht, damit es ihm als Mittel zur Erreichung seines eigentlichen Zweckes diene. So ist ihr Gutes offensichtlich nicht gut, sondern vom Bösen infiziert. Anders liegen die Dinge bei denen, die dem Guten ergeben sind. Bei ihnen ist die Ordnung nicht verkehrt, vielmehr fließt das Gute aus ihrem inneren Denken in das äußere und so in Rede und Handlungen ein. Das ist die Ordnung, in die der Mensch hineingeschaffen wurde. Wenn vom Denken gesprochen wird, so ist zugleich auch der Wille gemeint, stammt doch das Denken aus dem Willen, da niemand ohne den Willen zu denken vermag. (499)

Nachdem der erste Zustand – der des Äußeren – durchlaufen ist, wird der Geistmensch in den Zustand seines Inneren bzw. seines inneren Wollens und des daraus hervorgehenden Denkens versetzt: ein Zustand, in dem er auch in der Welt war, wenn er, sich selbst überlassen, frei und ungebunden dachte. In diesen Zustand schlüpft er, ihm selbst unbewußt, ebenso wie in der Welt, wenn er das dem Sprechen unmittelbar vorhergehende Denken abschaltet und sich den innerlicheren Gedanken überläßt. Der Geistmensch ruht dann in diesem Zustand in sich selbst und in seinem eigentlichen Leben; denn frei denken aus eigener Neigung ist das eigentliche Leben des Menschen und ist er selbst. (502)

Sein Denken ist dann eins mit seinem Wollen, und zwar so sehr, daß er kaum zu denken, sondern nur zu wollen scheint. Beinahe ebenso verhält es sich, wenn er spricht, nur mit dem Unterschied, daß er dabei eine gewisse Furcht hat, die Gedanken seines Willens könnten nackt zum Vorschein kommen. Diese Furcht war aufgrund der bürgerlichen Verhältnisse auf Erden zu einem Teil seines Willens geworden. (503)

Alle Menschen werden nach dem Tode in diesen Zustand versetzt. Der vorige Zustand bildet sich im Geist des Menschen heraus, wenn er in Gesellschaft lebt, ist aber nicht der ihm eigene. Aus verschiedenen Überlegungen ergibt sich, daß dieser Zustand, in den der Mensch zuerst nach dem Tode gelangt und in dem bei ihm noch das Äußere dominiert, nicht sein eigentliches Wesen bildet. Es ergibt sich beispielsweise daraus, daß die Geister aus ihrer Neigung heraus nicht nur denken, sondern auch reden (vgl. Nr. 234-245). In ähnlicher Weise dachte auch der Mensch in der Welt, wenn er in sich versunken war. Damit ist klar, daß der innere Zustand, in den der Geist versetzt wird, sein eigentliches Wesen ist, ihm also schon eignete, als er noch in der Welt lebte. (504)

Sobald der Geist in diesen Zustand gelangt, liegt offen zutage, was für ein Mensch er innerlich auf Erden war. Wer in der Welt innerlich dem Guten ergeben war, handelt dann vernünftig und weise, ja noch weiser als in der Welt, weil er jetzt vom Körper und damit zugleich auch von den irdischen Dingen entbunden ist, die etwas wie eine Verdunkelung bewirkt hatten. Wer jedoch in der Welt dem Bösen ergeben war, handelt dann unvernünftig, ja noch unvernünftiger als in der Welt, weil er jetzt frei und uneingeschränkt ist. (505)

Alle Menschen, die ihr Leben in der Welt dem Guten gewidmet und nach ihrem Gewissen gehandelt haben, empfinden, wenn sie in den Zustand ihres Inneren versetzt werden, ein Gefühl, als ob sie vom Schlaf erwachten oder aus dem Schatten ins Licht träten. Sie denken auch aus dem himmlischen Licht, folglich aus tieferer Neigung. Auch fließt der Himmel mit einer inneren

Seligkeit und Lust in ihre Gedanken und Neigungen ein, von der sie früher nichts ahnen konnten. Nun erkennen sie den Herrn an und verehren ihn in Freiheit, denn die Freiheit ist mit der tieferen Neigung verbunden. Zugleich treten sie von aller äußeren Heiligkeit zurück und gelangen zu einer inneren Heiligkeit, welche die Grundlage des eigentlichen Gottesdienstes bildet.

Völlig entgegengesetzt ist der Zustand der Geister, deren irdisches Leben böse war, und die in ihrer Gewissenlosigkeit das Göttliche geleugnet hatten. Denn aufgrund ihrer bösen Begierden gehen sie plötzlich zu allen möglichen Schandtaten über, zur Geringschätzung anderer, zu Verhöhnungen und Lästerungen, zu Haßausbrüchen, Racheakten und zum Ränkeschmieden. Einige von ihnen treiben das mit solcher Arglist und Bosheit, daß man kaum glauben kann, dergleichen sei im Inneren eines Menschen verborgen gewesen. Tatsächlich befinden sie sich nun in einem Zustand, in dem sie sich frei fühlen, die Gedanken ihres Willens in die Tat umzusetzen, weil die äußeren Hemmnisse entfallen, die sie in der Welt gezügelt hatten. Mit einem Wort: sie sind der Vernunft beraubt, weil die Fähigkeit dazu in der Welt nicht ihrem Inneren, sondern nur ihrem Äußeren innewohnte. Sich selbst erscheinen sie freilich immer noch weiser als andere. (506)

In diesem zweiten Zustand erscheinen die Geister ganz so, wie sie innerlich auf Erden waren. Um sie den Engeln und guten Geistern so vorzuführen, wie sie wirklich sind, werden sie in verschiedene Zustände ihres Bösen versetzt. Auf diese Weise wird ihr Verborgenes geöffnet und aufgedeckt, nach den Worten des Herrn im Evangelium des Lukas:

> „Nichts ist zugedeckt, das nicht enthüllt, und nichts verborgen, das nicht erkannt werden wird." (Luk 12, 2; vgl. Mat 12, 36)     (507)

Wie sich die Bösen in diesem Zustand verhalten, läßt sich nicht in Kürze beschreiben, denn jedermanns Wahnsinn hängt ab von seinen eigenen Begierden; diese aber sind unterschiedlichster Art. Ich will deshalb nur einzelne Fälle anführen, von denen man auf die übrigen schließen kann: Menschen, deren Freude der Ruhm ihrer eigenen Ehre war, sind im zweiten Zustand dümmer als die übrigen. Soweit nämlich jemand nur sich selbst liebt, entfernt er sich auch vom Himmel und damit von der Weisheit. Menschen aber, deren Selbstsucht mit Schlauheit einherging und die sich durch List hohes Ansehen verschafft hatten, gesellen sich zu den allerschlimmsten und erlernen von ihnen magische Künste, die auf einem Mißbrauch der Göttlichen Ordnung beruhen und von ihnen zur Herausforderung und Beunruhigung aller benutzt werden, die ihnen den Respekt verweigern. Schließlich denken sie daran, in den Himmel aufzusteigen, um ihn zu zerstören oder um darin als Götter angebetet zu werden. So weit treibt sie ihr Wahnsinn. Die ehemaligen Katholiken unter ihnen sind noch wahnsinniger als die übrigen. Sie tragen sich sogar mit dem Gedanken, sie hätten Gewalt über Himmel und Hölle und könnten nach Belieben Sünden vergeben; sie maßen sich alles Göttliche an und nennen sich Christus.

Man kann von hier aus auf das Wesen der Menschen schließen, bei denen die inneren Gemütsbereiche für den Himmel verschlossen sind. Jeder kann selbst beurteilen, wie er sich entwickeln würde, wenn er ein solcher Mensch wäre und ohne alle äußeren Bande handeln könnte, also ohne Furcht vor dem Gesetz oder Gefahr für sein Leben.

Und doch wird ihr Wahnsinn vom Herrn jederzeit in Schranken gehalten, damit er nicht die nützlichen Grenzen übersteigt; denn immerhin erfüllt doch jeder von ihnen noch einen Nutzen. Die guten Geister erkennen an ihrem Beispiel, was das Böse und wie es beschaffen ist, und was der Mensch ist, wenn er nicht vom Herrn geführt wird. Ein weiterer Nutzen besteht darin, daß durch sie die Bösen ähnlichen Wesens gesammelt und von den Guten getrennt werden. Auch ist es nützlich, daß den Bösen das Wahre und Gute, das sie äußerlich vorgetäuscht hatten, entzogen wird und sie nun in das Böse ihres Lebens und in das damit zusammenhängende Falsche versetzt und so für die Hölle vorbereitet werden.

Es kommt nämlich niemand in die Hölle, ehe er in seinem Bösen und in dem damit zusammenhängenden Falschen ist, weil niemand ein geteiltes Gemüt haben, das heißt anders denken und reden darf als er will. Die Ursache dafür liegt darin, daß der Wille, nicht aber das Denken der Mensch selbst ist, das Denken nur soweit es etwas vom Willen an sich hat. Der Wille aber ist die eigentliche Natur oder Anlage des Menschen. In seinen Willen zurückversetzt zu werden bedeutet daher soviel, als in seine Natur oder Anlage oder auch in sein Leben zurückversetzt zu werden. (508)

In diesem zweiten Zustand werden die bösen Geister, weil sie sich in alle Arten des Bösen stürzen, häufig und schwer gestraft. Es gibt in der Geisterwelt die verschiedensten Strafen, und es gilt kein Ansehen der Person. Jedes Böse bringt seine Strafe mit sich, beide sind untrennbar miteinander verquickt. Wer daher dem Bösen erliegt, verfällt auch der entsprechenden Strafe. Und doch wird dort niemand für das Böse bestraft, das er in der Welt getan hatte, sondern nur für das Böse, das er gegenwärtig tut. Aber jeder kehrt nach dem Tode wieder zu seinem Leben und damit auch zu seinem Bösen zurück. Bestraft werden sie aber, weil in diesem Zustand Furcht vor Strafe das einzige Mittel ist, um das Böse zu zähmen. Weder Ermahnung noch Belehrung oder Furcht vor dem Gesetz oder dem Verlust des guten Rufes vermag mehr zu zügeln – der Mensch handelt jetzt aus seinem Wesen heraus, das nicht anders in Schranken gehalten oder gebrochen werden kann.

Die guten Geister dagegen werden niemals gestraft, obgleich auch sie in der Welt Böses getan haben. Es wurde mir auch zu wissen gegeben, daß ihr Böses von anderer Art oder Natur war, und daß es deshalb nicht zurückkehrt. Sie haben nämlich nicht absichtlich gegen das Wahre gehandelt, sondern nur aus einem von den Eltern ererbten bösen Herzen, zu dessen Neigungen sie sich aus blinder Lust fortreißen ließen. (509)

Jeder kommt zu der Gesellschaft, zu der sein Geist bereits in der Welt gehört hatte (vgl. Nr. 438). Er wird nach und nach dort hingeführt, und schließlich tritt er ihr bei. Gelangt ein böser Geist in den Zustand seines Inneren, wird er stufenweise seiner Gesellschaft zugewendet, und schließlich stürzt er sich von selbst in die Hölle, wo die ihm Ähnlichen sind. Dieser Höllensturz zeigt sich dem Auge so, als ob jemand kopfüber hinabfiele. Aber es sieht nur so aus, weil die Lebensordnung des Betreffenden, der das Höllische geliebt und das Himmlische verworfen hatte, auf dem Kopf steht. (510)

## FÜR DIE, DIE IN DEN HIMMEL KOMMEN, IST DER DRITTE ZUSTAND EINE UNTERWEISUNG

Der dritte Zustand des Menschen bzw. seines Geistes nach dem Tode ist der der Unterweisung. Er gilt jedoch nicht für die, die in die Hölle kommen; denn diese lassen sich nicht unterrichten. Bei ihnen ist daher der zweite Zustand zugleich auch der dritte, in dem sie sich ganz und gar ihrer höllischen Gesellschaft zuwenden.

Die guten Geister hingegen werden vom zweiten Zustand noch zu einem dritten geführt, in dem sie durch Unterricht für den Himmel vorbereitet werden. Jeder Geist kann lediglich durch Kenntnisse des Guten und Wahren, mithin durch Unterweisung für den Himmel vorbereitet werden; denn niemand kann ohne Unterricht wissen, worin das geistig Gute und Wahre und dessen Gegensatz, das Böse und Falsche, besteht. In der Welt kann man wissen, wie das Gute und Wahre auf der bürgerlichen und moralischen Ebene, die sogenannte Gerechtigkeit und Aufrichtigkeit, beschaffen ist, gibt es hier doch bürgerliche Gesetze, die dies lehren. Auch lernt der Mensch in der Gemeinschaft, nach sittlichen Gesetzen zu leben, die sich alle auf das beziehen, was redlich und gerecht ist. Was aber auf der geistigen Ebene gut und wahr ist, lernt man nicht auf Erden, sondern im Himmel.

Der Mensch kann nicht geistig denken, solange er diese Dinge weder kennt noch anerkennt, und ohne Nachdenken darüber kann er sie auch nicht wollen; denn was der Mensch nicht weiß, darüber kann er auch nicht denken, und was er nicht denkt, kann er nicht wollen. Will er die genannten Dinge, so fließt der Himmel, das heißt der Herr durch den Himmel in das Leben des betreffenden Menschen ein. Er fließt zunächst in den Willen, dann durch den Willen ins Denken und schließlich durch beide ins Leben ein, und daher kommt dem Menschen all sein Leben. Damit ist klar, daß man das geistig Gute und Wahre nicht aus der Welt, sondern aus dem Himmel lernt und jeder nur durch entsprechenden Unterricht auf den Himmel vorbereitet werden kann.

Der Herr lehrt auch den Menschen in eben dem Maße, in dem er in sein Leben einfließt; denn insoweit entzündet er im Willen die Liebe zu wissen, was wahr ist, und erleuchtet er das Denken, daß er das Wahre erkennt. Im selben Maße werden auch die innerlicheren Bereiche des Menschen aufgeschlossen und ihm der Himmel eingepflanzt, ja mehr noch, im selben Maße vermag das Göttliche und Himmlische in alles einzuströmen, was in seinem sittlichen Leben aufrichtig und in seinem bürgerlichen Leben gerecht war. So werden diese Bereiche geistig, da der Mensch dann aus dem Göttlichen, das heißt um des Göttlichen willen handelt. (512)

Der Unterricht wird durch Engel mehrerer Gesellschaften erteilt, vor allem durch die Bewohner der nördlichen und südlichen Gegend, die auf Grund ihrer Kenntnis des Guten und Wahren Einsicht und Weisheit haben. Die Unterrichtsorte liegen gegen Norden und sind sehr verschieden geordnet und abgeteilt, je nach den Gattungen und Arten des himmlischen Guten, so daß dort alle ohne Ausnahme je nach ihrer Anlage und Empfänglichkeit Belehrung empfangen können. Hierher bringt der Herr die guten Geister, wenn sie ihren zweiten Zustand in der Geisterwelt vollendet haben und unterrichtet werden sollen. Freilich gilt das nicht für alle, denn wer in der Welt unterrichtet wurde, ist bereits vom Herrn für den Himmel vorbereitet worden. Solche Geister werden auf einem anderen Weg in den Himmel erhoben. (513)

Die Teilnehmer an der Unterweisung wohnen getrennt von einander. Jeder einzelne nämlich steht innerlich in Verbindung mit der himmlischen Gesellschaft, zu der er schließlich gelangen soll. Da nun diese Gesellschaften nach der Form des Himmels angeordnet sind (vgl. Nr. 200-212), so gilt dasselbe für die Unterrichtsorte. Vom Himmel aus betrachtet zeigen sie sich daher wie ein Himmel in kleinerer Gestalt. In die Länge dehnen sie sich von Ost nach West, in die Breite von Süd nach Nord, doch scheint die Breite geringer als die Länge zu sein. Die Anordnung ist im allgemeinen folgende: Vorn befindet sich der Bereich derer, die schon als Kinder gestorben und bis zur ersten Jugendzeit im Himmel erzogen worden waren. Nachdem sie die Kindheit bei Erzieherinnen zugebracht hatten, wurden sie vom Herrn hierher geführt, um unterrichtet zu werden. Dahinter erstreckt sich der Bereich derer, die als Erwachsene gestorben waren und in der Welt die Neigung zum Wahren aus dem Guten des Lebens entwickelt hatten. Hinter ihnen wiederum liegt der Bereich der Mohammedaner, die in der Welt ein sittliches Leben geführt und ein einziges Göttliches anerkannt, den Herrn aber für den Propheten selbst gehalten hatten. Sobald sie sich von Mohammed abwenden, weil er ihnen gar nicht helfen kann, kommen sie zum Herrn. Ihn beten sie nun an, erkennen sein Göttliches an und werden in der christlichen Religion unterrichtet. Unter ihnen wiederum, mehr gegen Norden, erstreckt sich der Bereich, wo die vielen verschiedenen Heiden unterrichtet werden, die in der Welt ein mit ihrer Religion übereinstimmendes gutes Leben geführt hatten. Sie haben sich auf diese Weise ein Gewissen gebildet und nach Recht und Gerechtigkeit gehandelt, nicht so sehr um den Gesetzen ihrer Regierung, sondern um den Gesetzen der Religion zu folgen; denn diese glaubten sie unverbrüchlich halten zu müssen. Sie alle werden durch den Unterricht leicht zur Anerkennung des Herrn gebracht, weil ihrem Herzen eingeprägt ist, daß Gott nicht unsichtbar, sondern unter menschlicher Gestalt sichtbar ist. Sie sind zahlreicher als die übrigen. Die besten unter ihnen stammen aus Afrika. (514)

Doch nicht alle werden in derselben Weise oder durch dieselben himmlischen Gesellschaften unterwiesen. Wer von Kindheit an im Himmel erzogen wurde, wird von Engeln der innerlicheren Himmel belehrt, weil er sich nichts Falsches aus falschen religiösen Lehren angeeignet und auch sein geistiges Leben nicht durch den Bodensatz des Strebens nach Ansehen und Reichtum verunreinigt hat. Geister, die als Erwachsene gestorben sind, empfangen Unterweisung zumeist von Engeln der äußersten Himmel, weil diese Engel besser zu ihnen passen als die Engel innerlicherer Himmel, deren Weisheit sie noch nicht fassen können. Den Unterricht der Mohammedaner erteilen Engel, die früher selber dieser Religion angehört hatten und zur christlichen bekehrt worden waren. Ebenso werden die Heiden von ehemals heidnischen Engeln belehrt. (515)

Die Christen werden aufgrund der himmlischen Lehre unterwiesen, die völlig mit dem inneren Sinn des Wortes übereinstimmt. Die übrigen, wie Mohammedaner und Heiden, werden auf der Basis von Lehren unterrichtet, die ihrem Fassungsvermögen angemessen sind. (516)

Der himmlische Unterricht unterscheidet sich vom irdischen darin, daß die Kenntnisse nicht dem Gedächtnis, sondern dem Leben übergeben werden. Das Gedächtnis der Geister liegt in ihrem Leben. In der Tat nehmen sie nichts auf, als was mit ihrem Leben übereinstimmt, und eignen es sich an. Die Geister sind nämlich Neigungen und daher in einer menschlichen Gestalt, die ihren Neigungen ähnelt.

Weil dies ihr Wesen ist, wird ihnen unausgesetzt die Neigung zum Wahren um der Nutzanwendung im Leben willen eingeflößt. Der Herr sorgt dafür, daß jeder die mit seiner Anlage übereinstimmenden Nutzwirkungen liebt. Diese Liebe wird noch durch die Hoffnung vermehrt, ein Engel zu werden. Nun beziehen sich alle Nutzwirkungen des Himmels auf den allgemeinen Nutzen, der auf das Reich des Herrn abzielt, das dort ihr Vaterland ist. Je näher und umfassender die besonderen und die einzelnen Nutzwirkungen dem allgemeinen Nutzen kommen, desto höher sind sie eingestuft. Darum sind alle die unzähligen besonderen und einzelnen Nutzwirkungen gut und himmlisch. Aus diesem Grunde ist in einem jeden die Neigung zum Wahren mit der Neigung zu nützlichem Tun so verbunden, daß sie einheitlich zusammenwirken. Dadurch wird das Wahre den Nutzwirkungen eingepflanzt, so daß die Engelgeister gewissermaßen Nutzwahrheiten (usus vera) erlernen. Auf diese Weise werden sie unterrichtet und für den Himmel vorbereitet. Die Neigung zu dem mit der Nutzwirkung übereinstimmenden Wahren wird durch verschiedene Methoden eingeflößt, wovon die meisten in der Welt unbekannt sind. Besonders geschieht es durch Vorbildungen der Nutzwirkungen, die in der geistigen Welt auf tausendfache Weise dargestellt werden und mit derartigen Freuden und Wonnen verbunden sind, daß sie den Geist gänzlich erfassen und ihn vom Innersten bis zum Äußersten durchdringen. Auf diese Weise wird der Geist gleichsam zu seiner Nutzwirkung und gelangt daher, sobald er in seine Gesellschaft kommt, in die er durch den Unterricht eingeführt wird, in sein eigentliches Leben, weil in seine Nutzwirkung. Aufgrund dieser Vorgänge läßt sich sagen, daß niemand durch Kenntnisse, das heißt durch äußerlich Wahres, in den Himmel kommt, sondern allein durch sein Leben, ein Leben der Nutzwirkungen, eingeübt durch Kenntnisse. (517)

Nachdem die Geister an den genannten Unterrichtsorten für den Himmel vorbereitet worden sind – und das geschieht in kurzer Zeit, weil sie geistige Vorstellungen besitzen, die vielerlei zugleich umfassen –, empfangen sie Engelgewänder, die meist glänzend weiß wie feine Leinwand aussehen. Nun werden sie auf den Weg gebracht, der aufwärts zum Himmel führt. Dort angelangt, werden sie zunächst Wächter-Engeln übergeben, dann von anderen Engeln übernommen und in Gesellschaften mit allen ihren Seligkeiten eingeführt. (519)

Es gibt acht solcher Wege, zwei von jedem Ort der Unterweisung her, wovon jeweils der eine ostwärts, der andere westwärts emporsteigt. Die neuen Engel für das himmlische Reich des Herrn werden auf dem östlichen Wege eingeführt, die für das geistige Reich Bestimmten auf dem westlichen. Die vier Wege zum himmlischen Reich prangen im Schmuck von Ölbäumen und mancherlei Fruchtbäumen, die Wege zum geistigen Reich des Herrn verlaufen zwischen Weinstöcken und Lorbeerbäumen. Ursache sind die Entsprechungen, denn Weinstock und Lorbeerbaum entsprechen der Neigung zum Wahren und deren Nutzwirkungen, Ölbaum und Fruchtbäume der Neigung zum Guten und deren Nutzwirkungen. (520)

## NIEMAND GELANGT DURCH UNMITTELBARE BARMHERZIGKEIT IN DEN HIMMEL

Menschen, die nicht im Bild sind über den Himmel und wie man dahin gelangt oder auch über das himmlische Leben beim Menschen, sind der Meinung, die Aufnahme in den Himmel erfolge durch bloße Barmherzigkeit. Diese Barmherzigkeit werde den Gläubigen und jenen erwiesen, für die der Herr Fürbitte (beim Vater) einlege. Es handle sich also um eine Aufnahme aus reiner Barmherzigkeit, und folglich könnten ausnahmslos alle Menschen aufgrund göttlichen Wohlgefallens gerettet werden – einige meinen sogar, dies gelte auch für alle Bewohner der Hölle.

Wer so etwas glaubt, zeigt damit, daß er nichts vom Menschen versteht. Der Mensch ist nämlich ganz und gar so beschaffen wie sein Leben, sein Leben aber wie seine Liebe. (521)

Zuerst sei gesagt, was die göttliche Barmherzigkeit in Wirklichkeit ist: Sie ist reines Erbarmen für das ganze menschliche Geschlecht, mit dem Ziel, es zu erretten. Sie wirkt auch unausgesetzt bei jedem einzelnen Menschen und wendet sich von keinem je ab, doch kann der Herr das Leben des Himmels nur einflößen, wenn der Mensch vom Bösen absteht. Das Böse ist das eigentliche Hindernis. In dem Maße also, wie der Mensch vom Bösen absteht, führt ihn der Herr aus reiner Barmherzigkeit durch seine göttlichen Mittel. Das geschieht von Kindheit an bis ans Ende seines Lebens in der Welt und danach in Ewigkeit. Dies ist die göttliche Barmherzigkeit, die hier gemeint ist. Damit ist offenbar, daß sie zwar eine reine, aber nicht eine unmittelbare Barmherzigkeit ist, die darin bestünde, alle Menschen aus Willkür zu retten, wie immer sie auch gelebt haben mögen. (522)

Der Herr handelt niemals gegen die Ordnung, ist er doch die Ordnung selbst. Das von ihm ausgehende göttliche Wahre bildet die Ordnung, und die göttlichen Wahrheiten sind ihre Gesetzmäßigkeiten. In Übereinstimmung mit diesen Gesetzen führt der Herr den Menschen. Ihn aus unmittelbarer Barmherzigkeit zu retten, wäre wider die göttliche Ordnung und damit wider das Göttliche. Die göttliche Ordnung ist der Himmel beim Menschen. Durch ein entgegengesetztes Leben hatte er die Ordnung, also die göttlichen Wahrheiten, bei sich verkehrt. Aus reiner Barmherzigkeit wird der Mensch nur durch eben diese Ordnungsgesetze wieder in die Ordnung zurückgeführt, und je wie dies geschieht, nimmt er den Himmel in sich auf. Wer aber den Himmel in sich aufnimmt, kommt auch in den Himmel. Damit liegt wiederum am Tag, daß die göttliche Barmherzigkeit des Herrn reine, aber nicht unmittelbare Barmherzigkeit ist. (523)

Hätten die Menschen aus unmittelbarer Barmherzigkeit gerettet werden können, so wären sie alle gerettet worden, auch jene, die in der Hölle sind. Ja, es gäbe nicht einmal eine Hölle. Die Behauptung, Gott könne alle unmittelbar selig machen, tue es aber nicht, kehrt sich daher gegen sein Göttliches. Man weiß aber aus dem Wort, daß der Herr für alle Menschen das Heil und für niemanden die Verdammnis will. (524)

Ich sprach gelegentlich mit Engeln darüber und erzählte ihnen, daß in der Welt die meisten Menschen, die böse leben, anderen gegenüber in Gesprächen über den Himmel und das ewige Leben immer nur sagten, in den Himmel werde man allein aufgrund bloßer Barmherzigkeit eingelassen. Die Engel erwiderten, sie wüßten wohl, daß diese Lehre die notwendige Folge aus dem angenommenen Grundsatz vom bloßen Glauben sei. Da nun dieses Dogma infolge seiner Unwahrheit keinerlei Licht aus dem Himmel aufnehmen könne, und es die Krone aller übrigen Falschheiten darstelle, so sei es die Quelle jener Unwissenheit, die in der Kirche heutzutage herrscht: die Unkenntnis über den Herrn, den Himmel, das Leben nach dem Tod, die himmlische Freude, das Wesen der Liebe und Nächstenliebe und ganz allgemein die Unwissenheit über das Gute und dessen Verbindung mit dem Wahren. Folglich herrsche auch über das Leben des Menschen, dessen Ursprung und Beschaffenheit Unklarheit. Die Engel bedauern es sehr, daß jene Menschen nicht wissen, daß der bloße Glaube bei niemandem möglich ist, weil er ohne seine Quelle, die Liebe, ein bloßes Wissen bleibt und bei einigen sogar nur eine Selbsttäuschung ist, die sich fälschlich als Glaube gebärdet (vgl. Nr. 482). Diese Selbsttäuschung verbindet sich nicht mit dem eigentlichen Leben des Menschen, sondern bleibt außerhalb von ihm, da sie sich, wenn sie nicht mit der Liebe zusammenhängt, vom Menschen abtrennt. Die Engel verrieten, daß sie noch niemand gesehen hätten, der trotz eines bösen Lebens aus unmittelbarer Barmherzigkeit in den Himmel aufgenommen worden wäre, gleichgültig, mit wieviel Zuversicht oder Vertrauen (das man ja vor allem unter dem Glauben versteht) er in der Welt auch geredet habe.

Auf die Frage, ob Abraham, Isaak, Jakob, David und die Apostel aus unmittelbarer Barmherzigkeit in den Himmel aufgenommen worden seien, antworteten sie: keiner von ihnen, sondern alle ihrem Leben in der Welt entsprechend. Die Engel sagten auch, sie wüßten, wo sich die Genannten aufhielten und daß sie kein höheres Ansehen genössen als andere. (526)

Ich selbst kann aufgrund vielfacher Erfahrung bezeugen, daß es unmöglich ist, Menschen, die auf Erden ein dem Himmel widersprechendes Leben geführt haben, das Leben des

Himmels einzuflößen. Tatsächlich gab es da einige Geister, die gemeint hatten, nach dem Tode würden sie die göttlichen Wahrheiten, sobald sie dieselben von den Engeln hörten, mit Leichtigkeit annehmen und glauben, daraufhin ihr Leben ändern und daher in den Himmel aufgenommen werden können. Der Versuch wurde mit sehr vielen gemacht. Er durfte jedoch nur mit den Geistern durchgeführt werden, die sich in einem entsprechenden Glauben befunden hatten, und denen dieser Versuch erlaubt wurde, damit sie begriffen, daß nach dem Tode keine Buße mehr möglich ist. Einige der Versuchs-Personen begriffen die Wahrheiten und schienen sie auch anzunehmen, doch im selben Augenblick, in dem sie sich ihrer Liebe zuwandten, lehnten sie diese Wahrheiten wieder ab, ja sprachen sich sogar gegen sie aus. Einige Versuchs-Personen verwarfen die Wahrheiten auf der Stelle und wollten sie gar nicht erst hören; andere verlangten, daß man ihnen das Wesen ihrer Liebe, das sie sich in der Welt angeeignet hatten, nehme und stattdessen das Leben der Engel bzw. das Leben des Himmels eingieße – was auch zugelassen wurde. Doch sobald ihnen das Leben ihrer Liebe genommen war, lagen sie da wie tot und waren ihrer selbst nicht mehr mächtig. Aufgrund dieser und anderer Experimente wurden die arglos Guten belehrt, daß nach dem Tode bei keinem Menschen das Leben in grundlegender Weise mehr verändert werden und ein böses Leben in ein gutes oder ein höllisches in ein engelhaftes umgewandelt werden kann. Und das deshalb, weil jeder Geist von Kopf bis Fuß so ist wie seine Liebe, folglich wie sein Leben – dieses in sein Gegenteil zu verkehren würde bedeuten, den Geist gänzlich zu vernichten. Die Engel gestehen, daß es leichter wäre, ein Käuzchen in eine Taube oder einen Uhu in einen Paradiesvogel zu verwandeln, als einen höllischen Geist in einen Engel des Himmels. Wir können also feststellen, daß niemand aus unmittelbarer Barmherzigkeit in den Himmel aufgenommen werden kann. (527)

## ES IST NICHT SCHWER, SO ZU LEBEN, DASS MAN IN DEN HIMMEL KOMMT

Einige Menschen glauben, es sei sehr schwer, so zu leben, daß man in den Himmel kommt, also, wie man sagt, ein geistliches Leben zu führen. Das glauben sie deshalb, weil sie gehört haben, der Mensch müsse der Welt entsagen und sich dem fleischlichen Verlangen widersetzen, um ein geistiges Wesen zu entwickeln. Unter einem solchen Leben stellen sie sich aber nur vor, daß man die weltlichen Dinge, besonders Reichtum und Ansehen, ablehnen müsse, um sich dafür beständig frommen Betrachtungen über Gott, das Seelenheil und das ewige Leben hinzugeben und sein Leben mit Beten, Lesen des Wortes und frommer Bücher zu verbringen. Aufgrund vielfacher Erfahrungen und aus Gesprächen mit Engeln durfte ich jedoch wissen, daß sich die Sache ganz anders verhält, ja daß alle, die so der Welt entsagen und in der genannten Weise ein „geistliches Leben" führen, sich ein trauriges Los verschaffen, das für die himmlische Freude gänzlich unempfänglich ist, da ja einen jeden *sein* Leben erwartet. Um das Leben des Himmels in sich aufzunehmen, muß der Mensch ganz im Gegenteil in der Welt leben, um dort seinen Pflichten und Geschäften obliegen. Nur wenn er so ein sittlich und bürgerlich gutes Leben führt, nimmt er das Geistige in sich auf und wird für den Himmel vorbereitet. (528)

Betrachten wir das Leben des Menschen vom Standpunkt der Vernunft aus, zeigt sich, daß es von dreifacher Art ist und sich in ein geistiges, ein sittliches und ein bürgerliches unterteilen läßt. Nun gibt es Menschen, die zwar ein bürgerliches, aber doch kein sittliches und geistiges Leben führen. Andere wiederum leben zwar sittlich, aber doch nicht geistig, und schließlich gibt es solche, die sowohl ein bürgerliches als auch ein sittliches und geistiges Leben führen. Nur sie leben das Leben des Himmels, die anderen führen ein weltliches, vom Leben des Himmels getrenntes Leben. Schon jetzt können wir also feststellen, daß das geistige Leben nicht vom natürlichen oder weltlichen Leben getrennt, sondern damit verbunden ist, ähnlich wie die Seele mit ihrem Leib. Wollte man sie trennen, so gliche das dem Wohnen in einem Hause ohne Fundament. Das sittliche und bürgerliche Dasein ist nämlich der tätige Teil des geistigen Lebens, besteht letzteres doch im guten Wollen, das sittliche und bürgerliche aber im guten Handeln. Trennt man sie voneinander, so beschränkt sich das geistige Leben nur noch auf Denken und Reden, während der Wille, weil ihm der Boden entzogen ist, zurücktritt – und doch ist er das eigentlich Geistige des Menschen. (529)

Aus dem nun Folgenden wird man entnehmen können, daß es nicht so schwer ist, in den Himmel zu kommen, wie man gewöhnlich meint. Denn wer könnte nicht ein bürgerlich und sittlich gutes Leben führen? Der Böse wie der Gute führt auch ein solches Leben, denn wer möchte nicht aufrichtig und gerecht heißen? Daher praktizieren die meisten Menschen äußerlich Aufrichtigkeit und Gerechtigkeit, so daß es scheint, als wären sie auch im Herzen aufrichtig und gerecht. Der geistige Mensch muß notwendigerweise ebenso leben, und er kann es ebenso leicht wie der natürliche. Der einzige Unterschied besteht darin, daß er nicht nur deshalb aufrichtig und gerecht handelt, weil es den bürgerlichen und moralischen, sondern weil es den göttlichen Gesetzen gemäß ist. Denn da er beim Handeln ans Göttliche denkt, stellt er die Gemeinschaft mit den Engeln des Himmels her, und wird, soweit er dies tut, mit ihnen verbunden. Auf diese Weise aber wird sein innerer Mensch aufgeschlossen und wird er vom Herrn adoptiert und ohne sein Wissen geführt. Was er nun in seinem sittlichen und bürgerlichen Leben an Aufrichtigkeit und Gerechtigkeit verwirklicht, geschieht aus geistigem Ursprung. Der äußeren Form nach unterscheidet sich seine Gerechtigkeit und Aufrichtigkeit nicht von jener der natürlichen Menschen, ja selbst der bösen und höllischen. Der inneren Form nach sind sie jedoch völlig anders, denn die Bösen handeln nur um ihrer selbst und der Welt willen gerecht und aufrichtig. (530)

Die Gesetze des geistigen, des bürgerlichen und des sittlichen Lebens werden auch in den Zehn Geboten des Dekalogs überliefert. Der äußeren Form nach lebt der bloß natürliche Mensch [weitgehend] nach denselben Geboten wie der geistige. Er tötet nicht, begeht keinen Ehebruch, stiehlt nicht, legt kein falsches Zeugnis ab, bringt den Partner nicht um seine Güter. Aber das alles tut er nur um seiner selbst, um der Welt und um des Scheines willen und ist so ganz und gar vom Himmel abgeschnitten. (531)

Die im Menschen herrschende Liebe ist es, die seine Absicht bestimmt und seinem inneren Sehen oder Denken Richtung auf seine Ziele gibt. Das bedeutet, anders ausgedrückt: zielt die Absicht des Menschen auf den Himmel, so richtet sich sein Denken dahin und mit dem Denken sein ganzes Gemüt, das dementsprechend im Himmel ist. Von da aus betrachtet er nachher die weltlichen Dinge wie etwas, das unter ihm liegt, vergleichsweise wie man vom Dach eines Hauses herabblickt. Aus diesem Grund vermag ein Mensch, dessen innerlichere Gemütsbereiche aufgeschlossen sind, das Böse und Falsche bei sich zu erkennen, liegt es doch unterhalb seines geistigen Gemüts. Umgekehrt kann ein Mensch, dessen innerlichere Bereiche nicht aufgeschlossen sind, sein Böses und Falsches nicht sehen, weil er selbst mitten darin und nicht darüber steht. Hieraus läßt sich folgern, aus welcher Quelle der Mensch Weisheit, aus welcher Torheit schöpft, ebenso, wie er nach dem Tode beschaffen sein wird, wo man es ihm überläßt, seinen innerlicheren Antrieben gemäß zu wollen und zu denken, zu handeln und zu reden. (532)

Wir sehen jetzt, daß es nicht so schwer ist, ein himmlisches Leben zu führen, wie man gewöhnlich glaubt. Denn wenn dem Menschen etwas begegnet, von dem er weiß, daß es unredlich und ungerecht ist, sich aber seine Sinnesart dahin neigt, so muß er nur daran denken, daß er es nicht tun dürfe, weil es den göttlichen Geboten zuwiderliefe. Gewöhnt er sich an diese Denkweise und schafft er sich durch Übung eine entsprechende Gewohnheit, so wird er allmählich mit dem Himmel verbunden. Je wie dies geschieht, werden seine oberen Gemütsbereiche aufgeschlossen, und dann sieht er, was unredlich und ungerecht ist, und so kann es auch ausgetrieben werden. In diesen Zustand kann der Mensch aufgrund seiner Freiheit eintreten, denn wer wäre nicht frei für solche Überlegungen? Ist damit aber einmal ein Anfang gemacht, so wirkt der Herr alles Gute beim Menschen und sorgt dafür, daß er nicht allein das Böse sieht, sondern auch nicht mehr will und schließlich sogar verabscheut. Dies meint der Herr mit den Worten:

„Mein Joch ist sanft und meine Last ist leicht". (Matth.11, 30.)

Man muß sich jedoch darüber klar sein, je öfter der Mensch willentlich Böses tut, desto schwerer kann er solche Überlegungen anstellen und dem Bösen Widerstand leisten; denn im selben Maß gewöhnt er sich daran, bis er es schließlich überhaupt nicht mehr merkt. Schließlich liebt er es, entschuldigt es, weil mit dieser Liebe Lustreize verbunden sind, rechtfertigt es durch alle möglichen Trugschlüsse und hält es für erlaubt und gut. Dies geschieht bei Menschen, die sich bereits in der Jugend zügellos ins Böse stürzen und dabei im Herzen die göttlichen Dinge verwerfen. (533)

Mir wurde einst ein Weg vorgebildet, der zum Himmel wie auch zur Hölle führte. Es war ein breiter Weg, der sich nach links bzw. nach Norden zog. Viele Geister erschienen und beschritten ihn; doch in der Ferne, wo dieser Weg endete, erblickte man einen ziemlich großen Stein. Von ihm aus teilte er sich in zwei Wege, in einen nach links und einen anderen in die entgegengesetzte Richtung nach rechts. Der linke Weg war schmal, führte durch den Westen nach Süden und so schließlich ins Licht des Himmels. Der rechte Weg war breit und geräumig und lief schräg abwärts zur Hölle. Zuerst schienen alle denselben Weg zu gehen, bis sie den großen Stein am Scheideweg erreichten. Dort trennten sie sich, die Guten wandten sich nach links und folgten dem schmalen Weg, der zum Himmel führte; die Bösen aber sahen den Stein am Scheideweg nicht, stolperten über ihn, verletzten sich und liefen, wenn sie sich wieder erhoben hatten, auf dem breiten Weg nach rechts, der zur Hölle führte.

Nachher wurde mir die Bedeutung von alledem erklärt: Der erste Weg, breit und von vielen begangen, Guten wie Bösen, die wie Freunde miteinander plauderten, weil kein Unterschied zwischen ihnen zu erkennen war, bildete alle vor, die von außen gesehen ein gleich redliches und gerechtes Leben geführt und sich augenscheinlich nicht unterschieden hatten. Der Stein am Scheideweg, der Eckstein, über den die Bösen stolperten, und von dem aus sie dann auf dem zur Hölle führenden Wege weiterliefen, bildete das göttliche Wahre vor, das alle leugnen, die zur Hölle blicken. Im höchsten Sinne stellt dieser Stein das Göttlich-Menschliche vor. Die Menschen aber, die das Göttlich-Wahre und zugleich das Göttliche des Herrn anerkannten, wurden auf den Pfad geleitet, der zum Himmel führt. Daraus sieht man wiederum, daß die Bösen äußerlich genau dasselbe Leben führen wie die Guten, bzw. daß sie denselben Weg gehen, die einen so leicht wie die anderen. Und doch werden dabei diejenigen, die das Göttliche von Herzen anerkennen, und innerhalb der Kirche besonders diejenigen, die das Göttliche des Herrn anerkennen, zum Himmel geführt, die anderen aber zur Hölle. Damit ist auch klar, was man unter den folgenden Worten des Herrn zu verstehen hat:

> „Gehet ein durch die enge Pforte. Denn die Pforte ist weit und der Weg ist breit, der zur Verdammnis führt, und ihrer sind viele, die darauf wandeln. Und die Pforte ist eng, und der Weg ist schmal, der zum Leben führt, und wenige sind, die ihn finden". (Mat 7, 13f)

Der zum Leben führende Weg heißt nicht deshalb schmal, weil er beschwerlich wäre, sondern weil ihn nur wenige finden, wie die angeführten Worte sagen. (534)

Es wurde mir erlaubt, mit einigen Menschen im anderen Leben zu sprechen, die sich von den weltlichen Geschäften zurückgezogen hatten, um fromm und heilig zu leben, sowie auch mit einigen, die sich auf verschiedene Weise kasteit hatten, weil sie glaubten, dies hieße der Welt entsagen und die fleischlichen Begierden zähmen. Doch da sich die meisten von ihnen ein trauriges Leben schufen und nicht am Leben der Nächstenliebe teilnahmen – ein Leben, das nur in der Welt erlernt werden kann –, können sie nicht mit den Engeln zusammengesellt werden. Das Leben der Engel ist nämlich in ihrer Seligkeit fröhlich, immer bereit, Gutes zu tun, also Nächstenliebe zu üben. Dazu kommt, daß Menschen, die ein weltabgewandtes Leben geführt haben, unablässig nach dem Himmel verlangen und sich die himmlische Freude, von der sie ganz und gar nichts verstehen, als ihren wohlverdienten Lohn vorstellen. Werden sie unter die Engel und in deren Freude versetzt, dann wundern sie sich sehr. Denn deren Freude weiß von keinem Verdienst und besteht dafür in Beschäftigung und tätigem Dienst untereinander, sowie in der Seligkeit, die dem Guten entspringt, das ihrer Tätigkeit zugrundeliegt. Weil diese Menschen für solche Freuden nicht empfänglich sind, wenden sie sich ab und gesellen sich mit denen zusammen, die in der Welt ein ähnliches Leben geführt hatten wie sie selbst.

Was daher die anderen betrifft, die äußerlich heilig gelebt, ständig in die Kirchen gegangen, dort gebetet, ihre Seele kasteit, dabei aber doch unablässig daran gedacht hatten, daß sie mehr Achtung und Ehre verdienten als andere und nach dem Tode als Heilige gelten würden, so befinden sie sich im anderen Leben keineswegs im Himmel, weil sie ja all diese Dinge für sich selbst getan hatten. Und da sie die göttlichen Wahrheiten durch ihre Selbstliebe besudelt haben, sind manche von ihnen derart wahnsinnig, daß sie sich für Götter halten. Aus diesem Grunde sind sie unter ihresgleichen in der Hölle.

Diese Dinge wurden angeführt, um zu zeigen, daß nicht ein von der Welt zurückgezogenes Leben, sondern ein Leben mitten in der Welt zum Himmel führt. Dieses besteht aber darin, in jedem Beruf, in jedem Geschäft und bei jedem Werk aufrichtig und gerecht zu handeln, und zwar von innen heraus, das heißt aus himmlischem Ursprung. (535)

# III. TEIL

# DIE HÖLLE

## DER HERR REGIERT DIE HÖLLEN

Im Kapitel über den Himmel ist gezeigt worden, daß der Herr der Gott des Himmels ist. Da das Verhältnis des Himmels zur Hölle (und ebenso der Hölle zum Himmel) dem zweier Gegensätze gleicht, die wechselseitig einander entgegenwirken, aus Wirkung und Gegenwirkung also ein Gleichgewicht entstehen lassen, in dem alles seinen Bestand findet, so muß, wer den Himmel regiert, auch die Hölle regieren, damit alles Bestehende im Gleichgewicht ist und nicht zugrundegeht. (536)

Hier soll nun zuerst etwas über das Gleichgewicht gesagt werden. Wenn zwei Wesen gegeneinander wirken und jedes im selben Maß zurückschlägt und widersteht, wie das andere kämpft und angreift, so kommt bekanntlich keines von beiden zum Ziel, weil ihre Kräfte sich gegenseitig aufheben. Jedes von ihnen kann dann von einem Dritten nach Belieben bewegt werden, denn da beide ihre Kraft gegen den selben Widerstand verzehren, kommt die Kraft des Dritten ebenso leicht zur Wirkung, als wenn gar kein Widerstand vorhanden wäre. Ein solches Gleichgewicht besteht zwischen Himmel und Hölle. Es handelt sich dabei um ein geistiges Gleichgewicht, nämlich des Falschen gegen das Wahre und des Bösen gegen das Gute. Die Hölle strömt aus dem Bösen fortwährend Falsches aus, umgekehrt der Himmel aus dem Guten fortwährend Wahres. Dieses geistige Gleichgewicht bewirkt, daß der Mensch in der Freiheit des Denkens und Wollens steht, entweder das Böse und das daraus resultierende Falsche aus der Hölle zuzulassen und in sich aufzunehmen, oder aber das Gute und das daraus hervorgehende Wahre aus dem Himmel. Der Herr hält jeden Menschen in diesem Gleichgewicht, weil er beide, Himmel wie Hölle, regiert. (537)

Es ergab sich, daß ich einigemale die höllische Sphäre jenes Falschen empfinden konnte, das dem Bösen entspringt. Sie war wie ein unaufhörliches Streben, alles Gute und Wahre zu zerstören, verbunden mit Zorn und blinder Wut darüber, daß sie es nicht vermochte. In ihr überwog ein Streben, das Göttliche des Herrn zu vernichten und zu zerstören, weil Er die Quelle alles Guten und Wahren ist. Ich durfte aber auch die vom Himmel ausströmende Sphäre des Guten empfinden, das aus dem Wahren hervorgeht. Sie hemmte die höllische Gier, so daß ein Gleichgewicht entstand. (538)

Alle Macht in der geistigen Welt eignet dem aus dem Guten hervorgehenden Wahren; das aus dem Bösen entspringende Falsche hat keinerlei Macht. Die Ursache, weshalb alle Macht dem Wahren aus dem Guten zukommt, liegt im Göttlichen selbst, das allein alle Macht besitzt. Das aus dem Bösen hervorgehende Falsche kann darum keinerlei Macht haben. Alle Macht liegt beim Himmel und keine bei der Hölle. Im Himmel verfügt jeder über die aus dem Guten hervorgehenden Wahrheiten, während in der Hölle jedermann im Falschen des Bösen ist. (539)

Darin besteht nun das Gleichgewicht zwischen Himmel und Hölle. In der Geisterwelt ist man in diesem Gleichgewicht, denn sie bildet die Mitte zwischen Himmel und Hölle. Von dort aus werden auch alle Menschen in der Welt in einem ähnlichen Gleichgewicht gehalten, werden sie doch durch Geister aus der Geisterwelt regiert. Ein solches Gleichgewicht kann es nur geben, weil der Herr sowohl Himmel wie Hölle regiert und beiden Maß und Ziel setzt. Wäre es anders, das aus dem Bösen hervorgehende Falsche würde das Übergewicht erlangen und die einfachen Guten im Untersten des Himmels, die sich leichter als die eigentlichen Engel verderben lassen, anstecken. Auf diese Weise würde das Gleichgewicht und damit auch die Freiheit bei den Menschen zugrundegehen. (540)

Die Hölle ist in ebensoviele Gesellschaften eingeteilt, wie der Himmel, denn um des Gleichgewichts willen steht jeder himmlischen Gesellschaft eine höllische gegenüber. Jedem Guten ist also ein Böses entgegengesetzt, jedem Wahren ein Falsches, wie man schon daraus erkennen kann, daß es nichts ohne Beziehung zu seinem Gegenteil gibt. Aus dem Gegensatz begreift man die Beschaffenheit eines Dings und auf welcher Stufe es steht. Alle Wahrnehmung und Empfindung beruht auf Polarität. Daher sorgt der Herr beständig dafür, daß jede Gesellschaft des Himmels in einer Gesellschaft der Hölle ihren Gegenpol findet und zwischen ihnen ein Gleichgewicht besteht. (541)

Weil die Hölle in ebenso viele Gesellschaften eingeteilt ist wie der Himmel, darum gibt es auch genauso viele Höllen wie himmlische Gesellschaften. Da es nun im allgemeinen drei Himmel gibt, so auch drei Höllen, nämlich eine unterste als Gegenpol des innersten oder dritten Himmels, eine mittlere als Gegenstück zum mittleren oder zweiten Himmel, sowie eine obere als Gegenüber zum äußersten oder ersten Himmel. (542)

Wie regiert nun der Herr die Höllen? Aufs Ganze gesehen durch den allgemeinen Zustrom des Göttlich-Guten und -Wahren aus den Himmeln, der die aus den Höllen hervorbrechende allgemeine Begierde einschränkt und zähmt, aber auch durch den besonderen Zustrom aus jedem Himmel und jeder einzelnen himmlischen Gesellschaft. Genauer gesagt, die Höllen werden durch Engel regiert, denen es ermöglicht wird, in die Höllen hineinzusehen und den darin herrschenden Wahnsinn und Aufruhr im Zaum zu halten. Es geschieht auch zuweilen, daß Engel dahin abgesandt werden und durch ihre bloße Gegenwart mäßigend wirken. Im umfassenden Sinn werden alle Bewohner der Hölle durch ihre Befürchtungen regiert, manche sogar noch durch die ihnen in der Welt eingepflanzten und von daher mitgebrachten. Da aber diese Befürchtungen nicht genügen und auch allmählich nachlassen, werden sie auch durch Furcht vor Strafen beherrscht, die sie vor allem vom Tun des Bösen abschrecken. Es gibt dort eine Vielzahl von Strafen, gelindere und härtere – je nach dem Bösen. Die Bösartigen werden meist über andere gesetzt, denen sie an Schlauheit und Geschicklichkeit überlegen sind und die sie durch Strafen und die damit zusammenhängenden Schrecken in Gehorsam und Knechtschaft halten. Diese Befehlshaber wagen es jedoch nicht, die ihnen gesetzten Grenzen zu überschreiten. Man muß wissen, daß die Furcht vor Strafe das einzige Mittel ist, um Gewalttätigkeiten und blinde Wut der Höllischen zu zähmen. Ein anderes Mittel gibt es nicht. (543)

Bis heute glaubt man auf Erden, es gebe einen bestimmten Teufel, der die Höllen beherrsche; er sei ursprünglich als Engel des Lichts erschaffen, habe sich dann gegen Gott empört und sei deshalb mit seiner Rotte in die Hölle hinabgestoßen worden. Dieser Glaube beruht darauf, daß im Wort sowohl vom Teufel und Satan als auch vom Lichtbringer (Luzifer) gesprochen wird und man das Wort an diesen Stellen rein buchstäblich versteht. In Wirklichkeit hat man unter dem Teufel und Satan die Hölle zu verstehen, wobei der Teufel die rückwärtige Hölle bezeichnet, wo sich die Allerschlimmsten befinden, böse Engel (genii) genannt. Der Satan bezeichnet die weiter vorn liegende Hölle, wo sich die weniger Bösartigen aufhalten, böse Geister genannt. Unter Luzifer aber sind diejenigen zu verstehen, die aus „Babylon" stammen, das heißt Geister, die ihre Herrschaftsbereiche bis in den Himmel auszudehnen trachten. Die Tatsache, daß kein besonderer Teufel existiert, dem die Höllen unterworfen wären, ergibt sich auch aus der Herkunft der Höllenbewohner, die ebenso wie die Bewohner des Himmels allesamt dem menschlichen Geschlecht entstammen. (544)

## DER HERR WIRFT NIEMAND IN DIE HÖLLE, SONDERN DER GEIST SICH SELBST

Manche sind der Meinung, daß Gott sein Angesicht vom Menschen abwende, ihn von sich stoße, in die Hölle werfe und wegen seines Bösen zürne. Manche gehen noch weiter und meinen, Gott strafe den Menschen und erweise ihm Böses. In dieser Ansicht bestärken sie sich durch den Buchstabensinn des Wortes, in dem ähnliches gesagt wird. Sie wissen nicht, daß der geistige Sinn des Wortes, der den buchstäblichen erklärt, von ganz anderer Beschaffenheit ist. Aus ihm stammt daher die reine Lehre der

Kirche, die etwas ganz anderes lehrt, nämlich daß Gott sein Antlitz nie vom Menschen abwendet oder ihn von sich stößt, daß er niemand in die Hölle wirft und niemand zürnt. Das kann auch jeder erkennen, dessen Gemüt erleuchtet wird, wenn er das Wort liest, schon allein daraus, daß ja Gott das Gute, die Liebe, die Barmherzigkeit selbst ist. Wer daher beim Lesen des Wortes aus einem erleuchteten Gemüt heraus nachdenkt, erkennt klar, daß sich Gott niemals vom Menschen abwendet, sondern aus Güte, Liebe und Barmherzigkeit an ihm handelt. Er kann also auch erkennen, daß der Buchstabensinn des Wortes an den fraglichen Stellen einen geistigen Sinn in sich birgt, der zur Erklärung dessen dient, was darin dem Fassungsvermögen des Menschen und seinen ersten und noch ganz allgemeinen Vorstellungen angepaßt worden ist. (545)

Menschen im Zustand der Erleuchtung sehen ferner, daß Gutes und Böses, wie Himmel und Hölle, Gegensätze sind, und daß alles Gute dem Himmel, alles Böse der Hölle entstammt. Sie erkennen, daß der Herr mit dem Guten bei jedem Menschen einfließt, beim bösen ebenso wie beim guten, freilich mit dem Unterschied, daß Er den bösen fortwährend vom Bösen abhält, während Er den guten fortwährend zum Guten hinführt. Der Grund für diesen Unterschied liegt beim Menschen, weil er der Empfangende ist. (546)

Wir können daher feststellen, daß der Mensch das Böse von der Hölle und das Gute vom Herrn her tut. Weil aber der Mensch glaubt, er tue alles, was er tut, aus sich, darum hängt ihm das vollbrachte Böse an, als ob es sein eigen wäre; und darum ist der Mensch der Urheber seines Bösen und bringt sich auch selbst in die Hölle, nicht der Herr ihn. (547)

Es soll auch gesagt werden, wie das vor sich geht. Wenn der Mensch ins andere Leben eintritt, wird er zuerst von Engeln empfangen, die alles für ihn tun und mit ihm auch über den Herrn, den Himmel und das Leben der Engel reden und ihn im Wahren und Guten unterweisen. Ist aber der Mensch, der jetzt ein Geist ist, so geartet, daß er von diesen Dingen zwar in der Welt gehört, sie aber im Herzen geleugnet oder gar verachtet hatte, so trachtet er von den Engeln loszukommen. Sobald sie das merken, verlassen sie ihn. Er aber gesellt sich (vgl. Nr. 445-452), nachdem er noch einige Zeit mit anderen zusammen war, schließlich zu denen, die in derselben Art des Bösen sind, wie er.

Damit ist klar, daß der Herr durch die Engel, wie auch durch einen Einfluß aus dem Himmel jeden Geist an sich zieht, daß aber Geister, die dem Bösen verfallen sind, ganz und gar widerstreben und sich gleichsam vom Herrn losreißen und wie mit Stricken von ihrem Bösen, also von der Hölle, angezogen werden. Und weil sie diesem Zug aus ihrer Liebe zum Bösen heraus auch folgen wollen, so steht fest, daß sie sich freiwillig in die Hölle stürzen. In der Welt kann man das infolge der Vorstellung, die man sich von der Hölle gemacht hat, nicht glauben. (548)

Der Herr kann aus seinem göttlichen Wesen heraus, das die Güte, Liebe und Barmherzigkeit selbst ist, nicht mit jedem Menschen auf gleiche Weise verfahren. Das ist deshalb unmöglich, weil das Böse mit seinem Falschen hindernd im Wege steht und Gottes Einfluß nicht nur lähmt, sondern geradezu zurückstößt. Das Böse mit seinem Falschen gleicht schwarzen Wolken, die sich zwischen die Sonne und das Auge des Menschen schieben und die Helligkeit und Heiterkeit des Lichtes hinwegnehmen, obschon die Sonne unausgesetzt die Wolken zu zerstreuen trachtet. Befindet sich jemand in einem dem Bösen entspringenden Falschen, so umgibt ihn eine solche Wolke, schwarz und dicht, je nach dem Grad des Bösen. Dieser Vergleich zeigt, daß die Gegenwart des Herrn unaufhörlich bei jedem vorhanden ist, aber verschieden aufgenommen wird. (549)

Die bösen Geister in der Geisterwelt werden streng bestraft, um vom Tun des Bösen abgeschreckt zu werden; auch dies scheint vom Herrn zu kommen. In Wirklichkeit aber liegt der Ursprung der Strafe nie im Herrn, sondern im Bösen selbst, das untrennbar mit seiner Strafe verbunden ist. In der Tat begehrt und

liebt der höllische Mob nichts mehr, als Böses zu tun, vor allem
Strafen zu verhängen und zu quälen, und es gelingt ihm auch bei
jedem, der nicht vom Herrn beschützt wird. Sobald daher irgendetwas Böses aus bösem Herzen getan wird, das den Schutz des
Herrn aufhebt, stürzen sich die bösen Geister auf den Missetäter
und strafen ihn. Dies läßt sich auch einigermaßen am Bösen in
der Welt veranschaulichen. Der einzige Unterschied besteht
darin, daß sich das Böse in der Welt verheimlichen läßt, nicht
aber im anderen Leben. Damit steht fest, daß der Herr niemandem etwas Böses zufügt. (550)

## ALLE HÖLLENBEWOHNER SIND AUFGRUND IHRER EIGEN- UND WELTLIEBE IM BÖSEN UND DARAUS ENTSPRINGENDEN FALSCHEN

Alle Höllenbewohner sind dem Bösen samt dem daraus hervorgehenden Falschen verfallen. Es gibt dort niemanden,
der, dem Bösen verfallen, zugleich im Wahren wäre. In der Welt
kennen die meisten Bösen die geistigen Wahrheiten, das heißt
die Wahrheiten der Kirche, haben sie sie doch von Kindheit an
und später auch aus der Predigt und Lektüre des Wortes gelernt,
um in ihrem Sinne reden zu können. Einigen von ihnen war es
so gelungen, anderen vorzutäuschen, sie seien aufrichtige Christen, weil sie es verstanden, mit erheuchelter Neigung aus der
Perspektive der Wahrheit zu reden. Auch handelten sie redlich,
als ob es aus einem vergeistigten Glauben geschähe. Doch alle,
die bei sich das genaue Gegenteil gedacht und sich nur der bürgerlichen Gesetze wegen und aus Besorgnis um ihren guten Ruf,
ihre Stellung und ihre Vorteile versagt hatten, das Böse zu tun,
das sie in Gedanken hegten, sind im Herzen böse, und nur dem
Körper, nicht dem Geist nach dem Wahren und Guten zugetan.
Wird ihnen daher im anderen Leben das Äußere genommen und
das ihrem Geist angehörende Innere aufgedeckt, so verfallen sie

ganz und gar dem Bösen und Falschen und besitzen keinerlei Wahres und Gutes mehr. Dann liegt offen zutage, daß das Wahre und Gute nur als ein Wissen in ihrem Gedächtnis lag, das sie beim Reden hervorholten, um den Eindruck zu erwecken, als ob bei ihnen alles Gute geistiger Liebe und geistigem Glauben entspringe. Werden diese Menschen in ihr Inneres, folglich in ihr Böses versetzt, so können sie nur noch Falsches reden, weil es unmöglich ist, aus dem Bösen heraus Wahres auszusprechen. Jeder böse Geist wird (vgl. Nr. 499-512), ehe er in die Hölle geworfen wird, in diesen Zustand versetzt. (551)

Wenn der Mensch nach dem Tode diese Stufe erlangt hat, ist er nicht mehr ein Menschen-Geist, wie er es in seinem ersten Zustand war (vgl. Nr. 491-498), sondern wirklich ein Geist. Ein echter Geist ist er nämlich, sobald er Gesicht und Leib hat, die seiner Gesinnung entsprechen. In diesem Zustand ist aber der Geist nach vollbrachtem ersten und zweiten Zustand, von denen oben die Rede war. Er wird nun auf den ersten Blick als der erkannt, der er tatsächlich ist, nicht nur an seinem Gesicht, sondern auch an seinem ganzen Leib, an Sprache und Gebärden. Und weil er nun in sich ist, kann er an keinem anderen Ort verweilen als dort, wo die ihm Ähnlichen sind. Nur bei ihnen findet er sein eigenes Leben und atmet aus freier Brust. Man muß wissen, daß die Kommunikation mit anderen in der geistigen Welt von der Zuwendung des Angesichts abhängt, und daß jeder ständig diejenigen vor Augen hat, die mit ihm die gleiche Liebe teilen, und zwar bei jeder Wendung des Leibes (vgl. Nr. 151). Darauf beruht es, daß sich alle höllischen Geister vom Herrn abwenden und stattdessen jenen dunstigen und verfinsterten Körpern zukehren, die dort anstelle der irdischen Sonne und des irdischen Mondes stehen, während sich alle Engel des Himmels dem Herrn als der Sonne und dem Mond des Himmels zuwenden (vgl. Nr. 123, 143f, 151). Damit steht fest, daß sich alle Höllenbewohner dem Bösen und seinem Falschen ergeben und sich auch den entsprechenden Arten der Liebe zugewandt haben. (552)

Alle Höllengeister erscheinen also im Licht des Himmels als Abbilder ihres Bösen. So läßt sich die Beschaffenheit der Geister schon bei ihrem Anblick erkennen. Allgemein gesprochen, drückt sich in ihrer Gestalt die Verachtung anderer und die Drohung gegenüber allen aus, die ihnen nicht huldigen. Sie sind Gestalten des Hasses verschiedenster Art und vielfältiger Rachgier; Wut und Grausamkeit entsteigen ihrem Inneren. Doch sobald andere sie loben, verehren und anbeten, zieht sich ihr Gesicht zu einem Ausdruck des Behagens befriedigter Lust zusammen. Im allgemeinen sind ihre Gesichter grausig und leblos wie von Leichen. Bei einigen glühen sie rötlich wie ein Feuerbrand, manche Gesichter sind durch Blattern, Beulen und Geschwüre entstellt. Bei vielen ist überhaupt kein Gesicht, sondern stattdessen etwas Struppiges oder Knöchernes zu erkennen. Bei anderen springt nur die Zahnpartie ins Auge. Auch ihre Leiber sehen scheußlich aus, und ihre Sprache erweckt den Eindruck, als werde sie aus Zorn, Haß oder Rachgier hervorgestoßen, redet doch jeder aus seinem Falschen und in einem Tonfall, der seinem Bösen entspringt. Mit einem Wort: Sie sind samt und sonders Abbilder ihrer Höllen. Die Gesamtgestalt der Hölle wurde mir nicht zu sehen gegeben. Mir wurde aber gesagt, wie der Himmel in seinem Gesamtumfang einen einzigen Menschen darstelle (vgl. Nr. 59-67), so die Hölle einen einzigen Teufel; sie könne daher auch wirklich im Bilde eines Teufels dargestellt werden (vgl. Nr. 544). Ich durfte aber des öfteren sehen, welche Gestalt einzelne Höllen und die höllischen Gesellschaften haben, denn an den Eingängen, den sogenannten Höllenpforten, erscheint meistens ein Scheusal, das ein allgemeines Bild der betreffenden Bewohner vermittelt. Ihre Wutausbrüche werden bei dieser Gelegenheit durch derart entsetzliche und gräßliche Dinge vorgestellt, daß ich darüber nicht berichten möchte.

Man wisse aber, daß sich die höllischen Geister untereinander als Menschen erblicken. Infolge der Barmherzigkeit des Herrn dürfen sie einander nicht als ebensolche Scheußlichkeiten erscheinen, wie den Engeln. Aber sobald nur ein wenig Licht aus dem Himmel eingelassen wird, zeigt sich, daß dies auf Täuschung beruht, verwandelt es doch jene menschlichen Gestalten umgehend in die Ungeheuer, die sie an und für sich sind und die oben beschrieben wurden. Alles erscheint nämlich im Licht des Himmels so, wie es an und für sich ist. Darum fliehen sie auch dieses Licht (lucem) des Himmels und stürzen sich in ihr eigenes Licht (lumen), das dem Schein glühender Kohlen und gelegentlich auch brennenden Schwefels gleicht. Doch auch dieser Schein wird zu schwarzer Finsternis, sobald nur ein Strahl himmlischen Lichts einfällt. Aus diesem Grund heißt es, in den Höllen herrsche Dunkel und Finsternis, denn diese bedeuten das Falsche aus dem Bösen, das in der Hölle herrscht. (553)

Die Betrachtung jener scheußlichen Gestalten der höllischen Geister zeigt deutlich: Sie stellen – allgemein gesprochen – Formen der Selbst- und Weltliebe dar, und das Böse, dessen besondere Ausprägungen sie sind, hat seinen Ursprung in diesen beiden Abarten der Liebe. Aus dem Himmel wurde mir auch gesagt, und es bestätigte sich durch viele Erfahrung, daß diese beiden Arten der Liebe, die Eigen- und Weltliebe, in den Höllen herrschen, ja die Höllen sind, wohingegen die Liebe zum Herrn und die Liebe zum Nächsten in den Himmeln herrschen, ja die Himmel sind. Ferner wurde mir gesagt, daß die beiden Liebesarten, die höllischer Natur sind, und die beiden Liebesarten, die im Himmel herrschen, völlige Gegensätze bilden. (554)

Zuerst verstand ich nicht recht, warum die Eigen- und Weltliebe so teuflisch sein sollen. In der Welt macht man sich ja wenig Gedanken über die Eigenliebe, dafür umso mehr über den Hochmut, der, weil in die Augen springend, allein als Eigenliebe gilt. Außerdem sieht man in der Welt die Eigenliebe als Lebensfeuer und notwendigen Antrieb dafür an, daß sich Menschen um Ämter bewerben und Nutzen schaffen. Man meint, ohne die Lockungen von Ehre und Ruhm würde der Mensch passiv bleiben. (555)

Eigenliebe ist, sich allein wohlzuwollen und anderen nur um seiner selbst willen, auch nicht der Kirche, dem Vaterland oder irgendeiner menschlichen Gesellschaft. Wer in der Eigenliebe befangen ist, liebt nicht die Kirche, das Vaterland und die Gesellschaft, irgendeine nützliche Funktion, sondern allein sich selbst. Angenehm ist ihm nur die Lust der Eigenliebe, und weil die Lust, die einer Liebe entspringt, das Leben des Menschen bildet, so besteht sein Leben nur aus Eigenliebe. Ein solches Leben ist an sich betrachtet nichts als böse. Wer nur sich liebt, liebt freilich auch die, die ihm nahe stehen, insbesondere seine Kinder und Verwandten, im weiteren Sinne alle, die eins mit ihm ausmachen und die er „seine Leute" nennt. In ihnen sieht er gleichsam sich selbst. Zu denen, die er „seine Leute" nennt, gehören auch alle, die ihn loben, ehren und verehren. (556)

Durch den Vergleich mit der himmlischen Liebe läßt sich deutlich erkennen, wie die Eigenliebe beschaffen ist: Die himmlische Liebe besteht nämlich darin, Nutzwirkung um der Nutzwirkung, bzw. Gutes um des Guten willen zu lieben, das der Mensch der Kirche, dem Vaterland, der menschlichen Gesellschaft und dem Mitbürger erweist; und das heißt in der Tat, Gott und den Nächsten lieben, da alle Nutzwirkungen und alle guten Dinge von Gott kommen und zugleich auch der Nächste sind, den man lieben soll. Wer diese aber nur um seiner selbst willen liebt, liebt sie nur als seine Diener, weil sie sich ihm selbst als nützlich erweisen. Daraus folgt: Wer in der Eigenliebe befangen ist, will, daß Kirche, Vaterland, die menschlichen Gemeinschaften und die Mitbürger *ihm* dienen, nicht aber umgekehrt. Er stellt sich über sie und sie unter sich. In dem Maße, wie sich jemand der Selbstsucht ergibt, entfernt er sich daher von dem Himmel, weil er sich von der himmlischen Liebe entfernt. (557)

Und weiter: Im selben Maß, in dem sich jemand himmlischer Liebe ergibt, wird er vom Herrn geführt. Denn in dieser Liebe ist der Herr selbst, und sie stammt von Ihm. In dem Maße jedoch, wie jemand der Eigenliebe verfällt, wird er von sich selbst und nicht vom Herrn geführt. Daraus folgt: Soweit der Mensch nur sich selbst liebt, entfernt er sich vom Göttlichen und damit vom Himmel. Wann immer er bei dem Guten, das er tut, nur sich selbst im Auge hat, wird er in sein Eigenes, also in sein anererbtes Böses versetzt. Denn bei solchem Handeln blickt er vom Guten weg auf sich selbst, nicht umgekehrt, von sich selbst weg auf das Gute. Im Guten errichtet er dann gewissermaßen ein Bild seiner selbst und nicht ein Bild des Göttlichen. Erfahrung hat mich darin bestärkt, daß dem so ist. (558)

Die Eigenliebe ist das Gegenteil der Nächstenliebe. In einem eigensüchtigen Menschen beginnt die Liebe zum Nächsten bei ihm selbst, und er erklärt auch, ein jeder sei sich selbst der Nächste. Von ihm aus als dem Mittelpunkt erstreckt sich seine Liebe auf alle, die mit ihm übereinstimmen, und nimmt ab, je weniger das der Fall ist. Wer nicht zu diesem Kreis gehört, interessiert ihn nicht; wer gegen ihn und sein Böses auftritt, gilt ihm als Feind, er sei noch so weise und anständig, aufrichtig und gerecht. Mit einem Wort: Die Eigenliebe bildet bei dem, der sich ihr verschrieben hat, das Haupt, die himmlische Liebe aber die Füße, auf die er sich stellt. Dient ihm die himmlische Liebe nicht, so tritt er sie mit Füßen. Darum sieht es (vgl. Nr. 548) auch so aus, als ob alle, die in die Hölle geworfen werden, mit dem Kopf voran hinabgestürzt würden, während ihre Füße nach oben, dem Himmel zu, weisen. (558a)

Im Wesen der Selbstsucht liegt ferner, daß sie im selben Maß voranstürmt, wie man ihr die Zügel schießen läßt, das heißt, ihre äußeren Fesseln lockert – nämlich die Furcht vor dem Gesetz mit seinen Strafen, vor dem Verlust des guten Rufs, der Ehre, des Gewinns, der Stellung und des Lebens – , bis sie schließlich nicht nur über die ganze Welt, sondern sogar über den ganzen Himmel, ja über das Göttliche selbst herrschen möchte. Sie kennt keine Grenze und kein Ende. Bei jedem Menschen ist das innerlich verborgen, der sich der Eigenliebe ergeben hat, auch wenn es in der Welt, in der ihn die genannten Zügel hemmen, nicht offen zutage tritt. Man sieht es aber an den Machthabern und Königen, die keine solchen Fesseln und Beschränkungen kennen. Sie stürmen immer weiter, unterwerfen sich, soweit es ihnen gelingt, ganze Provinzen und Reiche und trachten nach schrankenloser Macht und Herrlichkeit. (559)

Man stelle sich eine Gesellschaft vor, in der alle Menschen nur sich selbst lieben und andere nur, sofern sie mit ihnen übereinstimmen. Dann wird man sehen, daß ihre Liebe sich nicht von der von Verbrechern unterscheidet: Bei gemeinschaftlichem Handel umarmen sie einander und nennen sich Freunde. Treiben sie aber ihre Geschäfte für sich allein und entziehen sich der Aufsicht der Gemeinschaft, dann geht jeder auf jeden los, und sie metzeln sich gegenseitig nieder. Bei der Untersuchung ihres Inneren oder ihrer Gesinnung zeigt sich, daß sie einen tödlichen Haß aufeinander hegen und im Herzen über alles lachen, was gerecht und aufrichtig heißt, selbst über das Göttliche. Dies weisen sie zurück, als sei es ein Nichts. All das wird noch deutlicher werden, wenn weiter unten die Rede von ihren Gesellschaften in den Höllen sein wird. (560)

Was die Religion betrifft, so besteht ihr Böses nicht nur in der Verachtung des Göttlichen und der göttlichen Dinge, das heißt des Wahren und Guten der Kirche, sondern auch in einer Erbitterung, mit der sie sich dagegen wenden und die sich ebenfalls in Haß verwandelt, wenn der Mensch zu einem Geist wird. Nicht nur findet er es dann unerträglich, etwas von diesen Dingen zu hören, er entbrennt auch in Haß gegen alle, die das Göttliche anerkennen und verehren. Dieses Verlangen zeigt sich auch bei vielen Angehörigen der päpstlichen Religion, wenn sie im anderen Leben entdecken müssen, daß der Herr alle Macht hat und sie selbst keine. (562)

Einst erschienen mir in den westlichen Breiten gen Süden einige Geister und erklärten, sie hätten in der Welt in hohen Würden gestanden und verdienten daher, über andere erhoben zu werden und zu gebieten. Engel prüften ihre innere Beschaffenheit. Dabei zeigte sich jedoch, daß sie bei ihren weltlichen Obliegenheiten nicht auf die Nutzwirkung, sondern auf sich selbst geblickt, ihr eigenes Ich also über ihre Nutzwirkungen gestellt hatten. Weil sie sich aber bewarben und dringend verlangten, anderen vorgesetzt zu werden, gestattete man ihnen, an den Beratungen von Engeln teilzunehmen, die mit den Angelegenheiten eines höheren Wirkungskreises betraut waren. Dabei stellte es sich heraus, daß sie den Geschäften, um die es sich handelte, keinerlei Aufmerksamkeit schenkten. Sie konnten die Dinge nicht innerlich betrachten, sprachen nicht vom Nutzen, sondern von ihrem Eigenen her und trachteten danach, willkürlich und um des Beifalls willen zu handeln. Deshalb wurden sie zurückgewiesen und entlassen, nur um sich andernorts wieder zu bewerben. Aber überall, wohin sie sich auch wandten, wurden sie wieder weggeschickt. Nach einiger Zeit sah man sie in äußerster Not um Almosen betteln. (563)

Es gibt zwei Arten von Herrschaft: Die eine entspringt der Nächstenliebe, die andere der Eigenliebe. In ihrem Wesen sind sie einander völlig entgegengesetzt. Wer aus Nächstenliebe herrscht, will allen Menschen wohl und liebt nichts mehr als die Nutzwirkung, das heißt anderen zu dienen (anderen dienen heißt, anderen wohlwollen und nützlich sein, handle es sich nun um die Kirche, das Vaterland, eine Gesellschaft oder den einzelnen Mitbürger). Wer dagegen aus Eigenliebe herrscht, denkt nur an sein eigenes Wohl. Bei den Nutzwirkungen, die er vollbringt, geht es ihm nur um die eigene Ehre und Herrlichkeit, den einzigen Nutzen, den er kennt. Bei jedem Geist besteht die Liebe zum Herrschen auch nach seinem Leben in der Welt fort. Allen, die aus Nächstenliebe geherrscht haben, wird auch in den Himmeln eine Herrschaft anvertraut, doch in Wirklichkeit regieren dann nicht sie, sondern die von ihnen geliebten Nutzwirkungen, und durch diese herrscht letztlich der Herr. Wer aber in der Welt aus Eigenliebe geherrscht hat, wird nach dem irdischen Leben zum verachteten Sklaven der Hölle. (564)

Die Weltliebe dagegen ist der himmlischen Liebe nicht in so hohem Grade entgegengesetzt, weil nicht soviel Bosheit in ihr verborgen liegt. Sie besteht darin, das Vermögen anderer auf jede denkbare Weise an sich bringen zu wollen, sein Herz an Reichtum zu hängen und sich durch die Welt von der geistigen Liebe, also von der Nächstenliebe, vom Himmel und vom Göttlichen abwenden und abbringen zu lassen. Es gibt jedoch viele Variationen dieser Liebe. Der Zweck, den man mit dem Reichtum verbindet, ist sein Nutzen, und der Zweck oder der Nutzen bestimmt die Art der Liebe. Denn jede Liebe ist so beschaffen wie ihr Endzweck, weil ihr alles übrige nur als Mittel dient. (565)

## HÖLLISCHES FEUER UND ZÄHNEKNIRSCHEN

Bis jetzt weiß kaum jemand, was es mit jenem ewigen Feuer und dem Zähneknirschen auf sich hat, von dem das Wort im Blick auf die Bewohner der Hölle spricht. Wer aber mit dem geistigen Sinn des Wortes vertraut ist, kann wissen, was damit gemeint ist. Denn jeder Ausdruck und jede Bedeutung eines Ausdrucks im Wort birgt einen geistigen Sinn, weil das Wort in seinem Schoße geistig ist. Im Folgenden soll nun erklärt werden, was das ewige Feuer und Zähneknirschen ist. (566)

Es gibt zwei Wärme-Quellen: Die Sonne des Himmels und die Sonne der Welt. Die Wärme aus der Sonne des Himmels oder aus dem Herrn ist geistig und in ihrem Wesen Liebe (vgl. Nr. 126-140). Dagegen ist die Wärme aus der irdischen Sonne natürlich und ihrem Wesen nach nicht Liebe, dient aber der geistigen Wärme oder Liebe als Aufnahmegefäß. (567)

Die geistige Wärme ist die Lebenswärme des Menschen, weil sie, wie gesagt, in ihrem Wesen Liebe ist. Diese Wärme wird im Wort unter dem „Feuer" verstanden – die Liebe zum Herrn und zum Nächsten unter dem himmlischen, die Eigen- und Weltliebe unter dem höllischen Feuer. (568)

Dieses höllische Feuer entspringt der gleichen Quelle wie das himmlische Feuer, nämlich der Sonne des Himmels, bzw. dem Herrn. Höllisch wird dieses Feuer nur durch seine Aufnehmer, denn alles, was aus der geistigen Welt einfließt, wird je nach den Formen, in die es einfließt, verändert. Es verhält sich damit nicht anders, als mit der Wärme und dem Licht von der irdischen Sonne. Wirkt sie auf Bäume und Blumen ein, fördert sie deren Wachstum und ruft zugleich angenehme Düfte hervor. Dieselbe Wärme aber verursacht, wirkt sie auf Exkremente und Aas ein, Fäulnis, üble Gerüche und Gestank. Ebenso bringt das Licht der irdischen Sonne in manchen Gegenständen schöne und liebliche, in anderen unschöne und unerfreuliche Farben hervor. Dasselbe gilt für die Sonne des Himmels. Fließt von ihr her Wärme bzw. Liebe in etwas Gutes ein, so wirkt sie befruchtend. Auf die Bösen übt sie jedoch die gegenteilige Wirkung aus, da sie durch deren Böses entweder erstickt oder verkehrt wird. Dasselbe gilt für das Licht des Himmels: Fließt es in das Wahre des Guten ein, so erblüht daraus Einsicht und Weisheit, fließt es aber in Falsches aus dem Bösen ein, wird es in Unsinn und alle möglichen Wahnvorstellungen verdreht. So kommt es überall auf die Art der Aufnahme an. (569)

Das höllische Feuer ist also jene Begierde und Lust, die der Eigen- und Weltliebe als ihren Quellen entspringt. Wenn der Mensch nach dem Tode ein Geist wird, verwandelt sich diese Haltung in Erbitterung und Haß (vgl. Nr. 562). Und weil dieses Böse unausgesetzt nach Vernichtung und Tod aller trachtet, die ihm als Feinde gelten und gegen die es von Haß und Rachgier brennt, so besteht seine Lebenslust im Ziel, zu vernichten und zu töten und, wenn das nicht möglich ist, zu benachteiligen, zu schaden und zu wüten. Dies ist es, was im Wort an den Stellen unter dem „Feuer" verstanden wird, wo vom Bösen und von den Höllen die Rede ist. Hier einige Stellen zur Bestätigung:

„Heuchlerisch und böse sind sie alle. Und jeglicher Mund redet Torheit . . . Denn die Ungerechtigkeit brennt wie Feuer, das Dornstrauch und Dorngestrüpp auffrißt und das Dickicht des Waldes anzündet, das emporwirbelt in Säulen von Rauch . . . Und das Volk ist ein Fraß des Feuers geworden, kein Mann wird seinen Bruder verschonen."
(Jes 6, 16-18)

„Ich werde Wunderzeichen geben am Himmel und auf Erden, Blut und Feuer und Rauchsäulen. Die Sonne wird sich in Finsternis verwandeln." (Joel 3, 3f)

„Aus den Mäulern der Rosse kamen Feuer, Rauch und Schwefel heraus. Durch diese drei wurde der dritte Teil der Menschen getötet . . ."
(Offb 9, 17f)

„Und der vierte Engel goß seine Schale aus auf die Sonne, und es ward ihm gegeben, die Menschen mit Hitze zu schlagen durch Feuer. Und die Menschen entbrannten mit großer Hitze . . ." (Offb 16, 8f)

„Der Sohn des Menschen wird seine Engel senden, und sie werden aus seinem Reich sammeln alle Ärgernisse und die da Unrecht tun, und werden sie in den Feuerofen werfen." (Mat 13, 41f. 50)

(Der König) „wird zu denen auf seiner Linken sagen: »Weichet von mir, ihr Verfluchten, in das ewige Feuer, das bereitet ist dem Teufel und seinen Engeln«." (Mat 25, 41)

(Der Reiche in der Unterwelt sprach zu Abraham:) „Ich leide Pein in dieser Flamme". (Luk 16, 24)

An diesen und an vielen anderen Stellen ist unter dem „Feuer" die Begierde zu verstehen, die ein Teil der Eigen- und Weltliebe ist, und unter dem „Rauch" des Feuers das Falsche, das einem Bösen entspringt. (570)

Weil das höllische Feuer die Begierde bezeichnet, Böses der Eigen- und Weltliebe zu tun, und weil diese Gier alle Bewohner der Hölle erfüllt, darum erscheint auch bei der Öffnung der Höllen etwas gleichsam Feuriges, verbunden mit einem Rauch wie von einer Feuersbrunst. In den Höllen, in denen die Eigenliebe herrscht, handelt es sich um ein wütendes Feuer, in den Höllen, in denen die Weltliebe regiert, um etwas Flammendes. Man wisse jedoch, daß sich die Bewohner der Höllen nicht in einem wirklichen Feuer befinden, sondern daß es sich dabei nur um den äußeren Anschein eines Feuers handelt. Sie empfinden nämlich in ihren Höllen keinerlei Brennen, sondern lediglich Wärme, ganz wie früher in der Welt. Die Erscheinung des Feuers ist eine Folge der Entsprechung, da die Liebe dem Feuer entspricht und in der geistigen Welt alles seiner Entsprechung gemäß erscheint. (571)

Man wisse aber, daß Feuer oder Wärme der Hölle im selben Moment in hochgradige Kälte umschlägt, in dem aus dem Himmel Wärme einfließt. Die Anwesenden befällt dann ein Schauder gleich einem Fieberfrost, und sie erleiden innerliche Qualen. Hand in Hand damit entsteht dann dort auch dichte Finsternis, die eine Verdummung und geistiges Dunkel mit sich bringt. Doch das geschieht nur selten und auch nur, wenn Aufstände zu ersticken sind, die ein bestimmtes Maß überschreiten. (572)

Unter dem höllischen Feuer hat man sich also jede selbstsüchtige Begierde, etwas Böses zu tun, vorzustellen, und somit auch die höllische Qual. Die Begierde jener Liebe sucht nämlich anderen, von denen man sich nicht geehrt, verehrt und angebetet fühlt, Schaden zuzufügen. Im selben Maß, wie die Erbitterung darüber und die daraus erwachsende Rachsucht um sich greifen, wächst auch die Begierde, gegen die Betreffenden zu wüten. Da nun in einer Gesellschaft, in der keine äußeren Bande Schranken setzen, diese Art Begierde in jedem Einzelnen herrscht, so stürzt sich jeder aus seinem Bösen heraus auf den anderen. Deshalb nährt dort jeder in seinem Herzen den Haß gegen den anderen und bricht aus diesem Haß heraus in Grausamkeiten aus, soweit er nur kann. Diese Grausamkeiten und die damit verbundenen Qualen sind ebenfalls unter dem höllischen Feuer zu verstehen. (573)

Wie oben (Nr. 548) gezeigt wurde, stürzt sich der böse Geist von selbst in die Hölle. Da nun dort eine solche Qual herrscht, so soll in Kürze gesagt werden, warum er dies tut. Aus jeder Hölle weht nämlich eine Sphäre jener Begierden herauf, denen die dort Befindlichen verfallen sind, und die jemand, der die gleiche Begierde teilt, in freudige Erregung versetzt, sobald er sie wahrnimmt; denn die Begierde und ihre Lust bilden eine Einheit. Noch weiß er nicht, daß ihn dort derartige Qualen erwarten, aber selbst wenn er es weiß, fühlt er sich doch dahin gezogen, denn in der geistigen Welt kann niemand seiner Begierde widerstehen.

Wenn nun der Geist von selbst, bzw. aus seiner Freiheit heraus zu seiner Hölle gelangt und in sie eintritt, wird er zuerst freundlich aufgenommen und meint daher, er sei zu Freunden gekommen. Dieser Zustand dauert jedoch nur wenige Stunden. Inzwischen wird er untersucht, um herauszufinden, wie schlau er ist, welchen Wert er also besitzt. Ist diese Untersuchung beendet, beginnt man ihn anzugreifen, und zwar in verschiedenster Weise und immer heftiger. Gleichzeitig führt man den Betreffenden immer weiter und tiefer in die Hölle hinein, denn im Inneren und in der Tiefe werden die Geister immer bösartiger.

Nach diesen Angriffen beginnen sie mit Strafen solange gegen ihn zu wüten, bis er zum Sklaven wird. Weil aber dort stets von neuem aufrührerische Bewegungen entstehen – jeder will ja der größte sein und brennt vor Haß gegen den anderen – so kommt es zu immer neuen Aufständen, und die Szene wechselt ständig. Auf diese Weise werden dann die zu Sklaven gemachten Geister „befreit", um irgendeinem neuen Teufel bei der Unterjochung anderer zu helfen, wobei dann wiederum diejenigen, die sich nicht unterwerfen und auf den ersten Wink gehorchen, auf die verschiedenste Weise gepeinigt werden, und so geht es ohne Unterbrechung fort. Die Qualen der Hölle, die das höllische Feuer genannt werden, bestehen aus derartigen Folterungen. (574)

Das „Zähneknirschen" hingegen ist der unaufhörliche Streit und Kampf der Falschheiten untereinander, also der Geister, die sich dem Falschen ergeben haben. Außerhalb der genannten Höllen hören sich diese Zänkereien und Kämpfe wie Zähneknirschen an und verwandeln sich auch dazu, wenn das Wahre aus dem Himmel einfließt. In diesen Höllen befinden sich alle, die sich zur Natur bekennen und das Göttliche leugnen. Diejenigen, die sich in dieser Haltung bestärkt hatten, leben in den tieferen Regionen der Hölle. Da diese Geister gar kein Licht aus dem Himmel in sich aufnehmen und daher in ihrem Inneren auch nichts sehen können, gehören die meisten von ihnen zu den Fleischlich-Sinnlichen, das heißt zu denen, die nur glauben, was sie mit eigenen Augen sehen und mit Händen greifen können. Ihnen bedeuten daher alle Sinnestäuschungen Wahrheiten, und ihr ganzer Streit beruht darauf. Darum also werden ihre Zänkereien als Zähneknirschen gehört. Die Zähne entsprechen sowohl dem Letzten in der Natur als auch dem Letzten beim Menschen, nämlich dem Fleischlich-Sinnlichen. (575)

## BOSHEITEN UND VERRUCHTE KUNSTGRIFFE DER HÖLLISCHEN GEISTER

Wer tiefer denkt und etwas von der Wirkungsweise seiner eigenen Seele versteht, kann die Überlegenheit der Geister über den Menschen sehen und begreifen. Tatsächlich vermag ja auch der Mensch in seinem Inneren in einer Minute mehr zu überdenken, zu entwickeln und zu schließen, als er in einer halben Stunde aussprechen und niederschreiben könnte. Dies zeigt bereits, wieviel vollkommener der Mensch ist, wenn er sich im Geist befindet – und wieviel mehr noch, wenn er ein Geist wird. Der Geist ist es, welcher denkt, der Körper ist nur der Diener, durch den die Gedanken mittels der Sprache oder der Schrift zum Ausdruck gebracht werden. Ein Mensch, der nach seinem Tode zu einem Engel wird, besitzt daher, verglichen mit seinem Zustand auf Erden, unaussprechliche Einsicht und Weisheit. Aus dem oben Ausgeführten ist offensichtlich, daß sein Zustand dann die Gedanken und Neigungen seines früheren unglaublich übertrifft. Daher kommt es auch, daß die Gedanken der Engel unaussprechlich und unausdrückbar sind, mithin nicht in die natürlichen Gedanken des Menschen eingehen können. Und doch ist es eine Tatsache, daß jeder Engel als Mensch geboren wurde und als Mensch gelebt hat, wobei er sich nicht weiser vorkam als ein anderer Mensch seinesgleichen. (576)

So groß bei den Engeln das Maß von Weisheit und Einsicht ist, so groß ist auch die Bosheit und Schlauheit bei den höllischen Geistern. Die Lage ist in der Tat ähnlich, da der Geist des Menschen nach seiner Befreiung vom Körper entweder ganz seinem Guten oder ganz seinem Bösen ergeben ist. Denn wie schon öfter gesagt und gezeigt wurde, wird jeder Geist, weil er identisch ist mit seiner Liebe, entweder zu seinem Guten oder zu seinem Bösen. Wie daher der Engelgeist aus seinem Guten heraus denkt, will, redet und handelt, so der höllische Geist aus seinem Bösen.

Anders war es, solange er im Körper lebte. Da konnte das Böse seines Geistes nicht hervorbrechen und seine wahre Natur offenbaren. Es war damals noch eingehüllt und verdeckt durch äußere Rechtschaffenheit, Aufrichtigkeit, Gerechtigkeit und Liebe zum Wahren und Guten, die ein solcher Mensch um der Welt willen im Munde führte und heuchelte. Darunter lag das Böse derart verborgen und im Dunkeln, daß er kaum selbst wußte, welch große Bosheit und Schlauheit seinem Geist innewohnte, und daß er mithin ein derartiger Teufel wäre. Dies zeigt sich erst nach dem Tode, wenn sein Geist zu sich selbst und in seine wahre Natur gelangt.

Tausenderlei Dinge brechen dann aus diesem Bösen hervor, darunter auch solche, die man überhaupt nicht mit Worten beschreiben kann. Aufgrund vieler Erfahrungen durfte ich wissen, ja sogar empfinden, wie diese Geister beschaffen sind. Ich kann bezeugen, daß ihre Bosheiten so zahlreich sind, daß sich von tausend kaum eine schildern läßt, ferner, daß der Mensch ohne den Schutz des Herrn nie und nimmer der Hölle entginge. Der Herr kann aber den Menschen nur schützen, sofern er das Göttliche anerkennt und ein Leben des Glaubens und der Nächstenliebe führt. Ist das nicht der Fall, so wendet sich der Mensch vom Herrn ab den höllischen Geistern zu und füllt seinen Geist mit der gleichen Bosheit.

Der Herr lenkt aber dennoch den Menschen fortwährend vom Bösen ab, das er sich infolge seines Zusammenseins mit jenen Geistern zulegt und gleichsam anzieht. Wenn es schon nicht durch innere Bande geschieht, die Bande des Gewissens, die ein Gottesleugner nicht annimmt, so doch durch äußere, also Furcht vor dem Gesetz. Ein solcher Mensch kann zwar durch das Angenehme seiner Liebe oder durch dessen Beeinträchtigung vom Bösen abgelenkt, nicht aber in das Geistig-Gute eingeführt werden. Im selben Maße nämlich, wie er darin eingeführt wird, sinnt er bei sich auf List und Trug, indem er Güte, Aufrichtigkeit und Gerechtigkeit simuliert und lügt, um auf diese Weise die anderen zu täuschen. Diese Verschlagenheit kommt zum Bösen seines Geistes noch hinzu, formt es und bewirkt, daß es erst so recht zu dem Bösen wird, das es seiner Natur nach ist. (577)

Die schlimmsten von allen sind die Hinterlistigen. Hinterlist dringt nämlich besonders tief in Gedanken und Absichten ein, vergiftet sie und zerstört alles geistige Leben des Menschen. Die meisten von ihnen befinden sich in den nach hinten gelegenen Höllen und werden böse Engel (genii) genannt. Dort finden sie ihr Vergnügen darin, sich unsichtbar zu machen und gleich Gespenstern um andere herumzugeistern und ihnen im Verborgenen Böses zuzufügen; sie verspritzen es, wie Ottern ihr Gift. Sie werden grausamer bestraft als die anderen. (578)

Wie groß die Bosheit der bösen Engel (genii) ist, wurde mir zu erfahren gegeben. Sie wirken und fließen nicht in die Gedanken anderer ein, sondern in ihre Neigungen. Diese beobachten und wittern sie, wie Hunde in den Wäldern das Wild. Sobald sie irgendwo gute Neigungen bemerken, verkehren sie sie augenblicklich in böse, indem sie sie auf raffinierte Weise durch das leiten und lenken, was dem anderen angenehm ist. Das geschieht so heimlich und mit solch bösartiger Geschicklichkeit, daß der andere nichts davon ahnt. Sie verhüten sorgfältig, daß irgendetwas davon in sein Denken eindringt, denn dadurch würden sie sich verraten. Beim Menschen lassen sie sich unter dem Hinterhaupt nieder. In der Welt waren sie Menschen, die es verstanden, sich in die Seelen anderer auf hinterlistige Weise einzuschmeicheln, indem sie deren Neigungen oder Begierden durch das lenkten und überrumpelten, was ihnen angenehm war. Doch der Herr hält diese bösen Engel von jedem Menschen zurück, bei dem noch einige Hoffnung auf Besserung besteht. Es liegt nämlich in ihrer Art, nicht allein das Gewissen zu zerstören, sondern auch das anererbte Böse beim Menschen aufzustacheln, das sonst im Hintergrund verborgen bliebe. Um zu verhindern, daß der Mensch da hinein gelangt, sorgt der Herr dafür, daß diese Höllen völlig verschlossen bleiben. Gelangt nun ein Mensch, der (innerlich) ein solcher böser Engel war, nach dem Tode ins andere Leben, wird er ohne Verzug in ihre Hölle geworfen. Untersucht man die Hinterlist und Schlauheit dieser Wesen, so erscheinen sie als Vipern. (579)

Welche Bosheit in den höllischen Geistern steckt, zeigen ihre schändlichen Kunstgriffe. Es gibt deren so viele, daß man allein mit ihrer Aufzählung ein ganzes Buch füllen könnte. Diese Ränke sind in der Welt fast samt und sonders unbekannt; mehrere Gattungen sind zu unterscheiden: 1. Mißbrauch der Entsprechungen; 2. Mißbrauch des Letzten der Göttlichen Ordnung; 3. Mitteilung und Einfließen von Gedanken und Neigungen, durch Übertragungen, Nachforschungen, durch andere Geister außer ihnen und durch Geister, die sie abordnen; 4. Wirkungen mittels Phantasien; 5. Aus-sich-heraustreten und infolgedessen an anderen Orten gegenwärtig sein, also dort, wo der Leib weilt; 6. Verstellungskünste, Überredungen und Lügen.

Diese Künste erlangt der Geist des bösen Menschen, sobald er von seinem Körper abgetrennt ist, von selbst. Sie liegen in der Natur seines Bösen. (580)

Der Herr läßt die Quälereien in den Höllen zu, weil das Böse nicht anders in Schranken gehalten und gebändigt werden kann. Ohne Furcht vor Strafe und Folter würde sich das Böse in einen Aufruhr nach dem anderen stürzen, bis das Ganze auseinanderfiele wie ein irdisches Reich, in dem es kein Gesetz und keine Strafe gibt. (581)

## ÄUSSERE ERSCHEINUNG, LAGE UND VIELFALT DER HÖLLEN

In der geistigen Welt erscheinen ganz ähnliche Dinge wie in der natürlichen. Äußerlich besteht kaum ein Unterschied. Man sieht dort Ebenen und Berge, Hügel und Felsen, dazwischen Täler, Gewässer und viele andere Dinge, die es auch auf Erden gibt. Aber alles entspringt dort Geistigem und erscheint daher nur den Augen der Geister und Engel. Deshalb kann der Mensch mit seinen Augen nichts von der geistigen Welt wahrnehmen, es sei denn, es werde ihm gegeben, im Geist zu sein, oder dann nach dem Tode, wenn er ein Geist wird. Umgekehrt können aber auch die Engel und Geister nichts von der natürlichen Welt sehen, es sei denn, daß sie bei einem Menschen sind, dem es gewährt wird, mit ihnen zu reden. Denn die Augen des Menschen sind zur Aufnahme des Lichtes der natürlichen Welt eingerichtet, die der Engel und Geister zur Aufnahme des Lichtes der geistigen Welt, und doch haben sie auf beiden Seiten dem Anschein nach genau die gleichen Augen. Der natürliche Mensch kann nicht verstehen, daß die geistige Welt so beschaffen sein soll. Infolge dieser Ähnlichkeit der beiden Welten weiß der Mensch nach seinem Tode kaum, daß er nicht mehr in der Welt ist, in der er geboren wurde und von der er nun geschieden ist. Aus diesem Grund nennen sie den Tod nur eine Versetzung aus einer Welt in eine andere, ihr ähnliche. (582)

Auf den Anhöhen der geistigen Welt befinden sich die Himmel, in den Niederungen die Geisterwelt, unterhalb beider die Höllen. Den Geistern in der Geisterwelt werden die Himmel nicht sichtbar, es sei denn, ihr inneres Sehen werde aufgeschlossen. Von Zeit zu Zeit jedoch erscheinen ihnen die Engel wie Nebelflecken oder glänzend weiße Wolken. Die guten Geister können zwar die bösen sehen, wenden sich aber von ihnen ab, und Geister, die sich abwenden, werden selber unsichtbar. Man erblickt nur die Eingänge, die sogenannten Pforten, wenn sie für Ankömmlinge aufgetan werden, die den Bewohnern ähnlich sind. Von der Geisterwelt aus stehen alle Höllenpforten offen, von den Himmeln aus keine einzige. (583)

Die Höllen befinden sich überall, unter Bergen, Hügeln und Felsen, ebenso unter Ebenen und Tälern. Die Öffnungen oder Pforten sehen, wenn man sie genauer anschaut, dunkel und finster aus, und auf die darin befindlichen Höllengeister fällt etwas wie ein Schein von glühenden Kohlen. Ihre Augen sind zur Aufnahme dieses Scheins ausgebildet, weil sie während ihres irdischen Lebens hinsichtlich des Falschen, da sie es begründeten, in einem Schein von Heiligkeit lebten, hinsichtlich der göttlichen Wahrheiten aber in dichter Finsternis, weil sie dieselben leugneten. Daher nahm ihr Augenlicht diese Form an; als Folge davon ist für sie das Licht des Himmels dichte Finsternis, so daß sie nichts sehen, wenn sie ihre Höhlen verlassen. Hieraus geht mit aller Deutlichkeit hervor, daß der Mensch gerade so weit ins Licht des Himmels gelangt, als er das Göttliche anerkennt und sich innerlich in den Gesetzen des Himmels und der Kirche bestärkt, ebenso tief aber auch in die Finsternis der Hölle, wie er das Göttliche leugnet und sich innerlich gegen die Dinge des Himmels und der Kirche bestärkt. (584)

Ich durfte auch in die Höllen hineinblicken und ihre innere Beschaffenheit sehen. Einige Höllen erschienen meinen Augen wie Felsenhöhlen oder -grotten, die nach innen zu schräg oder steil abwärts in die Tiefe gingen. Manche sahen aus wie Schlupfwinkel oder Höhlen wilder Tiere in den Wäldern, andere glichen ausgesprengten Bergwerks-Stollen und -Gängen mit tieferliegenden Höhlen. Die meisten Höhlen sind dreifach unterteilt. Die höher gelegenen Teile in ihnen sehen finster aus, während die tiefer gelegenen feurig erscheinen, weil deren Bewohner dem Bösen selbst verfallen sind. Die Finsternis entspricht ja dem Falschen des Bösen, das Feuer aber dem Bösen selbst. Die Bewohner der tieferen Höllen haben mehr von innen heraus aus dem Bösen gehandelt, die der weniger tiefen mehr aus dem Äußeren, das heißt aus dem Falschen des Bösen. In manchen Höllen sieht man etwas wie die Trümmer abgebrannter Häuser und Städte, die von höllischen Geistern bewohnt werden, die sich dort verbergen. In den milderen Höllen scheinen elende Hütten hie und da wie in einer Stadt in Straßen und Gassen zusammenzuhängen. Im Inneren der Häuser wohnen höllische Geister, unter denen es unausgesetzt zu Zänkereien, Feindseligkeiten, Schlägereien und gegenseitigen Zerfleischungen kommt. Auf den Gassen und Straßen herrscht Raub und Plünderung. Einige Höllen sind voller Bordelle, garstig anzusehen und angefüllt mit aller Art von Schmutz und Auswurf. Dort gibt es auch düstere Waldungen, in denen die höllischen Geister wie wilde Tiere umherstreifen, und in deren unterirdische Höhlen sie sich flüchten, wenn sie verfolgt werden. Ferner gibt es dort Wüsten, völlig unfruchtbar und sandig, hie und da mit rauhen Felsen, die Höhlen enthalten und gelegentlich auch Hütten tragen. In diese Wüstenregion werden aus den Höllen die Geister ausgestoßen, die durch das äußerste Böse hindurchgegangen sind, besonders diejenigen, die auf Erden schlauer als die übrigen waren. Dies ist ihr letzter Zustand. (586)

Die Höllen sind ebenso wie die Himmel nach Gegenden eingeteilt, die in der geistigen Welt nach den Grundneigungen bestimmt werden. Im Himmel nimmt die Einteilung der Gegenden ihren Ausgang beim Herrn als der Sonne, im Wort der „Aufgang" oder „Osten" genannt (vgl. 141-153). Weil nun die Höllen den Gegensatz zum Himmel bilden, so beginnt bei ihnen die Einteilung der Richtungen beim Entgegengesetzten, also beim Niedergang, dem Westen.

Die Höllen in der westlichen Gegend sind aus diesem Grund die allerschlimmsten und schauerlichsten. Hier befinden sich alle, die in der Welt der Eigenliebe verfallen waren und folglich Verachtung und Feindschaft gegen jeden hegten, der ihnen nicht gewogen war. In den entferntesten Höllen befinden sich jene Anhänger der sogenannten katholischen Religion, die wie Götter angebetet werden wollten und Haß und Rachsucht hegten gegen alle, die ihre (vermeintliche) Gewalt über die Seelen der

Menschen und über den Himmel nicht anerkannten. Gegenüber diesen Widersetzlichen hegen sie immer noch dieselbe Gesinnung, das heißt Haß und Rachedurst, wie in der Welt. Ihre höchste Lust besteht im Toben und Wüten, doch wendet sich das im anderen Leben wider sie selbst, denn in ihren Höllen, die die westliche Gegend anfüllen, wütet einer gegen den anderen, wenn er ihm die göttliche Gewalt abspricht. Die Wildheit der Höllen nimmt von Norden nach Süden, wie auch allmählich nach Osten hin ab. Nach Osten zu leben dort alle, die hochmütig waren und nicht an das Göttliche geglaubt hatten, dabei aber weder einen derartigen Haß und Rachedurst gehegt noch eine solche Hinterlist geübt hatten, wie die Bewohner tiefer im Westen.

Heutzutage bestehen in der östlichen Gegend keine Höllen mehr. Deren Bewohner sind in die westliche Gegend, und zwar dort in die vorderen Regionen, versetzt worden. In der nördlichen und südlichen Gegend gibt es hingegen viele Höllen. Ihre Bewohner waren während ihres Lebens der Weltliebe ergeben und daher in vielfältigem Bösen, zum Beispiel in Groll, Feindseligkeit, Diebstahl, Raub, Hinterlist, Geiz, Unbarmherzigkeit. Die schlimmsten Höllen dieser Art finden sich in der nördlichen Gegend, die milderen in der südlichen. Ihre Grausamkeit wächst im Verhältnis zu ihrer Annäherung an den Westen und ihrer Entfernung vom Süden, sie nimmt ab gegen Osten wie auch gegen Süden. Hinter den Höllen in der westlichen Gegend erstrecken sich dunkle Waldungen, in denen bösartige Geister wie wilde Tiere umherschweifen, desgleichen hinter den Höllen der nördlichen Gegend, während sich hinter den Höllen der südlichen Gegend jene Wüsten befinden, von denen soeben gesprochen wurde. Soviel zur Lage der Höllen. (587)

Was die Vielfalt der Höllen betrifft, so ist sie nicht geringer als die der Engelgemeinschaften in den Himmeln, weil jeder himmlischen Gesellschaft als Gegensatz eine höllische entspricht. Die himmlischen Gesellschaften aber sind unzählig und unterscheiden sich voneinander nach der Art des Guten der

Liebe, der Nächstenliebe und des Glaubens (Nr. 4l-5l und 415-420). Das gleiche gilt auch für die höllischen Gesellschaften, die sich voneinander nach dem Bösen unterscheiden, das dem Guten entgegengesetzt ist. Ein jedes Böse ist, ebenso wie jedes Gute, von unendlicher Mannigfaltigkeit. Das verstehen diejenigen nicht, die eine allzu einfache Vorstellung von den verschiedenen Arten des Bösen haben, z.b. vom Haß, von der Verachtung, der Rachsucht, der Hinterlist u.a.m. Sie sollten jedoch wissen, daß jede einzelne dieser Arten wiederum soviele verschiedene Unter- und Abarten in sich birgt, daß für die Aufzählung ein ganzes Buch nicht ausreichen würde. Die Höllen sind den Unterschieden eines jeden Bösen gemäß so genau unterteilt, daß man sich nichts Genaueres vorstellen könnte. Aus allem ergibt sich, daß sie unzählig sind, näher oder weiter voneinander entfernt, je nach den Unterschieden des Bösen im allgemeinen, im besonderen wie im einzelnen. (588)

## DAS GLEICHGEWICHT ZWISCHEN HIMMEL UND HÖLLE

Alles muß im Gleichgewicht sein, damit es existieren kann. Ohne Gleichgewicht gibt es keine Wirkung und Gegenwirkung (actio et reactio), denn das Gleichgewicht vollzieht sich zwischen zwei Kräften, von denen die eine wirkt und die andere zurückwirkt. Die aus einer gleich starken Wirkung und Gegenwirkung resultierende Ruhe nennt man das Gleichgewicht (aequilibrium). Ein solches Gleichgewicht findet sich in der natürlichen Welt in allen Dingen der drei Naturreiche – Mineral-, Pflanzen- und Tierreich – und ihren Einzelheiten. Denn ohne ein solches Gleichgewicht in ihnen entstünde und bestünde nichts. Überall finden wir eine gewisse Aktion auf der einen und eine Reaktion auf der anderen Seite. Alles, was in Erscheinung tritt, bzw. alle Wirkung erfolgt im Gleichgewicht, und zwar dadurch, daß die eine Kraft in Bewegung setzt und die andere sich in Bewegung setzen läßt, bzw. daß die eine Kraft aktiv einwirkt und die andere passiv aufnimmt und angemessen reagiert. In der natürlichen Welt spricht man von Kraft und Streben, in der geistigen nennt man das, was in Bewegung setzt, Leben, und was reagiert, Willen. Das Leben ist dort die lebendige Kraft, und der Wille das lebendige Streben, das Gleichgewicht selbst heißt Freiheit. So entsteht und besteht also ein geistiges Gleichgewicht. Bei den guten Menschen beruht es auf dem Verhältnis zwischen dem wirkenden Guten und dem reagierenden Bösen, bei den bösen Menschen auf dem Verhältnis zwischen dem wirkenden Bösen und dem reagierenden Guten. Der Grund für das geistige Gleichgewicht zwischen dem Guten und Bösen liegt darin, daß sich alle Lebensäußerungen des Menschen auf das Gute und Böse beziehen, und dafür der Wille das Aufnahmegefäß ist. Es besteht ebenfalls ein Gleichgewicht zwischen dem Wahren und dem Falschen, doch hängt es vom Gleichgewicht zwischen dem Guten und Bösen ab. Das Gleichgewicht zwischen dem Wahren und Falschen läßt sich mit dem Verhältnis von Licht und Schatten vergleichen, die soweit auf die Organismen des Pflanzenreichs einwirken, wie mit Licht und Schatten Wärme und Kälte verbunden sind. Licht und Schatten wirken nicht aus sich (vgl. Nr. 126-140), vielmehr wirkt die Wärme durch sie. (589)

Zwischen Himmel und Hölle besteht ein beständiges Gleichgewicht. Aus der Hölle steigt wie ein Dunst fortwährend der Anreiz auf, Böses zu tun, dagegen läßt der Himmel immerzu den Anreiz aushauchen und herabsteigen, Gutes zu tun. In diesem Gleichgewicht befindet sich die Geisterwelt, die Mitte zwischen Himmel und Hölle (vgl. Nr. 421-431). Infolge des in ihr herrschenden Gleichgewichts können dort alle auf ihre Beschaffenheit hin untersucht werden, da sie hier der gleichen Freiheit überlassen sind, die sie in der Welt genossen. Die Qualität der Freiheit eines jeden wird dort von den himmlischen Engeln aus der Mitteilung der Neigungen und der diesen entspringenden Gedanken erkannt. Die Engel sehen dies an den Wegen, welche die Betreffenden einschlagen. Bei den guten Geistern führen diese Wege zum Himmel, bei den bösen zur Hölle. Solche Wege durfte ich oft beobachten, um zu sehen, wie frei sich die Geister darauf je nach ihren Neigungen und ihren daher rührenden Gedanken bewegen. (590)

Der Grund, weshalb die Hölle fortwährend Böses ausdünstet und aufsteigen läßt, während aus dem Himmel beständig Gutes ausgehaucht wird und herabsteigt, beruht darauf, daß jedes Wesen von einer geistigen Sphäre umgeben ist. Diese strömt und strahlt aus dem Leben seiner Neigungen und der daraus resultierenden Gedanken aus. Das Gute aus dem Himmel stammt samt und sonders vom Herrn, denn die Engel im Himmel werden alle von ihrem Eigenen abgehalten und im Eigenen des Herrn gehalten, der das Gute selbst ist. Die höllischen Geister hingegen sind samt und sonders in ihrem Eigenen; jedes Eigene aber ist nichts als Böses, folglich eine Hölle. Dies zeigt, daß das Gleichgewicht, in dem die Engel in den Himmeln und die Geister in den Höllen gehalten werden, von anderer Art ist als das Gleichgewicht in der Geisterwelt. Das Gleichgewicht der Engel in den Himmeln hängt davon ab, inwieweit sie im Guten sein *wollen*, bzw. in der Welt im Guten gelebt hatten, folglich auch inwieweit sie das Böse verabscheut hatten. Bei den Geistern in der Hölle dagegen wird es davon bestimmt, in welchem Maße sie im Bösen sein *wollen*, bzw. in der Welt im Bösen gelebt hatten, folglich auch inwieweit sie im Herzen und im Geist dem Guten feindlich gesinnt waren. (591)

Würde der Herr nicht die Himmel wie die Höllen regieren, so gäbe es keinerlei Gleichgewicht, folglich auch keinen Himmel und keine Hölle. Ohne die Einwirkung des Einzig Göttlichen müßten Himmel und Hölle zugleich mit dem ganzen Menschengeschlecht zugrunde gehen. Kein Engel und kein Geist könnte dem fortwährend aus der Hölle heraufwehenden Bösen irgendeinen Widerstand leisten, weil es alle aus ihrem Eigenen heraus zur Hölle zieht. Daraus geht hervor, daß es für niemanden ein Heil gäbe, regierte nicht der Herr allein die Himmel wie die Höllen. (592)

Das Gleichgewicht zwischen den Himmeln und Höllen fällt und steigt ja nach der Zahl derer, die in den Himmel und in die Hölle kommen, und es handelt sich dabei täglich um viele Tausende. (593)

Aus dem, was über Himmel und Höllen gesagt und gezeigt wurde, läßt sich bis zu einem gewissen Grade verstehen, auf welche Weise alles in den Himmeln und Höllen derart geordnet ist, daß deren Bewohner samt und sonders im Gleichgewicht leben. Alle Gesellschaften des Himmels sind nämlich aufs genaueste nach dem Guten und dessen Gattungen und Arten geordnet und unterschieden, ebenso wie alle Gesellschaften der Höllen nach dem Bösen und dessen Gattungen und Arten. Auch wurde mir gezeigt, wie unterhalb einer jeden Gesellschaft des Himmels eine entsprechende Gesellschaft der Hölle als deren Gegensatz besteht, und daß aus dieser gegensätzlichen Entsprechung das Gleichgewicht resultiert. Deshalb sorgt der Herr stets dafür, daß die betreffende höllische Gesellschaft nicht das Übergewicht bekommt. Sobald sie zu überborden beginnt, wird sie durch verschiedene Mittel in Schranken gehalten und in das ausgewogene Gleichgewicht zurückgeführt. Es gibt viele solcher Mittel, von denen hier nur einige wenige angeführt werden sollen, nämlich: eine verstärkte Gegenwart des Herrn, eine engere Gemeinschaft und Verbindung einer oder mehrerer Gesellschaften untereinander, die Austreibung der überzähligen höllischen Geister von einer Hölle in eine andere, ein Umordnen der Höllenbewohner (wozu es verschiedene Methoden gibt), das Verschließen einiger Höllen, sowie Verdichtung und Verstärkung ihrer Abdeckung, und ferner ein Hinablassen in größere Tiefen – von anderen Mitteln abgesehen, von denen einige mit Vorgängen in den darüber liegenden Himmeln zu tun haben. Das alles wurde erwähnt, damit der Leser einigermaßen verstehe, daß es allein der Herr ist, der dafür sorgt, daß ein Gleichgewicht zwischen Guten und

Bösen erhalten bleibt. Denn auf diesem Gleichgewicht beruht das Heil aller Wesen in den Himmeln wie auf Erden. (594)

Man muß wissen, daß die Höllen fortwährend den Himmel angreifen und danach trachten, ihn zu zerstören. Der Herr dagegen beschützt ihn andauernd, indem er seine Bewohner vom Bösen ihres Eigenen abhält und in dem Guten erhält, das von Ihm ausgeht. Des öfteren wurde mir gestattet, die den Höllen entströmende Sphäre wahrzunehmen. Sie ist ganz und gar darauf ausgerichtet, das Göttliche des Herrn und damit den Himmel zu zerstören. Mehrere Male empfand ich auch das Aufwallen einiger Höllen, als sie hervorbrechen und zerstören wollten. Umgekehrt aber richtet der Himmel niemals einen Angriff gegen die Höllen, wohnt doch der göttlichen Sphäre, die vom Herrn ausgeht, das unausgesetzte Streben inne, alle zu retten. Weil aber sämtliche Bewohner der Hölle dem Bösen verfallen und dem Göttlichen feind sind, so kann das nicht geschehen. Darum werden die Aufstände in den Höllen nur soweit als möglich gebändigt und die Grausamkeiten in Schranken gehalten, damit sie nicht über das zulässige Maß hinaus gegeneinander losschlagen. Dies wird durch unzählige Mittel der göttlichen Macht bewirkt. (595)

Wie man oben in Nr. 20-28 nachlesen kann, sind die Himmel in zwei Reiche abgeteilt, das eigentlich himmlische und das geistige. Auch die Höllen sind in zwei Reiche gegliedert, von denen das eine dem himmlischen und das andere dem geistigen Reich gegenübersteht. (596)

## DAS GLEICHGEWICHT ZWISCHEN HIMMEL UND HÖLLE ERHÄLT DEN MENSCHEN IN DER FREIHEIT

Das Gleichgewicht zwischen Himmel und Hölle ist, wie gezeigt wurde, ein Gleichgewicht zwischen dem Guten aus dem Himmel und dem Bösen aus der Hölle, mithin ein geistiges Gleichgewicht, dessen Wesen in der Freiheit besteht. Es ist aber deshalb seinem Wesen nach Freiheit, weil es zwischen dem Guten und Bösen, bzw. dem Wahren und Falschen, also Geistigem, besteht. Die Freiheit, um die es sich hier handelt, ist also das Vermögen, Gutes oder Böses zu wollen, bzw. Falsches oder Wahres zu denken und das eine dem anderen vorzuziehen. Diese Freiheit wird jedem Menschen vom Herrn verliehen und nie genommen. Ihrem Ursprung nach gehört sie allerdings nicht dem Menschen, sondern dem Herrn an, von dem sie stammt. Dennoch wird sie dem Menschen zugleich mit dem Leben als etwas geschenkt, das ihm gehört, weil der Mensch ohne Freiheit weder gebessert noch gerettet werden könnte. Schon einige vernünftige Überlegungen zeigen ja, daß es in der Freiheit des Menschen liegt, böse oder gut, aufrichtig oder unaufrichtig, gerecht oder ungerecht zu denken, ferner daß er gut, aufrichtig und gerecht zu reden und zu handeln vermag, aber wegen der geistigen, sittlichen und bürgerlichen Gesetze, die sein Äußeres hemmen, nicht böse, unaufrichtig und ungerecht reden und handeln darf. Daraus wird deutlich, daß der Geist des Menschen in Freiheit ist. Dasselbe gilt aber nicht für sein Äußeres, dem Reden und Handeln entspringt, es sei denn, es geschähe im Rahmen der oben erwähnten Gesetze. (597)

Der Mensch kann aber deshalb ohne Freiheit nicht gebessert werden, weil er in Böses aller Art hineingeboren wird, das zuerst entfernt werden muß, damit er gerettet werden kann. Das ist wiederum nur möglich, wenn er es in sich sieht, es anerkennt, schließlich nicht mehr will und zuletzt sogar verabscheut. Erst dann wird es wirklich entfernt. Darum muß also der Mensch sowohl im Guten wie im Bösen sein, denn nur vom Guten her kann er das Böse erkennen, nicht aber umgekehrt aus dem Bösen das Gute. Das geistige Gute, das er denken kann, lernt der Mensch von Kindesbeinen an durch das Wort und die Predigt aus dem Wort. Das sittliche und bürgerliche Gute aber erlernt er durch sein Leben in der Welt. Das ist der erste Grund für die Notwendigkeit der Freiheit. Der zweite Grund beruht darauf, daß dem

Menschen nur angeeignet wird, was er aus einer Neigung seiner Liebe heraus tut. Er vermag sich zwar auch anderes anzueignen, doch nur seinem Denkvermögen, nicht seinem Willen. Aber was bei ihm nicht in den Willen eindringt, wird nicht sein Eigentum. Denn das Denken nährt sich nur aus dem Gedächtnis, der Wille jedoch aus dem Leben selbst. Nichts ist wirklich frei, was nicht aus dem Willen oder – was aufs selbe hinausläuft – aus einer der Liebe angehörenden Neigung stammt. Alles nämlich, was der Mensch will oder liebt, tut er freiwillig, darum ist die Freiheit des Menschen und die Neigung seiner Liebe oder seines Willens ein und dasselbe. Der Mensch hat also Freiheit, damit er vom Wahren und Guten erfüllt werden, es lieben und folglich als Eigentum erwerben kann. Mit einem Wort, was der Mensch nicht in Freiheit aufnimmt, bleibt ihm nicht, weil es nicht Angelegenheit seiner Liebe oder seines Willens wird, mithin seinem Geist nicht angehört. Tatsächlich besteht das Sein des menschlichen Geistes im Lieben oder Wollen. (598)

Der Geist des Menschen wird, um in der Freiheit zu sein, in der er gebessert werden kann, mit Himmel und Hölle verbunden (vgl. Nr. 291-302). Durch höllische Geister wird er in seinem Bösen, durch himmlische Engel in dem Guten vom Herrn, folglich in geistigem Gleichgewicht, also in Freiheit gehalten. (599)

Man muß jedoch wissen, daß die Verbindung des Menschen mit Himmel und Hölle durch Geister vermittelt wird, die sich in der Geisterwelt aufhalten. Böse Geister verbinden ihn mit der Hölle, gute mit dem Himmel. Weil sich die Sache so verhält, nimmt die Geisterwelt, in der das eigentliche Gleichgewicht besteht, die Mitte ein zwischen Himmel und Hölle. Damit ist nun klar, woher dem Menschen die Freiheit kommt. (600)

Zum Schluß sei noch erwähnt, daß dem Menschen auch eine Ahnung von einem Leben nach dem Tode eingepflanzt ist. Diese aber beruht auf einem Einfluß aus dem Himmel. So traf ich einst Geister aus dem einfachen Volk, die in der Welt im Guten des Glaubens gelebt hatten. Sie wurden in den gleichen

Zustand versetzt, in dem sie in der Welt gewesen waren (dies kann mit jedem geschehen, wenn es der Herr gestattet). Dabei zeigte sich, welche Vorstellung vom Zustand nach dem Tode sie sich gemacht hatten. Sie erklärten, in der Welt seien sie einmal von gebildeten Leuten gefragt worden, wie sie sich ihren Zustand nach dem Tode dächten, und sie hätten erwidert, sie glaubten, sie würden als Geister weiterleben. Auf die weitere Frage, was ihrer Meinung nach ein Geist sei, hätten sie geantwortet, er sei ein Mensch. Als man sie fragte, woher ihr Wissen stamme, hätten sie erwidert, sie wüßten es einfach, weil dem so sei. Jene Gebildeten wären verwundert gewesen, daß einfache Menschen einen solchen Glauben besaßen, sie selbst aber nicht. Daraus wurde klar, daß jeder Mensch, der mit dem Himmel in Verbindung steht, etwas wie eine angeborene Vorstellung von seinem Leben nach dem Tode hat. Diese hat aber ihren Ursprung allein im Einfluß vom Herrn durch den Himmel, der dem Menschen durch die ihm beigesellten Geister aus der Geisterwelt vermittelt wird. Merkwürdig ist auch, daß nur Menschen diese eingepflanzte Vorstellung hegen, die die Freiheit ihres Denkens nicht durch irgendwelche Lehrsätze über die menschliche Seele ausgelöscht haben, die oft auf verschiedene Weise begründet werden. Denn entweder laufen diese darauf hinaus, daß die Seele nur eine Idee oder daß sie ein beseeltes Prinzip sei, das man im Körper zu suchen habe. Dabei ist sie in Wirklichkeit nichts anderes, als das Leben des Menschen, während der Geist der Mensch selbst ist. Der irdische Körper, den er in der Welt mit sich herumträgt, stellt bloß ein Werkzeug dar, durch das der Geist, also der Mensch selbst, in einer ihm angemessenen Weise in der natürlichen Welt wirken kann. (602)

Was in diesem Werk über Himmel, Geisterwelt und Hölle dargelegt wurde, wird für Leser dunkel bleiben, die keine Freude an geistigen Wahrheiten haben, für alle aber, die diese Freude kennen, wird es klar sein. Das gilt besonders für Menschen, die eine Neigung zum Wahren um des Wahren willen hegen, d.h. die das Wahre einfach darum lieben, weil es wahr ist. Denn was man liebt, dringt mit Licht in die Vorstellung des Gemüts ein, besonders das Wahre, weil alles Wahre Licht ist. (603)

## EWIGE VERDAMMNIS?
## EIN NACHWORT DES HERAUSGEBERS

Der Gedanke, wer einmal in der Hölle sei, komme nie wieder heraus, ist dem modernen Menschen beinahe unerträglich. Ein Gott, der zeitliche Vergehen mit ewiger Verdammnis bestraft, ist in seinen Augen eher ein Gott der Rache als der Liebe. Da dies allgemein als christliche Lehre gilt, sucht er sein Heil zunehmend bei Religionen, die ihm – wenn auch nur nach wiederholten Erdenleben – die Läuterung selbst von größter Schuld und schließlich die Vereinigung mit Gott verheißen.

Swedenborg scheint auf den ersten Blick die Endgültigkeit der Verdammnis zu bestätigen. Selbst wenn er sagt, Gott werfe niemand in die Hölle, sondern der böse Mensch wähle aus freien Stücken dieses Geschick, so ist das nicht unbedingt eine befriedigende Antwort. Dasselbe gilt von seiner Behauptung, niemand erdulde im anderen Leben eine Strafe oder Qual wegen des Bösen, das er ererbt oder das er auf Erden getan hat, sondern nur wegen des Bösen, das er aufgrund seiner herrschenden Liebe auch weiterhin tut. Es bleibt die Tatsache der von Swedenborg recht drastisch geschilderten Qualen, die sich die Höllenbewohner gegenseitig zufügen und die so wenig in das Bild von einem gütigen Gott zu passen scheinen. Wie kann der Gott der Liebe so etwas zulassen? fragt man. Anderseits wüßte aber kein noch so tiefer Denker zu sagen, wie denn eine Freiheit beschaffen sein müßte, die sich nur zum Guten gebrauchen ließe, und wie denn jemand, der sich grundsätzlich für das Böse entschieden hat, im Himmel überhaupt leben könnte, ohne sich ständig seiner Freiheit, auch ein entsprechendes Leben zu führen, beraubt zu sehen.

Das eigentliche Problem ergibt sich aus Swedenborgs Behauptung, im Laufe des irdischen Lebens kristallisiere sich in jedem Menschen, sofern er nicht schon als Kind stirbt, eine „herrschende Liebe" heraus, die sich unter den jenseitigen Verhältnissen nicht mehr grundlegend verändern läßt. (Über die Gründe hat sich Swedenborg oben in Nr. 464 und 480 geäußert, sodaß wir sie nicht zu wiederholen brauchen.) Diese Liebe ist das Lebenszentrum des Menschen, der Bereich, in dem er sich frei fühlt; sie ihm zu nehmen und durch eine andere Liebe zu ersetzen, hieße, ihn seines Lebens oder Persönlichkeitskerns zu berauben und einen ganz anderen Menschen an seiner Statt zu erschaffen. Ist diese herrschende Liebe böse, d.h. reine Eigen- und Weltliebe, ohne einen Schatten von Gottes- und Nächstenliebe, so führt sie den Betreffenden im Jenseits unausweichlich mit den ihm Ähnlichen zusammen. Die Folge ist, daß das Böse, das zu tun die Freude seines Lebens ist, in grauenerregender Weise auf ihn zurückfällt. Nach und nach bringt ihn das schließlich dazu, vor seinen eigenen Lüsten zurückzuschrecken und auf ihre Verwirklichung zu verzichten. Swedenborg nennt das die „Abödung" (vastatio) des Bösen. Dieser Verzicht bedeutet freilich nicht, daß nun seine in der Welt erworbene Liebe zum Bösen in die Liebe zum Guten verwandelt worden wäre, sondern nur, daß er es endlich gelernt hat, nach dem Prinzip zu leben: „Was du nicht willst, das man dir tu, das füg auch keinem anderen zu." Ein Leben, das darauf aufbaut, ist zwar sicher noch nicht himmlisch, aber auch nicht mehr im eigentlichen Sinne höllisch.

Die Antwort der Reinkarnationslehre läuft im Grunde darauf hinaus, daß die höllische Abödung aus dem Jenseits ins Diesseits verlegt wird – mit all den neuen, unbeantwortbaren Fragen, die sich daraus ergeben. So oder so: Hier sind letzte Fragen berührt, die unseren menschlichen Horizont überschreiten. Sicher ist nur: Wer sich nicht auf Erden den Geist der versöhnlichen Liebe aneignet, der wird nicht aus dem selbstbereiteten Gefängnis der höllischen Süchte herauskommen, „ehe er nicht den letzten Heller bezahlt hat" (Mat 5, 26).

# SWEDENBORG-VERLAG ZÜRICH
Postfach, Apollostr. 2, CH-8032 Zürich

## HIMMEL UND HÖLLE
nach Gehörtem und Gesehenem. *E.Swedenborg.*
Deutsch von Dr. F. Horn.
Vollständige Ausgabe, 504 Seiten, Paperback.

## DIE GÖTTLICHE LIEBE UND WEISHEIT
*E. Swedenborg.* Deutsch von Dr. F. Horn, 304 Seiten, Paperback.

Die berühmte amerikanische Taubblinde Helen Keller schrieb über dieses Werk: „Swedenborgs Botschaft hat meinem Denken über das zukünftige Leben Farbe, Wirklichkeit und Einheitlichkeit verliehen; sie hat meine Begriffe von Liebe, Wahrheit und nutzbringender Tätigkeit emporgehoben; sie ist mit der stärkste Antrieb gewesen, meine Beschränkungen zu überwinden. Seine »Göttliche Liebe und Weisheit« ist ein Lebensquell, dem nahe zu sein ich stets glücklich bin."

## DIE GÖTTLICHE VORSEHUNG
*E. Swedenborg.* Deutsch von Dr. I. Tafel, 368 Seiten,
alte deutsche Schrift, Paperback.

„Entweder ist alles ein Gebräu des Zufalls, oder es gibt eine Einheit, eine Ordnung, eine Vorsehung. Nehme ich das erstere an, wie kann ich wünschen, in diesem planlosen Gemisch zu leben? Ist es das andere, so bin ich mit Ehrfurcht erfüllt und heiteren Sinnes, dem Herrscher des Alls vertrauend." (Mark Aurel) Swedenborg bestätigt in seinem auf Offenbarung beruhenden Buch den Glauben des römischen Philosophen-Kaisers.

*„Ich lese jetzt Swedenborg.*
*Mir vergeht der Atem dabei. Das ist unerhört.*
*Ich habe Kolossales erwartet, – aber es ist noch mehr."*
*Anton v. Webern*

# Weitere Bücher, die Ihnen der Swedenborg-Verlag Zürich empfehlen möchte:

- **ERKLÄRTE OFFENBARUNG DES JOHANNES**
Genauer Titel: Die Offenbarung erklärt nach dem geistigen Sinn, in welcher die Geheimnisse aufgedeckt werden, welche dann vorhergesagt worden und bisher verborgen gewesen sind.
2'973 Seiten, 1'363 Paragraphen, 4 Bände, alte deutsche Schrift, Paperback.

- **ER SPRACH MIT DEN ENGELN**
Ein Querschnitt durch das religiöse Werk von Emanuel Swedenborg. Ausgewählt und bearbeitet von Dr. F. Horn.
1. Auflage 1993, 309 Seiten, Paperback.

- **DAS GEISTIGE TAGEBUCH**
Erste Niederschrift der visionären Erlebnisse Swedenborgs während eines Zeitraums von zwanzig Jahren.
366 Seiten, Deutsch von Prof. W. Pfirsch, alte deutsche Schrift, Paperback.

- **EMANUEL SWEDENBORG, NATURFORSCHER UND SEHER**
*Prof. D. Dr. Ernst Benz.* Zweite, gründlich überarbeitete Auflage 1970.
560 Seiten, mit Abbildungen, Paperback.

- **VISION UND OFFENBARUNG**
*Prof. D. Dr. Ernst Benz*, gesammelte Swedenborg-Aufsätze.
1. Auflage 1979, 270 Seiten, Paperback.

- **DER MENSCH IM KRAFTFELD JENSEITIGER WELTEN**
*Wilson van Dusen*, Originaltitel: „The Presence of Other Worlds".
1. Auflage 1980, 270 Seiten, Paperback.

- **DER MENSCH ALS MANN UND WEIB**
Sexualität und Eheliche Liebe in Swedenborgs Schau, *Prof. Gerhard Gollwitzer.*
286 Seiten, Paperback.

- **VOM SINN DES TODES**
Texte aus drei Jahrtausenden, *Georg Hahn.*
320 Seiten, Leinen.

- **ZEUGEN FÜR DAS JENSEITS**
Origines, Katharina von Genua, Emanuel Swedenborg, Anna Katharina Emmerick, Jakob Lorber, Klara Kern. *Aglaja Heintschel.*
256 Seiten, Paperback.

- **OFFENE TORE**
Beiträge für ein neues christliches Zeitalter, 2-Monatsschrift.
Bestellen Sie eine kostenlose Probenummer.

## VERLANGEN SIE UNSERE AUSFÜHRLICHEN PROSPEKTE!